U0832507

权威·前沿·原创

皮书系列为
“十二五”“十三五”国家重点图书出版规划项目

茶业蓝皮书
BLUE BOOK OF
TEA INDUSTRY

中国茶产业发展报告（2017）

ANNUAL REPORTS ON CHINA'S TEA INDUSTRY
(2017)

主　编／杨江帆　李闽榕　萧力争
副主编／周红杰　管　曦　黎星辉　苏祝成
　　　　谢向英　宗庆波　杨　庆

社会科学文献出版社
SOCIAL SCIENCES ACADEMIC PRESS (CHINA)

图书在版编目(CIP)数据

中国茶产业发展报告. 2017 / 杨江帆，李闽榕，萧力争主编. --北京：社会科学文献出版社，2017.11
（茶业蓝皮书）
ISBN 978-7-5201-1707-4

Ⅰ. ①中… Ⅱ. ①杨… ②李… ③萧… Ⅲ. ①茶叶-产业发展-研究报告-中国-2017 Ⅳ. ①F326.12

中国版本图书馆 CIP 数据核字（2017）第 267705 号

茶业蓝皮书
中国茶产业发展报告（2017）

主　　编 / 杨江帆　李闽榕　萧力争
副 主 编 / 周红杰　管　曦　黎星辉　苏祝成　谢向英　宗庆波　杨　庆

出 版 人 / 谢寿光
项目统筹 / 王　绯　赵慧英
责任编辑 / 赵慧英

出　　版 / 社会科学文献出版社·社会政法分社（010）59367156
地址：北京市北三环中路甲29号院华龙大厦　邮编：100029
网址：www.ssap.com.cn
发　　行 / 市场营销中心（010）59367081　59367018
印　　装 / 北京季蜂印刷有限公司

规　　格 / 开　本：787mm×1092mm　1/16
印　张：18.75　字　数：284千字
版　　次 / 2017年11月第1版　2017年11月第1次印刷
书　　号 / ISBN 978-7-5201-1707-4
定　　价 / 89.00元

皮书序列号 / PSN B-2010-164-1/1

摘　要

中国是世界茶叶原产地，是世界上重要的产茶国，茶园面积、茶叶产量和茶叶产值等各项指标均位居世界第一。随着中国茶产业的快速规模化扩张，茶产业的供求失衡问题日益凸显。2015 年，中国茶叶产量 227. 76 万吨，出口茶叶 32. 50 万吨，国内茶叶市场供给量达到 195. 26 万吨，国内同期茶叶消费需求量为 165. 13 万吨，茶产业供求缺口达到 30. 13 万吨，过多的茶叶供给占当年产量的 15% 左右。

在此大背景下，本书以学术的视野，对中国茶产业近年来的发展状况进行了全面梳理，对中国茶产业整体发展和产业理论进行了宏观思考，对各茶叶主产区的发展状况和典型案例进行了实证分析，同时对近期中国茶产业发展的一些热点问题进行了深入探讨，提出了独特见解与前沿观点。特别是结合中国经济转型过程中的供给侧结构性改革，本报告从如下几个方面对近年来的中国茶产业发展做了细致全面的总结和分析。

1. 中国茶产业整体的分析和总结

从茶叶生产、茶叶流通和茶叶消费的角度对近年来茶产业发展的情况进行总结，特别是结合中国茶产业快速规模化扩张的现状，从茶产业市场供给和消费需求的视角对二者之间的关系进行了分析，提出了中国茶产业已经进入茶叶供求失衡发展阶段的新判断，认为对茶叶消费市场的拓展应该从拓展新茶叶消费者和增加茶叶消费量两个角度展开，丰富了现有茶产业经济的研究内容和分析框架。

2. 中国不同茶区的分析报告

结合不同地区的茶叶资源禀赋、比较优势、发展路径等对全国 12 个茶叶主产区的茶产业发展情况进行分析，从区域特征勾画出中国不同地区茶产业发展的基本情况。

3. 中国茶产业的前沿问题

这一部分内容主要围绕近年来中国茶产业发展中出现的一些新情况、新趋势和新问题，做了较为深入的分析。研究的内容既包括“一带一路”背景下中国茶产业走出去战略、中国茶产业标准化等宏观问题的系统思考，也包括茶叶价格指数和茶叶品牌化发展道路等微观领域的入微分析，还对一些新趋势如制茶工艺中的工匠精神传承和茶叶电子商务平台建设等做了尝试性的解读和分析。

4. 中国茶产业发展案例解读

运用5个经典案例，转换角度对中国茶产业近年来出现的营销问题、连锁经营问题、电商化问题、企业转型问题和优势资源可持续发展问题等做了有益的解读。

总体来看，本蓝皮书既延续了原有蓝皮书的整体结构布局，又结合新的时代背景，做了有益的补充和创新性的拓展。它不仅对茶业领域进行了理论创新和有益探索，而且直接服务于茶产业实践，为茶产业、茶叶企业、茶业从业者以及茶叶爱好者提供颇具价值的理论与实践指导。它不仅是茶界实用的工具书，也是茶叶爱好者、相关研究领域了解茶产业的重要著作。

关键词： 茶叶　茶产业　中国茶产业

Abstract

As the most important tea producing country, china leads in the world with the tea area, production and output value. With the rapid expansion of tea industry, the imbalance between supply and demand of tea industry in china has become increasingly prominent. In 2015, tea production and export are 2.277 and 0.325 million tons respectively, while the supply and demand in the domestic tea market are 1.9625 and 1.6513 million tons respectively, meaning that the gap between tea consumption and supply is 0.3013 million tons. The oversupply of the tea makes up approximately 15% of the output the same year.

Given the background, we sorted out the situations of the tea industry development completely in recent years and carried on macro consideration for the entire development and industrial theories on China tea industry. Alongside the further discussion of issues on China tea development recently, empirical analysis were also confirmed for situations of main tea production areas and typical cases. Unique thesis and advanced points are presented in the book. Specifically, integrated with the supply side structural reform in the process of China's economic transformation, the report gives detailed analysis and summary of China's tea industry development in the following aspects.

1. Overall analysis and summary of China tea industry

The book investigates the correlation between tea supply and demand from the view of production, transportation and consumption, combining with the rapid expansion of tea industry in recent years, and put forward the new judgment about oversupply of tea industry. Also, the analysis on the expansion of china tea consumption should be considered with the increasing tea consumption and expanding new tea consumers, enriching the research content and analytical framework of existing tea industry economic.

2. Regional reports of China tea industry

The development of 12 main tea producing regions in china have been analyzed basing on the resource endowment, comparative advantages, development paths and so forth in different regions. And the development of china tea industry has been described from the regions features.

3. Frontier problems of China tea industry

New situations, new problems and new trends have been analyzed in the book. The corresponding topics include go global strategy in the background of B&B, standardization of china tea industry, tea price index, the development of tea brand, inheritance of craftsman spirit in tea industry and construction of e-commerce platform in tea industry.

4. Case study in China tea industry

the 5 classic case have been issued and interpreted around the marketing, chian operation, e-commerce, transition of tea enterprise amd sustainable development of advantage resources.

The 2017 annual reports on China's tea industry holds the overall layout of the former reports and makes some beneficial supplements and innovate expansion according to the new background. The theoretical innovation has been put forward in the book to serve for the tea industry, tea enterprises, tea sellers and tea lovers, making the book the useful reference in the tea industry.

Keywords: Tea; Tea Industry; Tea Industry in China

目 录

Ⅰ 第一部分 中国茶产业总报告

Ⅱ 第二部分 产区报告

Ⅲ 第三部分 前沿问题与热点探讨

Ⅳ 第四部分 案例

皮书数据库阅读**使用指南**

CONTENTS

Part Ⅰ Overall Report of the Chinese Tea Industry

Part Ⅱ The Regional Reports of the Chinese Industry's Development

Part Ⅲ Frontier Problems and Hot Discussion

Part Ⅳ China's Tea Cases

第一部分 中国茶产业总报告

Overall Report of the Chinese Tea Industry

B.1 中国茶产业总报告

杨江帆　管　曦　李静芸*

摘　要：从生产、流通和消费三个环节对中国茶产业的发展情况进行了总结，提出了中国茶产业全产业链优化的新观点，并结合茶产业领域相关市场的数据，通过分析中国茶产业的供求得出中国茶产业已经进入供求失衡新阶段的结论。中国茶产业的发展，要从供给端实施改革，加快茶产业新业态和新生产经营模式的建设，同时要注意到茶叶消费的两阶段特征，最终给出了有针对性的政策建议。

关键词：中国茶产业　茶产业发展　茶产业供求

* 杨江帆，福建农林大学教授，博士生导师；管曦，福建农林大学副教授；李静芸，福建农林大学研究生。

一　茶叶生产

2015 年是全面深化改革的关键之年、“十二五”规划的收官之年和谋划“十三五”蓝图的重要之年，也是中国提出供给侧结构性改革和“一带一路”建设的第一年。2015 年中国茶产业生产继续稳定增长，茶园面积增幅下降，产业规模化扩张步伐减缓；产量产值双增加，产值增幅高于产量增幅，茶叶提质增效明显；茶类结构进一步优化调整；茶叶生产成本持续上升。

（一）茶产业规模化扩张有所放缓

2015 年中国茶产业的发展速度仍然较快，茶园面积、茶叶产量及产值分别达到 4316 万亩、227.8 万吨和 1519.2 亿元，同比分别增加 4.2%、8.9% 和 12.6%。其中，茶园面积、茶叶产量和产值的增幅较之“十二五”初期，都有了一定程度的下降，说明中国茶产业的发展进一步由粗放向集约发展方向转变，茶产业的规模化扩张有所减缓。

如表 1 所示，2015 年中国茶园总面积达到 4316.2 万亩，较 2014 年的 4141.5 万亩增加了约 175 万亩，增幅达到 4.2%。从各省区来看：茶园扩张速度最快是陕西（12.2%）和江西（10.9%），其扩张速度高于全国平均水平（4.2%），但是与 2013 年的 18.8% 和 15.5% 相比，扩张的速度明显放缓。茶园扩张面积最大的分别是湖北（27.4 万亩）、贵州（27.1 万亩）、陕西（23.5 万亩）和四川（23 万亩），与 2013 年的 24.1 万亩、51 万亩、30.4 万亩和 28.9 万亩相比，除湖北外，其他产区的茶园增长规模也呈现下降趋势，而贵州已经连续三年成为中国茶园面积最大的省份。传统茶区如福建、浙江和安徽的茶园面积虽有一定的增加，但是无论增长幅度还是面积，都较为稳定。从茶园结构分布来看，2015 年中国的无公害茶园、无性系良种茶园和有机茶园的面积分别为 2771.8 万亩、2436.9 万亩和 267.5 万亩，分别同比增加 317.6 万亩、148 万亩和 24.4 万亩，增幅分别达到了

12.94%、6.47%和10.05%，在中国总茶园中所占比重分别为64.22%、56.6%和6.2%。

表1　2014～2015年中国茶园面积情况

地区	2015年茶园面积(万亩)	2014年茶园面积(万亩)	较2014年增减(%)
江苏	51	51.3	-0.6
浙江	295	280.9	5.0
安徽	255	249.8	2.1
福建	370	364.4	1.5
江西	139.5	125.8	10.9
山东	54.7	51.1	7.1
河南	230.7	230	0.3
湖北	466	438.6	6.2
湖南	199.2	186.8	6.6
广东	77	72.4	6.4
广西	104	100.7	3.3
海南	1	1	0.0
重庆	68.2	65.6	4.0
四川	481.6	458.6	5.0
贵州	689.1	662	4.1
云南	602	595	1.2
陕西	215.9	192.4	12.2
甘肃	16.3	15.3	6.5
合计	4316.2	4141.5	4.2

数据来源：农业部种植业管理司。

（二）产值增幅继续高于产量增幅

2015年，中国茶叶产量和产值继续保持快速增长的趋势，全国茶叶产量227.8万吨，比2014年增加18.6万吨，增幅达8.9%，茶叶产值达1519.1亿元，比上年增加170亿元，增幅12.6%（见表2）。从产量的区域变化来看，除海南和江苏减产外，其余省份均增产，其中增产幅度最大的分别为贵州和陕西，增产幅度分别达到23%和21.8%，而产量增加值最大的为贵州，产量增加约4万吨，福建、四川和云南等茶叶主产区的茶叶产量增幅也都在2万吨以上。从产值的区域变化来看，无论是产值的绝对增加值还是增长幅度，贵州都高居前列，2015年贵州的产值增加49.8亿元，增幅达到30.8%。传统产区四川和浙江的茶叶产值增加值分别达到27亿元和18.6亿元，产值涨幅最大的是甘肃，涨幅为36.1%。整体来看，全国2015年的产值增速大于产量增速，主要源于名优茶的市场需求不断上升带来的茶叶整体价格的上涨。2015年中国名优茶的产量和产值较2014年均有明显的增长，全年名优茶产量和产值分别达到99.3万吨和1038亿元，较上年分别增加9.1万吨和145.4亿元，增幅达到10.1%和16.3%。与之相对应，大宗茶在产值和产量的绝对变动值和相对变动比率上，都明显低于名优茶，2015年全年我国大宗茶产量达到128.5万吨，同比增加9.5万吨，增幅为8.0%，大宗茶产值为481.2亿元，同比增加24.7亿元，增幅为5.4%。随着名优茶的快速发展，名优茶的产值占我国茶叶总产值的比重已经达到68.3%，其产量占全国茶叶总产量的比例上升到43.6%，我国茶叶产品结构趋于进一步的优化升级。

表2　2014～2015年中国茶叶产量和产值情况

地区	2015年茶叶产量(吨)	2014年茶叶产量(吨)	较2014年增减(%)	2015年茶叶产值(万元)	2014年茶叶产值(万元)	较2014年增减(%)
江苏	14006	14034	-0.2	215904	224679	-3.9
浙江	176000	167100	5.3	1686000	1500000	12.4
安徽	113200	109000	3.9	820000	760400	7.8
福建	379600	355000	6.9	2100000	2000000	5
江西	50356	46466	8.4	422477	398159	6.1
山东	21474	20039	7.2	456379	401468	13.7
河南	59560	54930	8.4	1047800	927748	12.9
湖北	196906	185014	6.4	1129338	1069743	5.6
湖南	172355	161280	6.9	710809	617241	15.2
广东	79167	75472	4.9	332200	301900	10
广西	60000	57900	3.6	292420	277920	5.2
海南	441	482	-8.5	5488	5817	-5.7

续表

地区	2015 年茶叶产量(吨)	2014 年茶叶产量(吨)	较 2014 年增减(%)	2015 年茶叶产值(万元)	2014 年茶叶产值(万元)	较 2014 年增减(%)
重庆	31098	29380	5. 9	157570	130480	20. 8
四川	262319	237119	10. 6	1570000	1300000	20. 8
贵州	223285	181535	23	2113150	1615150	30. 8
云南	362359	335193	8. 1	1111564	1110975	0. 1
陕西	74195	60910	21. 8	997514	832356	19. 8
甘肃	1302	1195	9	22600	16600	36. 1
合计	2277624	2091948	8. 9	15191212	13490637	12. 6

数据来源：农业部种植业管理司。

（三）茶类结构进一步调整

从表 3 可以看出，2015 年我国六大茶类普遍增产，其中绿茶增产 10. 55 万吨，达到 143. 8 万吨，增长 7. 92%；黑茶增产 1. 8 万吨，达到 29. 7 万吨，增长 6. 42%；红茶增产 4. 28 万吨，达到 25. 8 万吨，增长 11. 88%；乌龙茶增产 2. 34 万吨，达到 26. 9 万吨，增长 9. 53%；白茶增产 0. 63 万吨，达到 2. 2 万吨，增长 40. 01%；黄茶增产 363 吨，达到 3472 吨，增长 11. 68%。凭借着近年来市场的旺盛需求，黑茶产量已经连续两年排在六大茶类的第二位，而乌龙茶和绿茶的产量增幅有所放缓，分别为 9. 53% 和 7. 92%。全年的茶类结构中绿茶、乌龙茶比例分别下调 0. 84 个百分点和 0. 36 个百分点，白茶、红茶、黑茶比例都有不同程度的上升，分别为 0. 22 个百分点、0. 41 个百分点、0. 57 个百分点。从不同茶类的主产茶区分布来看，云南、福建和贵州是中国的红茶主产区，三省的红茶产量占全国红茶总量的 50%，绿茶的生产以四川、贵州、云南、浙江四省为主，四省的绿茶产量约为全国绿茶总产量的 51%，乌龙茶区中，传统的优势茶区福建和广东两省的乌龙茶产量约为全国乌龙茶总量的 94%，黑茶生产省份中，云南和湖南两省约占到全国黑茶产量的 66%，白茶和黄茶方面，福建和安徽的领先地位仍然较为突出。整体来看，贵州凭借优越的自然环境，在各大茶类上都有所发展，成为后进茶区中发展最快的地区。

表 3　2014～2015 年中国茶叶不同茶类产量情况

地区	茶叶产量（吨）						
	绿茶	红茶	乌龙茶	黑茶	白茶	黄茶	合计
江苏	11529 （11730）	2477 （2304）	— （—）	— （—）	— （—）	— （—）	14006 （13928）
浙江	164080 （155230）	5890 （5570）	600 （600）	5400 （5500）	15 （—）	15 （100）	176000 （183570）
安徽	103025 （99500）	7200 （7000）	325 （50）	200 （200）	— （—）	2450 （2250）	113200 （109000）
福建	115100 （110000）	41600 （40000）	202500 （190000）	— （—）	20400 （15000）	— （—）	379600 （355000）
江西	40160 （37582）	8555 （7394）	1012 （1490）	630 （—）	— （196）	— （—）	50356 （46662）
山东	19406 （18213）	2065 （1824）	3 （1）	— （1）	— （—）	— （—）	21474 （20043）
河南	49429 （44445）	8548 （9050）	1 （1）	1572 （1433）	10 （1）	— （—）	59560 （54930）
湖北	130534 （127055）	21520 （18634）	4886 （5639）	39412 （33494）	551 （191）	3 （—）	196906 （187865）
湖南	80353 （76175）	18517 （17934）	3306 （3752）	69381 （62847）	5 （3）	793 （569）	172355 （161280）
广东	32422 （30653）	4993 （3003）	38275 （36027）	3396 （5709）	72 （72）	9 （8）	79167 （75472）
广西	30210 （30108）	26711 （13407）	890 （870）	2169 （13500）	20 （15）	— （—）	60000 （70200）
海南	349 （388）	92 （94）	— （—）	— （—）	— （—）	— （—）	441 （482）
重庆	26562 （25482）	3636 （3567）	570 （275）	30 （56）	— （—）	— （—）	31098 （29380）
四川	208223 （197723）	17771 （13471）	3026 （3526）	33152 （22252）	— （—）	147 （147）	262319 （236119）
贵州	187250 （152250）	22657 （18357）	1763 （1563）	10839 （9139）	721 （191）	55 （35）	223285 （218065）
云南	170495 （165847）	64596 （53384）	1693 （1656）	125376 （114306）	199 （—）	— （—）	362359 （333703）
陕西	67751 （49053）	1208 （311）	36 （33）	5200 （12035）	— （40）	— （—）	74195 （61472）
甘肃	1202 （1109）	75 （6）	— （—）	25 （—）	— （—）	— （—）	1302 （1195）
合计	1438080 （1332624）	258112 （215310）	268885 （245483）	297082 （280472）	21993 （15708）	3472 （3109）	2277624 （2158365）

注：括号内为 2014 年数据。

数据来源：农业部种植业管理司。

（四）生产成本持续上升

2015 年除乌龙茶区外，各茶区春茶大多以采摘细嫩原料加工制作名优茶为主，使通过采茶机机械化采摘较难实现，大多以短时期内劳动密集型的人工采摘为主，导致人工成本依然居高不下。在浙江、江苏等东部茶区，本地采工数量相对不足，需要通过引入外省采工才可以缓解采摘期内用工短缺的问题；而在广西、贵州等西南茶区，伴随着农村青壮年的大量外出务工，留守的采茶人员出现中老年化、女性化的倾向，采摘效率相对不高，一定程度上增加了茶叶采摘成本。整体来看，由于采工短缺导致的劳动力薪酬上升，各茶区的采工价格都有一定程度的上升，西南茶区为 120 ~ 150 元/人，江南茶区为 130 ~ 160 元/人，江北茶区在 80 ~ 120 元/人，均较上年提高了 5% ~10% 。另外，随着茶机补贴政策的不断推进，茶叶加工的机械化程度不断提升，加之制茶工人并未出现大规模的用工荒，茶叶加工环节的成本上升并不明显。总体来看，2015 年的中国茶叶生产成本由于采摘环节的劳工短缺而上升，但上升的幅度有所收窄（见表 4）。

表 4　2015 年中国春茶采摘成本情况

地区	开采时间	产量	质量	价格	用工薪酬
江苏	提前 10 天	↓8%	=	↑8%	↑5%
浙江	提前 7 天	↑	=	↑	↑
安徽	略微提前	=	=	↑	↑15%
福建	基本一致	↓	↑	↓5%	↑5%
江西	略微提前	↑10%	↑	↑10%	↑15%
山东	基本一致	↑5%	↑	↓5%	↑5%
河南	提前 7 天	↑6%	=	↓2%	↑12%
湖北	提前 10 天	↓10%	↑	↓3%	↑10%
湖南	略微提前	↑	=	=	↑5%
广东	略微提前	↑5%	=	↓10%	=
广西	提前 15 天	↑30%	=	↑5%	=
海南	基本持平	=	↑	↑	=
重庆	提前 10 天	=	↑	↓5%	↑5%

续表

地区	开采时间	产量	质量	价格	用工薪酬
四川	提前 7 天	↑10%	=	=	↑5%
贵州	提前 7 天	↑40%	=	↑	↑20%
云南	提前 5 天	↑5%	↑	↓10%	↑5%

资料来源：中国茶叶流通协会。

二　茶叶流通

2015 年，我国茶叶产销两地的规模化茶叶市场建设日益完善，发挥着在茶叶产销地区集货散货的重要功能。由于低成本和高覆盖的特点，电子商务在 2015 年开始迅速崛起，成为连接买卖双方的重要渠道之一。此外，传统的茶叶专卖店、超市和茶馆等，也都通过定位于更精确的目标消费群体，成为销售终端的重要载体。

（一）规模化茶叶市场建设日趋饱和

根据《中国商品交易市场统计年鉴》的最新数据，2015 年我国茶叶市场商品交易额超过亿元的共有 26 家，具体如表 5 所示。

表 5　2014 ~ 2015 年全国主要茶叶市场情况

地区	市场数量（个）	总摊位数（个）	年末出租摊位数（个）	营业面积（平方米）	成交额（万元）
北京	1(1)	150(150)	150(150)	7000(4500)	23585(42000)
上海	2(2)	652(673)	648(669)	38000(38000)	57699(45907)
浙江	6(6)	12451(12648)	2636(2728)	236560(382218)	1029851(1142719)
安徽	1(1)	812(835)	812(827)	135000(135000)	169130(180462)
福建	2(1)	1808(2090)	1764(2090)	61000(55000)	306478(277900)
山东	3(3)	1160(1160)	1160(1160)	220000(220000)	342188(353820)
湖北	2(2)	1335(1335)	1223(1303)	16300(16300)	151410(211079)
广东	2(2)	454(454)	454(454)	30000(30000)	92066(78255)

续表

地区	市场数量（个）	总摊位数（个）	年末出租摊位数（个）	营业面积（平方米）	成交额（万元）
广西	2(2)	240(240)	240(240)	12500(12500)	111977(79247)
贵州	1(1)	120(120)	55(55)	4200(4200)	37524(42270)
重庆	(1)	(215)	(215)	(28000)	(32000)
四川	(1)	(260)	(260)	(30000)	(50000)
云南	2(2)	716(722)	716(722)	61624(60082)	75914(75672)
陕西	1(1)	1616(1616)	1616(1616)	51000(51000)	73090(78206)
全国	25(26)	21514(22518)	11474(12489)	873184(1066800)	2470912(2689537)

注：括号中为2015年数据。

资料来源：《2015年中国商品交易市场统计年鉴》。

从茶叶交易市场的分布来看，除北京和上海外，其他的茶叶市场大多以产地茶叶市场为主，如福建的安溪茶都批发市场，浙江的浙南茶叶市场、新昌江南名茶市场等。从茶叶的交易摊位和交易量来看，2015年浙江6个茶叶市场的总摊位数为12648个，约占全国总摊位数的56%，交易金额114亿元，占到全国总交易额的42%，是全国茶叶市场领域名副其实的领头羊，其新昌中国茶市的“新昌大佛龙井茶价格指数”和松阳浙南茶叶市场的“松阳绿茶价格指数”等都成为中国编制各类茶叶价格指数信息的主要数据来源。此外，福建和广西作为特色茶类主产区，广西横县的“茉莉鲜花指数”、福建安溪茶都的“安溪铁观音价格指数”也与以上绿茶指数一样，构成了中国茶叶价格信息的主要组成部分。值得注意的是，山东的茶叶产量在全国并不凸显，但是由于处于北方销地市场和南方产地市场的中间地带，其茶叶市场的交易规模在全国位居第二，承担着有效联结起茶叶产地和茶叶销地的中介渠道的作用。而随着西部茶产业的快速发展，2015年重庆和四川分别新增了一家茶叶市场。

虽然我国的茶叶市场发展很快，但是摊位空置率仍然很高。2015年全国25家规模茶叶市场22518个摊位中，年末实际出租的仅为12489个，摊位空置率达到46%，与2014年相比仍没有很好的改善。

按照茶叶市场的性质进行分类，24 家茶叶市场为全年经营，在摊位数和成交额上都占据主导地位，仅有 2 家茶叶市场是季节性经营，并出现了较为明显的摊位空置现象。以茶叶市场从事批发还是零售业务来进行区分，可以看出，2015 年有 22 家茶叶市场主要从事批发业务，4 家茶叶市场从事针对消费者的零售业务，摊位的空置主要出现在茶叶批发市场，茶叶批发市场约有 50% 的摊位空置率（见表 6）。由此可见，虽然茶叶网络电子商务、茶叶直营店快速兴起，但是消费者通过茶叶零售市场购买茶叶仍然占据一定的市场份额。而作为发挥集散货功能的批发市场，虽然只是发挥季节性的集货功能，在茶叶流通中仍然发挥着重要作用。

表 6　2014 ~ 2015 年中国茶叶市场性质

茶叶市场分类	市场数量（个）	总摊位数（个）	年末出租摊位数（个）	营业面积（平方米）	成交额（万元）
常年营业	23(24)	11392(12396)	11048(12063)	798184(991800)	1957110(2177417)
季节性营业	2(2)	10122(10122)	426(426)	75000(75000)	513802(512120)
茶叶批发市场	20(22)	18894(2000)	8902(9975)	749542(953200)	2219694(2496398)
茶叶零售市场	5(4)	2620(2518)	2572(2514)	123642(113600)	251218(193139)

注：括号中为 2015 年数据。

资料来源：《2015 年中国商品交易市场统计年鉴》。

（二）茶叶流通渠道日益多元化

随着市场经济的发展，越来越多的茶叶企业将网络、茶园、茶馆等现有资源整合到多渠道营销战略中，茶叶产品销售渠道构成越来越丰富。主要包括以网民为对象，诉诸茶叶消费便利性和快捷性的茶叶网络销售平台；以终端消费者为对象，诉诸直接感官体验的茶叶连锁店和超市；以提供延伸服务为主，着力第三产业附加值的茶馆和茶叶原产地旅游等。

1. 电商继续快速增长

随着中国互联网时代的到来，越来越多的消费者都将网络作为购物的主要渠道，这也带动了供给端的茶叶企业加快了电子商务的步伐。茶叶流通协会的数据显示，中国90%以上的规模茶企通过自营或代理的方式开展了电子商务。天猫平台涉茶店铺数量达到17.1万家，活跃店铺数为7.4万家，2014年、2015年“双11”单天茶叶类卖家数量分别为17.4万家、33.8万家，增幅达94.3%。2015年网络电商卖家数量增幅都高于60%，销售增幅高于40%。但整体来看，目前的茶叶企业电商以简单、初级、粗暴的价格竞争为主，不仅较少关注如何从供给端的服务态度和商品质量的改善来满足消费者茶叶电商的需求，也缺少从需求层面展开的对电商消费者购物方式、信息喜好程度和购买便利性的系统研究，导致茶叶电商消费者的整体忠诚度不高。2014~2015年中国主要茶企电商的交易情况如表7所示。

表7　2014~2015年中国主要茶企电商交易情况

单位：万元，人

年份	品牌	成交金额	成交人数
2015	大益	1753.88	46634
	艺福堂	956.18	125345
2014	大益	1406.5	29866
	艺福堂	995.54	128566

数据来源：中国茶网，http://www.zgchawang.com/news/show-65655.html。

2. 连锁专卖动态收缩调整

由于茶企传统模式发展中的人力成本、店面经营成本等不断上涨，同时消费市场需求结构转型导致对连锁经营茶叶店高档茶叶需求逐年减少，加之近年来茶叶电子商务快速发展给传统线下市场带来的冲击，2015年茶叶企业连锁专卖店进一步收缩调整，一线城市中除老字号企业保持基本稳定外，大多数剩余品牌均处于战略收紧状态；二、三线城市保持稳定略增态势。以天福茗茶和山国饮艺为例，前者作为国内茶叶连锁经营的领先者，其年报数据显示2015年天福茗茶在全国有1333家门店，较2014年的1374家减少了41家。后者作为我国特许经营100强的茶叶企业，2015年的门店总数为606家，比2013年减少了31个，加盟店总数为599个，比2013年减少8个，都呈现出一定程度的收缩态势。

3. 商超茶叶零售保持稳定

商超经营的茶叶大多品牌、品种较为固定，且主要是针对一些追求消费便利性和价格透明的消费群体。这些顾客的茶叶消费无论是消费量、消费额还是消费频率都较为稳定，导致商超的茶叶经营整体保持稳定；但是由于茶叶商超经营中的运输费用、商超收费、产品过度包装等费用都过高，会在一定程度上影响到茶叶企业的利润，直接制约其商超经营规模的扩大。总体来看，基于商超的消费者覆盖面广，是维持老顾客和发展新顾客的有效渠道之一，有助于企业维护和推广自身产品形象。虽然与其他流通渠道相比比较优势不大，但商超基本上仍然维持稳定。

4. 三产服务初现端倪

自 2015 年以来，在国家旅游产业相关利好政策的背景下，旅游与其他不同产业的高度紧密融合，成为新时期发展的重点。全国各茶区和茶叶企业，通过深度挖掘当地旅游资源，紧紧围绕旅游观光与文化体验，推动“茶叶 +”的复合型业态发展，重点打造和发展茶庄园。茶庄园不是一个单一的茶叶生产加工和销售场所，而是集生产、储存、营销、文化、旅游体验等于一体，其内涵是包括茶文化、生态平衡、绿色度假等在内的生活方式概念，是茶文化传承的重要媒介。随着国内茶产业借鉴欧洲葡萄酒庄园建设的经验，各大茶区都以当地优势茶叶资源为中心，开始了茶叶庄园化的建设步伐，力图实现从第一产业到第二、第三产业的全面跨越，例如云南柏联普洱，福建安溪铁观音、日照绿茶等。由于具有较高的认知度、辨识度，茶庄园吸引了世界各地的茶文化爱好者。

三　茶叶消费

（一）茶叶内销市场稳定扩张

1. 内销增长平稳，茶类结构保持稳定

2015 年全国茶叶销售总量增速放缓，达到 180 万吨，同比增长 12.4%，具体到不同茶类，各茶类市场份额较往年保持稳定态势，三大主要茶类绿茶、乌龙茶和红茶分别占市场总量的53%、12%和9%，黑茶、普洱茶和茉莉花茶的比重则分别占8%、5%和5%，产地较为集中的白茶仅占市场总量的1%，而更为小众的黄茶其市场比重为0.5%。白茶与黄茶都与往年基本持平。2015年总体来看，全国名优茶与大宗茶销量占比较2014年没有显著变化，二者的比例分别占到43%和57%。

从茶叶消费的区域分布来看，广东仍然是中国茶叶消费最主要的省份，安徽、云南和四川作为茶叶的主产区，其省内的消费也稳定发展，而茶叶消费规模增长最快的区域主要集中于中国北方，以山东、河南和河北等北方省份为主，此外，山西、辽宁两省茶叶消费量上升明显。

从茶叶消费的茶类结构来看，除黑茶出现大规模增长外，其他茶类板块格局稳固。2015年绿茶总销量96万吨，占市场总量的53.3%；乌龙茶市场基本稳定，内部调整区分明显，如福建北部武夷岩茶、福建南部安溪铁观音和广东凤凰单丛，表现出交替增长的节奏，乌龙茶整体消费量维持在20万吨左右，占市场总量的11.7%；红茶方面，受到总体宏观经济形势的影响，高档红茶的市场消费需求出现明显的萎缩，中档红茶的市场不断扩大，尤其是云南省成为红茶市场发展的新动力，红茶全年消费量达到18.5万吨。

从全年茶叶销售的均价来看，大宗茶和名优茶的均价分别为55.9元/千克和172.9元/千克，二者的比值大约为1∶3.1，虽然二者的均价较2014年都有一定程度的回调，但是大宗茶的均价回调幅度达到5%左右，略高于名优茶均价的回调幅度。从不同茶类的价格变化来看，除了黑茶价格有10%～15%的涨幅外，绿茶、乌龙茶和红茶的均价均出现不同程度的下调，其中乌龙茶均价下调幅度最大，达到10%，红茶和绿茶的均价分别回调7%和3%，小众的白茶、黄茶均价基本保持不变。

2. 茶叶内销市场的新特点

由于缺少全国性的茶叶数据，我们根据近年来的一项调查发现，国内茶叶市场消费呈现出以下新特点。

茶叶消费逐渐以大众化消费为主。约有90%具有饮茶行为的消费者其年均茶叶消费量达到1千克以上，年茶叶消费额集中于0～500元和501～1000元，各占30.33%，消费额在1001～3000元的占26.6%。消费者倾向于选择较为符合大众消费习惯的茶叶产品，约有74.51%的消费者会购买600元/千克价位的茶叶，仅有5.93%的消费者会选择1000元/千克价位的茶叶。

茶叶家庭消费的稳定化。茶叶是一种嗜好性饮料，受消费者习惯所左右。59.12%的消费者选择在家里饮用，在办公室喝茶的消费者占到31.54%，常在茶馆和其他场所喝茶的不足10%，这说明茶叶作为一种日常生活用品和休闲饮料，不是奢侈品和特殊用品。在购买茶叶的各种目的上，多达62%的消费者是为了个人或家庭消费而购买茶叶，19.12%的消费者会因为办公用而选择买茶，13.73%的消费者购买茶叶则主要是作为礼品赠送，茶叶消费的家庭化特征日趋明显。

茶叶消费形态的多样化。随着现代科学技术的快速发展，茶叶消费正逐渐摆脱以原茶饮用为主的模式，很多茶企围绕着茶叶所具有的多重功能，开发出了多样化的茶叶产品。一是茶膳的快速兴起。茶膳是历久弥新的中华饮食的一部分，通过将茶入膳，实现茶的色、香与味等风味特征与食材性味的有机结合，通过茶与食材的配伍充分发挥茶的保健功效。二是茶保健品的稳定发展。随着消费者对健康的高度关注，除了传统饮茶的保健功效，以茶叶内含提取物为核心开发的医药和保健产品，正在吸引越来越多的消费者关注。由于茶叶从叶到根、茎、花、果都富含多种功能性成分，这些成分的有效提取随着相关技术的日趋成熟而不断被实现，使茶保健品产业的规模稳定扩张。

（二）茶叶外销市场日益优化

2015年中国茶叶出口量和出口额分别为32.5万吨和13.81亿美元，同比分别增长7.8%和8.5%，出口茶叶均价达到4.25美元/千克，较2014年小幅上涨0.7%（见表8）。从出口量来看，经历了2014年出口量的下跌，2015年出口量又恢复到2013年的水平，但是出口额较之2013年却有10%

左右的增幅，全年茶叶出口呈现量价齐升、出口单价保持上涨的趋势。尤其是自 2015 年 8 月开始的中国人民币贬值，一定程度上提升了中国茶叶在国际茶叶市场上的竞争力，致使 2015 年 8 月开始连续 5 个月茶叶出口量大幅上涨，最终拉升了全年茶叶的出口量。

表 8　2013～2015 年中国茶叶出口统计

年份	出口（万吨）	出口金额（亿美元）	平均单价（美元/千克）
2013	32. 58	12. 50	3. 83
2014	30. 15	12. 73	4. 22
2015	32. 50	13. 81	4. 25

资料来源：中国商务部对外贸易司网站，http：//wms. mofcom. gov. cn/。

1. 分大洲出口情况

2015 年中国对亚洲出口茶叶数量为 88078. 4 吨，同比增长 13. 3%，金额为 45911. 9 万美元，同比增长 18. 6%，平均单价为 5. 21 美元/千克，同比增长 4. 7%；对非洲茶叶出口量和出口额分别为 172886. 5 吨和 62558. 5 万美元，较 2014 年同比分别增长 6. 3% 和 4. 5%，由于出口量增幅大于出口额，2015 年中国对非洲出口茶叶均价为 3. 62 美元/千克，同比下降 1. 7%；对欧洲和北美洲的茶叶出口量分别为 42417. 4 吨和 17701. 6 吨，分别增长 2. 5% 和 7. 2%，但是在茶叶出口额方面，对欧洲的茶叶出口额为 15593. 0 万美元，同比下降 3. 4%，对北美洲的茶叶出口额则为 10321. 7 万美元，同比增长 7. 8%，对欧洲和北美洲的茶叶出口均价分别为 5. 83 美元/千克和 3. 68 美元/千克。而针对南美洲和大洋洲，这两个市场的基数相对较小，导致 2015 年中国对这两个市场的茶叶出口量额齐升，较 2014 年出现了较大程度的增幅。其中对南美洲出口茶叶数量 1472. 4 吨，金额为 1015. 2 万美元，同比分别增长 31. 5% 和 27. 9%；对大洋洲出口茶叶数量为 2399. 8 吨，金额为 2758. 9 万美元，同比分别增长 13. 6% 和 24. 0%（见表 9）。

表 9　2015 中国茶叶出口地区情况

单位：吨，万美元，%

地区	2015 年		同期比	
	数量	金额	数量	金额
非洲	172886.5	62558.5	6.3	4.5
亚洲	88078.4	45911.9	13.3	18.6
欧洲	42417.4	15593.0	2.5	-3.4
北美洲	17701.6	10321.7	7.2	7.8
大洋洲	2399.8	2758.9	13.6	24.0
南美洲	1472.4	1015.2	31.5	27.9
"一带一路"	82341.4	32479.3	15.2	18.3

数据来源：中国商务部对外贸易司网站，http：//wms. mofcom. gov. cn/。

2. 出口市场格局

2015 年自中国进口茶叶的国家和地区中，摩洛哥是进口中国茶叶的第一大市场，其茶叶进口额和进口量都最高，进口中国茶叶 64437.5 吨，进口茶叶金额达到22656.3 万美元，同比分别增长9.2%和7.1%，但进口茶叶均价下降1.9%，为3.52 美元/千克；中国香港茶叶进口金额达到 11675 万美元，排在第二，同比增加5.2%，而其进口茶叶的数量仅为10310.3 吨，同比增长0.7%，平均单价为11.32 美元/千克，同比增长4.5%；美国的茶叶进口额达到 9132 万美元，同比增长9.7%，其进口茶叶量为 16360.3 吨，同比增长 6.9%，平均单价为 5.58 美元/千克，同比增长2.6%。需要注意的是，在进口中国茶叶的国家和地区中，乌兹别克斯坦的茶叶进口量排在第二位，达到了 26795.1 吨，但其进口额仅为5040.5 万美元，与其进口茶叶主要集中在大于3 千克包装的散装茶有关（见表 10）。

表 10　2015 年中国茶叶出口主要国家（地区）情况

单位：吨，万美元，%

国家(地区)	2015 年		同期比	
	数量	金额	数量	金额
摩洛哥	64437.5	22656.3	9.2	7.1
中国香港	10310.3	11675.0	0.7	5.2
美国	16360.3	9132.0	6.9	9.7
塞内加尔	17221.3	7538.3	29.2	26.1

续表

国家(地区)	2015年		同期比	
	数量	金额	数量	金额
越南	2065.8	6033.9	40.9	95.7
多哥	13311.5	6000.8	-21.2	-20.4
日本	13072.8	5666.4	-10.2	-6.6
毛里塔尼亚	12865.7	5566.2	-8.7	-9.9
阿尔及利亚	14364.8	5222.7	-4.3	-7.1
乌兹别克斯坦	26795.1	5040.5	64.5	32.6

资料来源：中国商务部对外贸易司网站，http：//wms. mofcom. gov. cn/。

3. 各类茶出口情况

2015年中国茶叶出口仍然以绿茶、红茶为主，其中绿茶出口量272145.6吨，同比增长9.2%，金额100535.2万美元，同比增长5.5%，平均单价3.69美元/千克，同比下降3.4%；红茶出口量28115.5吨，同比增长1.3%，金额20634.2万美元，同比增长42.3%，平均单价7.34美元/千克，同比增长40.5%。在特种茶出口方面，全年特种茶出口量24695.0吨，同比增长0.6%，金额16989.7万美元，同比下降3.1%，平均单价6.87美元/千克，同比下降3.7%。在各类特种茶中，花茶出口额0.51亿美元，占总数的3.7%，同比上升8.6%；乌龙茶出口额0.84亿美元，占总数的6.1%，同比下降5.2%；普洱茶出口额0.34亿美元，占总数的2.5%，同比下降12.5%（见表11）。

表11　2015年中国各茶类出口量统计

单位：吨，万美元，美元/千克，%

茶类	出口量	同比增长	出口金额	同比增长	出口均价	同比增长
绿茶	272145.6	9.2	100535.2	5.5	3.69	-3.4
红茶	28115.5	1.3	20634.2	42.3	7.34	40.5
特种茶	24695.0	0.6	16989.7	-3.1	6.87	-3.7

资料来源：中国商务部对外贸易司网站，http：//wms. mofcom. gov. cn/。

4. 主要出口省份情况

2015年，中国茶叶出口量和出口额最大的省份是浙江，出口茶叶15.77

万吨，金额达到5.2亿美元，安徽则以5.66万吨的出口量和2.27亿美元的出口额排在第二位。福建在出口额上以1.74亿美元排在第三位，而湖南则以3.56万吨排在出口量的第三位。整体来看，中西部地区随着茶产业快速发展，其茶叶出口增长优势明显。其中湖北出口同比增长40.9%，达到9397.5吨，已经位居全国各省茶叶出口量排名第6位；云南出口7281吨，同比上升14.6%；四川出口5525吨，同比增长152.8%；贵州出口2751吨，同比增长19.8%（见表12）。随着国内茶叶产能出现过剩现象，出口成为减少国内茶叶库存的途径之一，导致国内各省茶叶出口量呈现普增趋势。

表12　2015年中国分地区茶叶出口情况

单位：吨，万美元，%

地区	出口量	出口额	数量同比	金额同比
北　京	63.1	92.6	-87.9	-58.5
天　津	30.2	19.3	-8.8	12
河　北	101.3	329.8		
山　西	23.8	13.2	-51.5	-33.1
黑龙江	63.8	42.7	-13.6	-19.2
上　海	10926.6	8981.3	-0.8	20.9
江　苏	1250.8	1710.9	-26.8	179.6
浙　江	157722.8	51969.1	6.1	2.3
安　徽	56563.1	22696.3	20.7	16.7
福　建	17269.3	17378.4	6	25.1
江　西	7901	4439.4	-11.1	-3.8
山　东	474.2	169.9	11.6	7.3
河　南	3599	1058.9	4.5	-0.6
湖　北	9397.5	7905.4	40.9	6.3
湖　南	35579.2	9155.5	1.1	-3.2
广　东	5076.5	4073.2	-14.8	-29.2
广　西	1260.4	481.1	0.5	-19
海　南	407.2	63	-8.2	-2.2
重　庆	1639.8	149.8	-47.4	-45.4
四　川	5524.7	2065.1	152.8	90.7
贵　州	2750.9	2250.6	19.8	73.2
云　南	7281	3046.9	14.6	1.2
陕　西	46.8	65.1	674.5	4252.6
甘　肃	3	1.1	-68.5	-63.2
新　疆	0.2	0.6	-46.6	-39.3

资料来源：中国商务部对外贸易司网站，http：//wms.mofcom.gov.cn/。

5. 出口企业性质情况

随着我国茶叶出口经营体制的逐步放开，无论在茶叶的出口量还是出口额上，私营茶叶企业和个体工商户都逐渐成为中国茶叶出口的主导力量。由表 13 可见，2015 年私营茶叶企业的出口量和出口额分别为 23.61 万吨和 9.5 亿美元，同比分别增加 11.7% 和 11.4%，在我国茶叶出口中发挥着举足轻重的作用。而个体工商户的茶叶出口虽然在茶叶出口总量中所占比重较小，但是增速极快，2015 年体工商户的出口量和出口额分别为 0.66 万吨和 0.19 亿美元，增速达到了 90% 和 80.5%。与之相对应的是，国有企业和集体企业的地位被不断边缘化，其茶叶出口无论是数量还是金额都呈现不断下降的趋势。

表 13　2015 年中国不同性质企业茶叶出口情况

单位：吨，万美元，%

企业性质	2015 年		同期比	
	数量	金额	数量	金额
国有企业	50984.3	22103.6	-2.7	-1.5
外商投资企业	18819.7	14592.2	-7.0	8.7
集体企业	12412.8	4481.7	-11.5	-10.2
私营企业	236126.2	95108.1	11.7	11.4
个体工商户	6611.4	1872.5	90.0	80.5

资料来源：中国商务部对外贸易司网站，http：//wms.mofcom.gov.cn/。

随着中国茶产业发展逐步进入新常态，茶叶产销的失衡问题逐步浮现出来。过去多年来茶叶的快速发展依托于茶园规模的扩张和茶叶产量的增加，但是忽略了对茶叶消费群体的关注，导致茶产业逐步出现产销失衡的情况。中国茶产业的失衡是否存在？供给和需求的缺口有多大？茶叶需求应该如何推进？本报告拟从茶叶消费的视角，对这一茶产业领域的热点和前沿问题做出科学系统的分析和拓展。

四　茶产业供求

（一）中国茶叶国内供求缺口的判断和分析——基于供给侧结构性改革的再思考

供给侧结构性改革，就是从提高供给质量出发，用改革的办法推进结构调整，矫正要素配置扭曲，扩大有效供给，提高供给结构对需求变化的适应性和灵活性，提高全要素生产率，更好地满足广大人民群众的需要，促进经济社会持续健康发展。要进行中国茶产业的结构性改革，其前提是要通过分析中国茶产业供求的现状，对二者之间可能存在的缺口做出科学的判断，进而采取有针对性的政策加以引导。本报告通过对产能过剩和供求失衡等概念的界定和相关文献的收集梳理，利用中国主要茶叶市场的价格指数，来拟合中国茶产业国内消费需求变化的基本趋势，并将其与中国茶产业产量进行对比，以此来对中国茶产业的国内供求问题做出科学的分析。

1. 文献综述

随着中国茶产业近年来快速发展，茶园的规模化扩张和茶叶产量的持续增加吸引了越来越多的学者研究中国茶产业发展可能存在的供求失衡问题。现有研究大多考虑茶产业结构调整、技术进步和资源配置等对茶产业发展的作用，从规模化扩张导致产能过剩这一视角来分析中国茶产业的相关研究较少。江用文等人（2011）曾经预测中国茶产业产量将在2020年出现一定程度的饱和，茶产业规模达到220万吨，而仅在2015年中国茶叶产量就达到227.8万吨，茶叶供给的增长速度明显高于茶叶消费市场的拓展；陈宗懋（2015）认为从产销的缺口来看，中国茶叶的消费需求小于供给，二者之间有34万~39万吨的差额，中国茶叶产量的进一步增加，将对茶叶市场造成更大冲击；鲁成银（2013）认为近年来中国茶产业盲目的规模化扩张在一定程度上已经导致了中国茶产业的产量过剩；陈星等人（2015）提出对中国茶叶产能是否过剩的判断，要同时考虑中国茶叶的供给和需求；聂樟清等

（2016）、赖作莲等（2017）、顾公新等（2017）则从供给侧结构性改革的角度分析了江西、陕西和安徽在茶产业步入新常态下可能面临的产销失衡问题。从需求的视角，管曦（2015）认为挖掘中国茶叶消费潜力应该注意到茶叶消费包含是否饮茶和饮茶多少两个不同的行为，随着茶叶消费者个体饮茶数量的日趋饱和，中国茶叶消费需求未来的增长点主要依赖于茶叶消费群体的再扩大；管曦（2015）还对中国二元结构下城乡居民茶叶消费的收入弹性进行了测算，结果显示中国城镇居民和农村居民的茶叶消费收入弹性分别为 11.19%和 7.9%，茶叶消费总体增长缓慢；管曦（2016）还认为中国的茶叶消费正在由追求茶叶数量向追求茶叶品质转变，随着消费者开始用价格更高、品质更优的茶叶取代之前的茶叶产品，中国茶叶消费额的增长率将明显快于茶叶消费量的增长率。从国际茶叶市场来看，茶叶产量从 2007 年的 389.12 万吨增加到 2013 年的 506.39 万吨，而同期茶叶消费量仅由 371.49 万吨增加到 2013 年的 484.21 万吨，茶叶供求缺口由 17.63 万吨扩大到 22.18 万吨。FAO（2015）利用世界上主要茶叶生产国的相关数据，拟合了全球茶叶产量与茶叶价格变化的模型，认为如果 2023 年全球茶叶产量较之基准线增长 5%，国际茶叶均价将由 1.82 美元/千克下降到 1.60 美元/千克，除了进一步扩大茶叶需求，减少茶叶产量也是保持全球茶叶价格稳定的措施之一。以上研究大多对于中国茶产业的供求失衡已经有了一定的判断，相对应的政策建议也是根据这一判断来加以制定的。但是现有的研究大多是定性分析和主观判断，对于供求之间的缺口有多大，中国的茶叶过剩产能有多少，并没有较为科学的分析。本报告将尝试从供求失衡的评判依据入手，利用国内主要茶叶市场的数据，对这一问题做更为合理的诠释和分析。

2. 分析框架和数据来源

供求失衡与产能过剩，严格意义上来说是两个不同的概念。产能过剩，主要是基于供给的视角，是供给主体的实际生产能力没有充分发挥所产生的生产能力过剩。如果这里的供给主体包含一个行业的所有生产者，则产能过剩就是指该产业经济活动没有达到正常限度的产出水平所导致的资源闲置。

供求失衡，则是同时从供给和需求两个视角分析一个行业的实际产出与其有效需求之间的对应关系，供给大于需求，就会导致产品的滞销。本报告主要从茶产业这一中观产业的维度分析茶产业的供求失衡问题，因此是要在综合考虑中国茶产业供给和需求的基础上，对二者之间可能存在的缺口进行科学合理的估算和分析。

在数据的获取方面，虽然中国茶产业发展很快，但相关的数据库系统建设仍然较为滞后，缺乏全国层面的茶叶消费和需求的数据库，即使是茶叶生产加工成本收益的数据资料，也在 2007 年后不能在全国层面统筹获取。受制于数据的缺乏，现有关于茶叶消费的研究大多基于某个地区或城市的样本展开分析，其样本无论是数量还是代表性都有待进一步提升。但从中国茶叶消费的购买地点来看，茶叶交易市场仍然在茶叶的流通中发挥着重要作用。因此，在无法获取全国层面的茶叶消费相关数据的前提下，本报告的分析框架是利用全国三个主要茶叶市场的交易数据作为中国茶叶消费量的替代变量，通过考察三个茶叶交易市场年度交易量的变化情况，得到中国茶叶整体消费的年度变化情况，并结合历年中国茶叶的产量和出口情况，来计算中国茶产业的供求缺口。

在茶叶市场的选择上，本报告选择福建安溪茶都、浙江松阳浙南茶叶市场和浙江新昌中国茶市，这三个茶叶交易市场每月都会发布“安溪铁观音价格指数”“松阳绿茶价格指数”和“新昌大佛龙井茶价格指数”，涉及三个茶叶市场的年度、月度茶叶交易额和交易量都能在中国茶叶流通协会网站（http：//www. ctma. com. cn/）查询得到，且三个市场的价格指数均由中国茶叶流通协会与各个茶叶市场共同合作编制而成，其数据的可信度和可得性都为本研究的展开奠定了基础，这是本报告选择这三个茶叶市场的首要原因。另外，从三个茶叶市场年度交易量占中国茶叶年度消费总量的比重来看，2014 年三个茶叶市场的销售量和销售额分别为 11. 24 万吨和 105 亿元，而当年中国茶叶供给量和茶叶产值分别为 179 万吨和 1349 亿元，基于中国茶叶消费市场的高度分散和原子化特征，这三个茶叶市场的数据具有一定的代表性。在具体起止年份的选择上，考虑到数据的可得性，本报告选择从

2012 年开始的四年汇总数据加以分析。

3. 数据分析及讨论

根据以上的分析思路汇总数据，最终得到表 14。整体来看，2012 ~ 2015 年，三大主要茶叶市场的交易量和交易额都出现了一定程度的波动，但是基本上呈现出量价齐升的趋势。与 2012 年相比，2015 年三大茶叶市场的销售量分别增加 9%（松阳绿茶）、34%（大佛龙井）和 9%（安溪铁观音），茶叶销售额相应的变化为 37%（松阳绿茶）、45%（大佛龙井）和 4%（安溪铁观音），销售单价的变化为 25%（松阳绿茶）、8%（大佛龙井）和 -5%（安溪铁观音）。从三个独立茶叶市场的变化趋势来看，除了个别数据在个别年份有所下降外，无论是茶叶销售额还是茶叶销售量，都基本保持稳定增长的趋势。但是这一销售的稳定增长，是否与产量保持同步，则需要结合中国茶产业的产量数据做进一步分析。

表 14　中国茶叶市场茶叶销售情况

年份	松阳绿茶			大佛龙井			安溪铁观音		
	销售量（吨）	销售额（万元）	销售单价（元/千克）	销售量（吨）	销售额（万元）	销售单价（元/千克）	销售量（吨）	销售额（万元）	销售单价（元/千克）
2012	67758	343879	51	11560	233262	202	19117	221296	116
2013	51561	319715	62	13581	347920	256	22131	244941	111
2014	76561	461540	60	13400	335072	250	22485	252332	112
2015	73756	469970	64	15502	339351	219	20846	230033	110

对我国茶产业供求失衡的问题，需要同时考虑到茶叶的供给和需求，进而测算二者间的缺口。2007 ~ 2015 年，中国的茶叶产量由 117 万吨增加到 225 万吨，增产幅度达到 108 万吨左右，其中 2011 年以来中国增产达到 63 万吨，茶叶增产的绝对数量和幅度都高于之前的 4 年。而中国的茶叶消费增长较为平缓，2006 ~ 2011 年中国仅新增 0.4 亿茶叶消费者。综合考虑数据的可得性，本报告选择以 2012 年为基期，并假设当年的茶叶供求恰好相等。以上述三大主要茶叶交易市场销售总量的年度变化率为基础，拟合出中国

2012年以来茶叶消费总量的情况，并结合各年实际的茶叶产量和出口情况，计算不同年份茶叶供求间的缺口（见表15）。

表15　中国茶叶过剩产能值估算

年份	产量（万吨）	三大市场茶叶销售量（吨）	三大市场茶叶销售变化（%）	出口量（万吨）	国内茶叶市场供给量（万吨）	中国茶叶消费量拟合值（万吨）	供求缺口拟合值（万吨）	供求缺口估计值（万吨）
2012	178.98	98435	0	31.35	147.63	147.63	0	
2013	192.4	87273	-11.34	32.58	159.82	130.89	28.93	
2014	209.19	112446	28.84	30.15	179.04	168.64	10.4	34*
2015	227.76	110104	-2.08	32.50	195.26	165.13	30.13	53.73

注：*34万吨的过剩产能估计值数据来源为2015年中国茶叶大会陈宗懋《科技创新与我国茶产业发展》，2014年中国茶叶产量和消费量相比剩余34万~39万吨，本文取最小值。

表15中，第2列产量主要用来说明中国2012年以来的茶叶总产量，第3列是三大主要茶叶市场（安溪茶都、新昌中国茶市、松阳浙南茶叶市场）2012年以来历年茶叶交易总量的情况，第4列是不同年份三大主要茶叶市场交易总量的年度变化情况，第5列是中国历年茶叶的出口量，第6列是历年中国茶叶产量减去出口量后供给国内茶叶市场的数量，第7列是假设三大茶叶市场茶叶交易总量的变化与中国茶叶消费整体变化趋势一致情况下中国茶叶的年度消费量，最后两列列出的是各年可能存在的供求失衡缺口的具体值。基于2012年中国茶产业没有供求失衡的假设前提，随着中国茶叶产量的快速增加，2013~2015年中国茶叶国内市场的供给量和国内茶叶消费需求之间的缺口分别为28.93万吨、10.4万吨和30.13万吨，是相应年份国内茶叶市场供给量的18%、6%和15%，如果进一步结合陈宗懋的观点，即国内茶叶过剩在34万~39万吨，2015年中国茶叶供求缺口更是达到53.73万吨，占当年茶叶国内市场供给量的28%，中国茶产业国内市场的供求失衡问题日益突出。

4. 研究结论

本报告通过中国三大主要茶叶市场的年度交易数据，结合中国茶叶产量和出口量的年度变化，拟合了2013～2015年中国茶产业国内供求失衡情况。结论显示，近年来中国茶产业的快速规模化扩张导致茶叶产量不断增加，这种供给层面的不断上涨与当前茶叶国内需求层面的缓慢增长不相适应，我国茶产业的国内供求已经出现失衡，2015年国内茶叶供求有15%～28%的需求缺口。因此，中国茶产业的健康有序发展，不再单纯依赖茶园粗放的规模化扩张带来的茶叶产量增加，需要加快茶产业发展模式的转型，要灵活把握茶叶消费需求的变化，开发多元化的茶叶产品以满足消费需求。

从供给侧结构性改革的视角来加大对茶叶供给侧的管理，就是需要相关的职能部门综合考虑中国茶产业的整体发展走向，统一制定全国层面的茶产业中长期发展规划，采取茶园总量限制和茶园结构优化的方式规范当前的茶园规模化扩张，加快茶叶供给由数量向品质提升的转变，提高茶叶供给对需求变化的适应性和灵活性，满足广大人民群众的需要；从需求层面，则要考虑到茶叶消费需求的阶段性特征及不同阶段消费行为的差异及其影响因素，对于茶叶消费展开更多细致深入的研究和分析，要充分考虑到扩大茶叶消费群体和增加茶叶消费者个体消费量在营销手段、政策导向上的显著差异，来不断推动中国国内茶叶消费的增长。

（二）中国国内茶叶消费的分析——基于茶叶消费需求两阶段行为的再思考

基于中国茶产业国内供求失衡问题的出现，除了从供给侧实施结构性改革以外，更多的要从国内茶叶消费端的变化入手，通过分析影响茶叶消费行为的因素，提出有针对性的政策建议来推动中国国内茶叶消费需求的增加。中国国内茶叶消费的增长，主要来自茶叶消费群体扩张带来的茶叶消费广化，以及消费者茶叶消费量增加带来的茶叶消费深化。然而已有研究大多忽略茶叶消费行为的阶段性特点，不仅缺乏对我国国内茶叶消费者整体情况的科学了解和判断，其提出的对策建议也缺少一定的针对性。事实上，增加国内茶叶消费的政策建议究竟是扩大消费群体（茶叶消费广化）还是推动个体消费量增加（茶叶消费深化），这二者之间是否存在显著的差异，都有待科学的分析。本报告拟利用中国疾病预防控制中心与美国北卡罗来纳大学的国际合作项目——中国健康和营养调查——的数据，结合相关的统计学描述和模型分析，对中国国内的茶叶消费问题进行一些尝试性的探讨。

1. 中国国内消费者饮茶率和数量的估算

中国是茶叶的发源地，也是茶叶的消费大国，2007 年中国的国内茶叶消费超过印度成为世界最大茶叶消费国，但是已有的文献很少涉及中国国内茶叶消费者数量的估算。除管曦（2011）曾经估算出中国国内的茶叶消费者约为 3.88 亿人外，其他大部分研究都没有给出较为具体点的数字。其主要原因在于：一是中国全国层面的饮茶情况调查受制于资金和人力缺失仍然无法展开，导致关于茶叶消费的研究大多以某一城市的样本调查为主，其样本的代表性存在一定问题；二是现有研究大多对于饮茶行为的界定较为模糊，对于是否饮茶、饮茶多少等也缺少一定的区别，导致调查问卷前后的逻辑一致性稍显不足。从逻辑上来看，饮茶行为应该是个两阶段行为，包含是否饮茶和饮茶多少两个不同的阶段，而国外的入户调查大多取询问对象是否在过去的若干天中消费某种商品，以判定其是否消费该商品，在此基础上再对具有消费行为的对象进一步展开消费量、消费频次的调查分析。本报告对中国国内茶叶消费者消费情况的估算，采用的数据来源于中国健康和营养调查（CHNS），该调查已经连续在中国实施了 9 轮。最新的一轮调查涉及中国 12 个省区市的近 1.5 万个样本，覆盖面广，代表性强，为本研究的展开提供了珍贵的样本数据。在问卷中设置有“过去 30 天中消费者是否有饮茶行为”的问题选项，对于回答为“是”的消费者进一步展开关于茶叶消费频次的调查。需要说明的是，中国未成年人饮茶数量较少，且原始样本中缺少对这一数据的统计，故本报告的研究对象仅仅包括中国国内 16 岁以上消费者，同时考虑到中国国内城乡二元结构的现实情况，通过分别估算中国国内城乡茶叶消费的情况，最终汇总得出国内茶叶消费的整体情况。

研究结论显示，中国国内茶叶消费者数量已经达到 4.28 亿人，城乡居民饮茶者数量分别为 2.61 亿人和 1.67 亿人，城乡的饮茶率分别为 46.5%

和33%，全国层面的饮茶率为38.6%。而2006年中国国内茶叶消费者数量为3.88亿人，城乡茶叶消费者数量分别为2.17万人和1.71亿人，城乡的饮茶率分别为44%和29%，全国层面的饮茶率为34%。由此可以看出，中国日常饮茶的消费者仅占总人口的1/3强，全国仍然有约2/3的消费者没有饮茶习惯。

从茶叶人均消费量的分布来看，表16显示中国的2.61亿城镇茶叶消费者共消费茶叶84.07万吨，人均茶叶消费量达到3.22千克，1.67亿农村茶叶消费者消费茶叶47.38万吨，人均茶叶消费达到2.84千克，如果使用全国茶叶消费者的数量，则可以得到中国茶叶消费者的人均饮茶量达到3.07千克，为中国茶叶流通协会相关数据的近3倍。之所以会出现这样明显的差异，其主要原因在于现有核算茶叶人均消费量的相关分析，只是单纯使用一国茶叶消费量与该国人口总量的比值来计算茶叶人均消费量，这样做的前提是该国具有较高的茶叶消费普及率。一旦该国的茶叶饮用率不高，其结果与真实情况会有很大的差别。从全球范围来看，英国、土耳其等国家茶叶消费情况的分析也采用茶叶总消费量与总人口的比值来核算人均茶叶消费量，很大程度上是因为这些国家基本人人饮茶，其居民日常饮茶率远远高于中国。

因此，本报告在计算茶叶人均消费量的时候，采取城乡茶叶消费量与实际具有饮茶行为的消费者数量的比值，由此得出的数据也与实际情况相符，很大程度上反映了中国国内茶叶消费的真实情况，而据此判断做出的政策建议有助于国内茶叶消费市场的拓展。

表16　中国城乡茶叶消费情况

	城镇	农村	总体	中国茶叶流通协会数据
茶叶消费总量（万吨）	84.07	47.38	131.45	
茶叶消费者（亿人）	2.61	1.67	4.28	
人均茶叶消费量（千克/人）	3.22	2.84	3.07	1.1

资料来源：根据《2016中国茶叶行业发展报告》和CHNS数据整理所得。

表16还显示出，中国国内茶叶消费存在较为明显的城乡差异，农村居民的饮茶率和饮茶量都明显低于城镇居民。随着近半数的城镇居民开始饮茶，城镇居民饮茶率的上升空间将不断变小，市场关注的重点将逐步由扩大消费群体向提升个人消费量方向转变，而在农村，仅有33%的消费者有饮茶习惯，饮茶率仍有较大的上升潜力。城乡茶叶消费趋势的这一差异，就使无论茶叶企业还是茶叶行业，都必须注意到针对城乡的茶叶消费者，必须采取差异化的策略。

2. 中国茶叶消费的弹性估算和影响因素分析

以上针对茶叶消费率和消费者数量的估算，并无法测算出茶叶消费量。基于CHNS的数据，本报告接着拟对中国茶叶消费的弹性和影响因素进行估算。

由数据统计可得，在中国城乡的饮茶消费者中，城镇和农村居民每日的饮茶量均值分别达到3.19杯和2.81杯。在CHNS的样本中包含有大量饮茶数量为零的消费者，对于这种零消费量，不能单纯地将其作为没有消费行为加以对待，因为其中一部分消费者是自身没有饮茶意愿导致茶叶消费量为零，另外一部分消费者虽然有消费意愿，但可能自身收入过低或者茶叶价格过高导致其消费量为零，即茶叶零消费量可能是有意愿没能力，也有可能是有能力没有意愿。而影响茶叶消费意愿和消费能力的因素并不相同。基于以上考虑，在本报告中使用Double-hurdle模型，以更为科学有效地处理这些零消费量样本。

结论显示，在其他因素保持不变的情况下，收入会显著增加城乡茶叶消费者的消费量。收入每增加一万元，城镇饮茶人群的饮茶量增加0.14杯，农村饮茶人群的饮茶量增加0.12杯，城镇居民略高于农村居民。城乡居民的茶叶消费收入弹性分别为11.19%和7.9%，随着收入每增加1个百分点，城乡居民的茶叶消费量分别增加0.1119个和0.079个百分点。

在参与茶叶消费的影响因素上，收入和家庭规模对农村居民具有显著影响，而年龄和收入影响城镇居民。在对茶叶消费量的影响方面，年龄、收入、家庭规模和受教育程度对城乡居民的茶叶消费量具有显著的正向影响。

总体看来，城乡居民中男性消费者的饮茶量更多。

由此可见，分析茶叶消费行为，必须充分考虑其明显的两阶段特征，即茶叶消费行为是一个包含参与消费和消费多少的两阶段行为。由于两个阶段的影响因素存在显著差异，在制定相关政策拓展茶叶消费的时候必须充分考虑到这种阶段性，以有效推动茶叶消费的增加。

3. 如何推动茶叶消费

由于茶叶消费包括参与消费和消费多少两个不同的决策，同时这两个不同的决策又受到不同因素的影响，因此在今后进一步推动我国国内的茶叶消费，首先需要考虑到政策的适用性。由于茶叶消费涉及不同的决策（参与消费和消费多少），而不同决策的影响因素也不一样。因此，需要充分考虑政策的着力点究竟是拓宽茶叶消费广度还是增加消茶叶费深度，进而采取相对应的对策。其次，今后提升国内茶叶消费水平，通过吸引新的茶叶消费群体以拓宽茶叶消费广度较之增加茶叶消费深度，具有更高的可行性和现实性。因为中国国内已经具有饮茶行为的消费者人均饮茶量接近 3 千克，进一步上升的空间有限，而中国国内仍然有多达 60% 以上的消费者没有饮茶行为，开拓这一部分消费者市场是今后茶产业需要关注的重点。再次，要大力开拓农村消费市场。农村居民的茶叶消费广度和深度较之城镇仍然较低，如果茶叶厂商能够开发出适合农村居民的茶叶产品，农村茶叶消费的潜力将被极大地激发出来，成为今后国内茶叶消费的新增长点。最后，加快中端价位茶叶产品开发。虽然茶叶的需求弹性为正，但是需求弹性较小，说明收入的增加并不能带来茶叶消费量的快速上升。中端价位茶叶产品的开发，将能够引起消费者的注意，无论是对吸引新的消费者，还是对稳定老的消费者，都有重要的作用。

参考文献

[1] 陈宗懋：《科技创新和我国茶产业发展》，《2015 中国茶叶大会年会论文集》，

2015，第6~13页。
[2] 江用文、陈霄雄、朱建森等：《中国茶产业2020年发展规模分析》，《茶叶科学》2011年第3期。
[3] 管曦：《我国茶叶消费相关数据的讨论——基于消费者层面的分析》，《中国茶叶》2015年第10期。
[4] 管曦、杨江帆：《对中国茶叶消费现状的分析和建议》，《茶叶》2014年第2期。
[5] 鲁成银：《中国茶产业升级发展路径探讨》，《中国茶叶》2013年第11期。
[6] 陈星、赵沙鸥、吴咏芳等：《茶叶产能过剩预警及对策分析》，《农业考古》2015年第2期。
[7] 顾公新、朱飞鸣、刘长洁：《浅谈安徽茶产业供给侧结构性改革发展思路及对策》，《茶业通报》2017年第1期。
[8] 赖作莲、李娟娟：《陕西茶产业供给侧结构性改革的契机与对策》，《开发研究》2017年第2期。
[9] 聂樟清、张莉娜、马承和等：《经济新常态下江西茶产业需化解四大矛盾》，《农业考古》2016年第2期。

第二部分 产区报告

The Regional Reports of the Chinese Industry's Development

B.2 福建茶产业发展研究报告

郑廼辉　江　铃*

摘　要：　通过总结福建茶产业种植、加工、质量安全、茶文化旅游、茶叶电商领域的发展概况，对福建茶产业的发展成效和存在问题进行了分析，并从品牌建设、标准化茶园建设、融资环境改善、销售渠道建设、科技水平提升、茶园可追溯体系建设、生产模式改进等方面提出了推动福建茶产业进一步发展的政策建议。

关键词：　福建　茶产业现状　茶产业问题

* 郑廼辉，福建省农业科学院茶叶研究所，教授级高级农艺师；江铃，福建张天福茶叶发展基金会秘书处。

一　福建省茶产业发展概况

福建茶业历史悠久，南安莲花峰石刻上有“莲花茶襟”，刻于太元丙子年（376年），比唐代陆羽的《茶经》还早300多年。陆羽《茶经》载：“岭南生福州、建州、韶州、象州……，往往得之，其味极佳。”福州、建州均属福建，可见福建早有茶叶生产，且有众多历史名茶。

（一）茶叶种植业现状

福建茶叶近年来快速发展，至2015年，福建省茶园面积24.67万公顷，占全国茶园面积的8.57%，生产茶叶40.2万吨，占全国茶叶总产量的17.65%；茶园平均单产为120千克/亩，是全国茶叶平均水平的200%。茶产业年产值500多亿元，毛茶产值220亿元。2016年，福建省的毛茶总产量、亩产量、毛茶产值、平均价均位居全国第一，其中茶园面积25.13万公顷，毛茶产量42.68万吨、亩产113.2千克，毛茶产值219亿元，茶产业综合产值达到800多亿元。

（二）茶叶加工业现状

在茶产业中，加工业是关键环节，加工业的规模、实力直接影响整个产业的发展。据省农业厅统计：2014年福建省毛茶总量37.2万吨，其中乌龙茶19.7万吨，绿毛茶11.5万吨，红毛茶4.3万吨，其他（主要是白毛茶）1.7万吨，分别占53%、31%、11.5%和4.5%。2015年福建省毛茶总量40.2万吨，其中乌龙茶21.6万吨，绿毛茶12.1万吨，红毛茶4.7万吨，其他（主要是白毛茶）1.8万吨，分别占54%、30%、11.7%和4.3%。2016年，福建省茶园面积377万亩，位居全国第五，毛茶产量42.68万吨。茶叶加工主体大部分为个体茶农、茶农专业组织、茶厂（场、公司）等，现有茶叶加工企业17000多家，其中茶叶类农业产业化国家级、省级重点龙头企业134家，茶叶品牌建设水平和龙头企业数量居全国前列。

（三）茶叶质量安全现状

福建省大力开展茶叶“三品一标”认证工作，并出台了一系列奖励机制，促使企业开展认证工作，茶叶质量不断提升。至2016年底福建省已经有58家企业83个产品通过国家无公害认证，9家企业9个产品通过农产品地理标志认证，115家企业157个产品通过国家绿色食品认证。

2015年10月，安溪县获得国家首批有机产品认证示范区称号，近五年国内市场抽检合格率持续在99%以上。被评为福建省绿色食品茶叶标准化生产基地的5个市（县）分别是福安、大田、漳平、永春、华安等。在示范区的引领下，福建省显著提高了茶叶标准化、集约化和机械化水平，促进了茶叶出口的快速增长。

（四）茶电商产业现状

1. 福建省茶电商销量不断增加

电子商务已成为互联网时代拓宽茶叶销售渠道的重要手段，成为促进茶产业发展的新增长点。2015年通过阿里零售平台售卖的茶叶金额为88亿元，同比2014年增长27.5%，相比2013年增长超过一倍。其中，福建省年销售额为30亿元，成为全国茶叶电商的领头羊。在阿里研究院公布的《2015年中国大众电商创业最活跃的50个城市》和《2015年中国大众电商创业最活跃的50个县》榜单中，福建莆田、泉州、厦门、福州等市，安溪、德化等县入选。2015年，安溪县茶叶全年销售额超过24亿元；安溪县茶叶电商在2016年“双11”当天交易额达2.6亿元，其中八马茶业以1126万元完美收官，比上年“双11”增长35%以上，再次刷新纪录；华祥苑茶业当天销售额同比增长近100%，取得乌龙茶类目排名第五的佳绩，铁观音茶叶销售持续领跑国内茶行业。

2. 福建政府、企业共同推进茶电商发展

政府方面。2014年5月，福建省人民政府《关于进一步加快电子商务发展的若干意见》提出6项措施、11条支撑保证，力争实现2018年全省电子商务年交易额突破 2 万亿元，将福建省打造为电子商务强省；2016 年 5 月福建省政府与阿里巴巴集团宣布合作，开展跨境电商、农村电商、闽货网销、“互联网 +”等领域的深度合作，同时还确定阿里巴巴“千县万村计划”农村淘宝项目以福建尤溪县、长汀县等为试点县。2016 年 8 月，福建省与网易签署战略合作协议，福建正山小种红茶、大红袍和安溪铁观音在网易的电商部门“网易严选”正式上线，利用网易可靠的信用背书、巨大的人流量支持以及完善的售后服务，推介福建名茶。这些政策的实施拓宽了茶企的茶叶销售渠道，增强了茶叶的市场竞争力，同时打造了福建“互联网 +”茶叶新亮点。

茶企方面。在 2015 米兰世博会中国茶文化周上，中国茶企表示将抱团发展，将联合建立跨境电商平台，设立茶叶欧洲公仓，提升中国茶叶国际形象，促进世界茶消费。2016 年 4 月，福建新坦洋集团股份有限公司作为全国唯一一家茶叶类企业代表全国红茶标准化工作组，成为全国电子商务质量管理标准化技术委员会委员，同时申报了《电子商务产品口碑指数测评：茶叶》《电子商务交易产品信息描述规范：茶叶》与《电子商务交易产品质量抽检规范：茶叶》3 项和电子商务相关的省地方标准，有利于统一规范电子商务中茶叶的抽检行为、产品口碑指数测评、茶叶产品质量可追溯，同时保障了消费者的权利。2016 年 12 月，福建省茶业电商协会成立，将促进福建茶业界思维模式的共生共融，推进福建茶业电商企业的共同发展。

（五）茶旅游发展现状

福建省的茶园大部分为山地茶园，相当部分茶区坐落在自然保护区内、旅游景区内，旅游资源丰富。开发生态观光茶业具有得天独厚的优势。

闽东拥有有“天下第一寺”之称的宁德霍童支提寺和风景独特的福鼎太姥山风光，著名的“天山绿茶”“太姥山绿雪芽”就产在这深山幽谷之中，太姥山上的白茶传说、屏南鸳鸯溪、白水洋清爽的绿茶身姿、畲族人的饮茶文化等为推行茶文化旅游奠定了良好的基础。闽北茶区有闻名古今的“武夷岩茶”，武夷山建有涵盖武夷岩茶的历史、制作工艺和传说的茶博园，可让大家领略武夷茶深厚的文化底蕴。同时，武夷山景区推出了专门的茶旅慢游，可观茶景、赏茶礼、品茶味、游茶园。闽南茶区有“安溪铁观音”“黄金桂”“白芽奇兰”等名品。其中安溪县将茶的发展与生态观光旅游结合在一起，规划建设推出休闲度假、生态茶园探幽、古迹旅游、茶都观光等10多条以茶文化为主的旅游线路，与海内外60多个旅行社、旅游公司签订了旅游合作协议，已被列为全国三大茶叶旅游线路之一。

2016年9月，在中国国际茶产业投资展览会（简称“9.8茶展”）上，核心产茶区的政府、品牌茶企、茶庄园与国内50多家旅行社、旅游公司、旅游协会洽谈交流。由30多个产茶区的政府、生态茶企、旅游从业单位、媒体共同发起成立了海峡茶旅联盟，将共同推出系列线下活动，推动“茶+旅游”新业态发展，挖掘产茶区、茶庄园旅游市场。

（六）茶产业发展的成效与亮点

1. 积极实施现代茶业项目

2014年8月，福建省政府出台了提升现代茶产业发展水平六条措施，通过加快生态茶园建设、推广茶叶机械、拓展精深加工、构建监管平台、创新经营模式、强化服务保障等措施进一步提升福建省茶产业发展水平，增强茶产业综合竞争力。福建从2008年起实施现代茶业项目，2015年累计投入中央财政资金8亿元，重点支持安溪、武夷山、福安等26个茶业基础条件好、产业规模大的茶叶主产区发展优质、安全、高效茶业，促进茶产业持续健康发展。

2. 茶叶品牌优势明显

到目前为止，福建省已涌现出一批如“武夷星”“品品香”“八马”和“日春”等茶叶名牌产品，且传统品牌茶企优势显现。“双11”全网销售排名前20的品牌茶企中，传统品牌茶企从2014年的6席增长至2015年的11席，超过半壁江山，包括福建“八马”“天福茗茶”等。这些品牌茶企起到了辐射与带动作用，促进了茶农增收致富。

3. 科技创新能力较强

福建省茶产业科技创新能力较强，主要体现在：（1）新品种选育与推广。福建省鼓励新品种选育。目前，福建省新品种比例远高于全国46%的平均水平，其中，省级良种20个，国家级茶树良种26个。全省平均茶叶亩产从30年前的24.5千克提高到113.2千克，无性系良种推广面积达96%以上，居全国第一。（2）茶叶精深加工拓展。茶叶精深加工是提升茶叶产品附加值的有效途径。目前全国茶叶深加工企业100多家，福建占10%。福建大闽食品（漳州）有限公司、仙洋洋食品科技有限公司等茶企在提取茶多酚、茶多糖、茶色素等茶有效成分的深加工方面不断创新与突破，成为茶产业成功转型的典范。

福建省高等院校福建农林大学、武夷茶学院均开设了茶学专业，茶叶类专业被纳入新型职业农民教育内容重点扶持。2016年共计招收数十名硕博士研究生、三百多名本科生、二百多名大专生，为福建省茶产业发展提供了充足的高级技术人才储备，在茶叶领域培育形成了一支稳定的职业农民队伍。

4. 茶产业效益日益攀升

福建农林大学联合海峡消费报社开展“福建茶叶消费调查”活动，调研活动受到27万人关注，收回12000多份有效问卷。调研报告显示，62%的人天天泡茶喝，25%的人每周都有几天会泡茶，52%的人每月花100~300元购买茶叶。由此可见福建茶叶消费市场巨大。

福建茶产业持续、稳步的发展极大地带动了与茶产业密切相关的二、三产业的发展，如餐饮旅游、产品加工、物流运输、产品包装、营销贸易等，增加了农村劳动力就业和创业的机会，成为农业发展中最具活力的产业之一。调查发现，全省涉茶人数超过300万人，约占全省人口的1/12。以安溪县为例，2016年安溪县农村居民人均可支配收入为14004元，其中茶叶收入占比56%，达7842元；福安市农村居民人均可支配收入为14146元，其中茶叶收入为4668元，占33%；武夷山市农村居民人均可支配收入为14622元，其中茶叶收入为3656元，占25%。

5. 多茶类开发有新优势

福建有着丰富的茶树品种资源，主产乌龙茶、白茶、红茶、绿茶、茉莉花茶等茶类，在全国占有重要地位，是著名的特种茶产区。

福建发展乌龙茶、白茶、茉莉花茶优势十分明显，如以安溪铁观音为代表的闽南乌龙茶、以武夷岩茶为代表的闽北乌龙茶、以福鼎白茶为代表的白茶、福州茉莉花茶，几种茶类有着不同的文化背景、独特的文化积淀与人文魅力。此外，还有以罗源七境堂炒绿、宁德天山绿茶、武平炒绿为代表的绿茶，以产于武夷山的正山小种、传统三大工夫为代表的红茶等茶类。

各茶类在继承和发扬传统制作技艺的同时，不断创新产品加工工艺，开发出了金骏眉、东方美人茶等适应消费市场需求的茶叶产品。

6. 质量水平有新提升

目前，福建省拥有省级良种 20 个、国家级茶树良种 26 个，无性系良种推广面积超过 96%，远高于全国平均水平，居全国领先地位；茶叶单产水平全国第一；茶叶加工水平不断进步，各茶类加工工艺根据市场需求不断总结提升，品质特性优异，且不断推进智能化、清洁化生产，提升茶叶卫生安全水平。

福建省通过建设标准化示范区、推广生态茶园建设、开展茶叶“三品一标”认证工作等，提高了茶叶的质量。

7. 产业化经营有新进展

至目前，福建省有茶叶类农业产业化国家级、省级重点龙头企业 134 家，茶叶龙头企业数量和品牌建设水平居全国前列。天福茗茶、华祥苑、品品香、春伦等茶叶龙头企业作为示范很好地带动了福建茶业的快速发展。在福州、厦门、泉州、漳州等中心城市已建有专业性茶叶批发市场，建立全省茶叶批发市场网络，为茶产业的发展提供了有力保障。如安溪全国茶叶批发市场在 2016 年总交易额近 25 亿元、总交易量达 2.1 万吨，进入全国茶叶批发市场十强。

8. 茶文化传播形式多样化

近年来，除了如海峡两岸茶业博览会、海峡两岸农业博览会等持续多年的茶叶推介活动，更有如“闽茶中国行”“闽茶海丝行”等国内外茶文化宣传活动，展示福建源远流长、丰富多彩的茶文化。

2010 年 6 月起，“闽茶中国行”先后走进台湾、上海、河南信阳、北京、江苏南京、山东青岛、四川成都、陕西西安、新疆、宁夏等各地；2013 年 9 月，“闽茶世界行”在美国纽约启动，至 2015 年 12 月，先后走进美国、英国、法国、西班牙、柬埔寨等国家；2016 年 5 月起有关部门先后组织了 3 次“闽茶海丝行”，进一步拓展福建省与海上丝绸之路沿线国家和地区的茶叶贸易合作和文化交流，共签订经贸合同 14.31 亿元，达成合作意向 25.45 亿元，并与当地社团侨领、华人华侨及当地民众开展深入交流，为福建茶叶走向海上丝绸之路沿线国家和地区的市场打下了良好的基础。

二　福建省茶产业发展存在的问题

（一）科技创新能力差

目前，全国各地许多中小企业的创新能力不强，加工的基本上是初级产品，茶叶深加工产品具有广阔的市场前景，但深加工用茶仅占茶叶总产量的 6% ~8%，重视功能成分的分离提取，但市场化力度不足；深加工产品的质量参差不齐，时有农药残留超标、溶剂残留、微生物超标等问题；产品比较单一，存在科研成果转化和应用力度不足等问题。

（二）企业转型较困难

由于茶企规模小，国内茶叶行业尚未有一家 A 股市场上市公司。国内茶叶行业的标准化程度低、标准难建直接导致了茶企规模化发展困难。目前，只有天福、龙润茶两家公司在香港证券交易所上市，八马茶业、元泰茶业等数家茶业“取道”新三板寻觅资本融资。

（三）市场供求偏失衡

茶园面积增长较快，近年来每年新增面积都在 15 万亩左右，且品种结构不合理，主栽品种单一，导致结构性产能过剩，如铁观音面积达 124 万亩，约占全省茶叶面积的 1/3，造成近两年也出现了茶叶价位下滑与产品滞销的现象。

三　福建省茶产业发展的主要政策与措施

（一）做好茶叶品牌建设、增强茶产业竞争力

福建茶产业管理需要“顶层设计”，制定、出台、实施符合福建省中长期发展、区域协同发展、企业品牌优势发展的政策与规划。品牌建设方面可通过扩大地域品牌影响力带动企业品牌的创建，通过众多企业品牌的塑造与壮大，支撑地域品牌的整体形象；在不断提高产品质量的同时，加深品牌的文化内涵，并通过多种途径，宣传品牌文化，增强品牌的生命力，从而增强福建茶产业综合竞争力。

（二）推进标准茶园构建、促进产业结构改革

茶园生产方面，进一步推进标准茶园的建设；积极推进更适于山地作业的新型机械的研发与推广应用，减轻劳动强度，降低成本。

茶机发展方面，引导省内茶机企业树立提升产品品质意识，注重茶机产品的细节设计，提高加工工艺及制造水平，以实现设备及配件的标准化、连续化、智能化、通用性、稳定性。

茶叶产品发展方面，茶叶通过精深加工形成新产品，应用于保健品、日化、药品等各个领域，不仅能解决中低档茶叶的出路，增加茶产业链，还可为茶农增加就业机会，提高经济效益。

（三）优化融资服务环境、加快中小企业发展

福建省大多数茶叶企业资本营运能力比较差。新三板“小额、快速、按需”的融资模式符合中小企业的需求特征，茶企挂牌公司可以借力资本市场的融资渠道，加快企业发展。

建立茶业贷款担保基金，是解决茶叶企业担保难、贷款难、贷款贵的现实选择。同时，要加快农村金融改革探索，推广农村互助互贷，创新抵押贷款方式，优化融资服务环境。

（四）牢牢把握市场机遇、积极拓宽销售渠道

电子商务已成为互联网时代拓宽茶叶销售渠道的重要手段，也必将成为促进茶产业发展的新增长点。茶叶主产区要落实好福建省政府《关于扶持电子商务发展的意见》精神，抓好2016年5月福建省政府与阿里巴巴集团在福州签署战略合作协议的新机遇，积极把握阿里巴巴“千县万村计划”农村淘宝项目以尤溪县、长汀县为试点县的新契机，充分发挥电子商务发展优势，拓宽茶叶销售渠道，增强茶叶市场竞争力，打造福建“互联网+”茶叶新亮点。

（五）不断加强科技支撑、提高茶产品附加值

从科技创新入手，支持国家级、省级重点茶叶龙头企业进一步做大做强做优。以企业为主体，以市场为核心，鼓励茶叶企业与科研机构、高等院校联合开展技术攻关。力争到2018年，福建省建成100条茶叶精深加工自动化生产线，培育10家年产值10亿元以上、100家年产值1亿元以上的茶叶精深加工企业，开发茶饮料、茶日用品、茶保健品等新产品，延伸产业链，创造更大的经济附加值。

（六）提升贸易破壁技术、增加茶叶出口数量

相关出口茶企谨慎应对，提升生态茶园建设水平，推进有机茶发展；及

时跟进欧盟新法规标准的变化情况，从根源上杜绝农药残留的污染，加强原料管控，所收原料应保证来源清楚、用药清楚；推进标准化、清洁化、规模化生产，培养大型茶叶加工龙头企业，上联国内外市场，下联基地农户，形成产供销、农工贸一条龙，以利于降低茶叶生产成本、提高茶叶质量、增强茶叶产品的国际影响力。

（七）推进可追溯体系建设、保障产品质量安全

加强茶园农药使用监管，借鉴安溪成功经验，完善福建省 26 个茶叶主产县农资监管平台的建设。持续推进茶叶质量安全可追溯体系建设，保障茶产品质量安全。将县级以上茶叶龙头企业和列入规范社名录的茶叶类农民合作社纳入省级可追溯平台管理，真正做到“生产有记录、信息可查询、流向可跟踪、责任可追究、产品可召回、质量有保障”。

（八）时刻关注市场变化、及时调整生产模式

目前，茶叶市场呈现产能过剩的格局，市场竞争日趋激烈，中低端市场不断扩大，高端产品市场份额不断下降。企业应做好市场调查，结合自身实际，用发展的眼光看市场变化，组织生产适应需求的茶产品，切忌盲目跟风，低价竞争，造成亏损。

B.3

四川茶产业发展研究报告

张冬川　李叶晖*

摘　要：　从茶产业的生产、加工、经营、品牌假设、茶文化旅游与茶标准建设环节对四川茶产业发展概况进行了总结，提出了进一步推动四川茶产业发展的政策措施。

关键词：　四川　茶产业发展　茶产业政策

四川省拥有着两千多年的茶叶种植历史，也是茶业和茶文化的重要源头之一。据史料记载，饮茶、种茶和茶叶传播都起源于四川，四川享有“蜀土茶称圣”的美誉。四川省拥有适宜茶树生长的优越自然生态条件，被农业部规划为全国名优绿茶和出口绿茶优势区域。四川茶叶主要分布在川西南、川东北盆周山区和丘陵地区，拥有产茶县120余个，茶产业优势县32个、重点县20个。茶产业已成为四川省茶叶主产区农业和农村经济发展的重要组成部分，对促进农业结构调整、发展现代农业和促进茶农持续增收发挥着重要的作用。

一　四川省茶产业发展概况

（一）茶叶生产现状

1. 不断扩大茶业规模

据统计局统计，2015年四川省茶叶种植面积为32.18万公顷，比上年增

* 张冬川，四川省园艺作物技术推广总站，高级农艺师；李叶晖，四川省园艺作物技术推广总站，高级农艺师。

加24.1万亩，增长5.26%，采摘面积22.98万公顷，比上年增加1.34万公顷，增长6.19%。其中，宜宾、乐山、雅安等11个茶叶主产市茶园面积31.53万公顷，占全省的98%（见表1）；20个茶叶重点县达到23.99万公顷，占四川省的74.5%。茶叶总产量24.84万吨，比上年增加1.44万吨，增长6.15%，其中名优茶产量15.05万吨，占总产量的60.59%。毛茶产值157亿元，比上年增加27亿元，增长20.77%，名优茶产值117.17亿元，其中鲜叶产值108.33亿元，鲜叶独芽均价100~120元/千克，与上年持平，一芽一叶均价25~30元/千克，比上年同期增长5%，大宗茶原料均价8~10元/千克，比上年同期增长10%。四川省茶农实现人均茶叶收入2892元，人均增收约500元。

2. 不断推进标准化基地建设

以千亿示范工程、现代农业重点县建设、标准园建设等项目为抓手，新建与改造结合，提高茶园标准化水平。在20个茶业重点县内，围绕品牌企业建设规模化、良种化、标准化基地，完善水网、路网、田网等配套基础设施建设，推进标准化基地集中连片发展。四川省改造提升老龄低产茶园1.82万公顷，比上年增加0.61万公顷，增长了50.41%。加大了茶园机械化作业的推广力度，四川省机械化修剪面积达27.13万公顷，机械化采摘面积达0.67万公顷，分别占总面积的84.31%和2.08%，大大缓解了采茶用工和茶园管理用工矛盾。全面开展茶树病虫害预防预测，推广农业防治、化学防治、物理防治和生物防治综合防治技术，有效降低病虫对茶树的危害，提高茶园安全生产水平。据业务统计，四川省绿色防控面积达22.43万公顷，无公害茶园23.66万公顷，绿色食品茶园8.92万公顷，有机茶园0.4万公顷，茶叶有机产品示范县有6个，GAP认证的茶叶企业有3家。2015年省、市、县三级农业部门加大了对茶叶基地的安全监管和产品抽检，未发现一例违规超标现象。全面推行茶叶质量追溯制度建设，建立田间生产、投入品管理等档案记录。现已逐步完善茶叶追溯体系的企业和合作社达100余家，追溯体系中的监管面积达0.58万公顷。

3. 各产区茶叶生产现状

（1）主产市茶叶生产情况

成都、乐山、宜宾等11个市是四川省茶产业主产市，茶园面积达

31.53万公顷，产量24.36万吨，产值150.59亿元，分别占四川省总面积、总产量、总产值的98%、98%、96%（见表1）。

表1　2015年四川省11个主产市生产情况

地区	总面积(万公顷)	投产面积(万公顷)	产量(吨)	毛茶产值(亿元)
成都市	1.32	1.17	20571.00	17.47
自贡市	0.35	0.34	10737.00	3.17
泸州市	1.53	0.99	10486.00	11.74
绵阳市	1.34	0.69	3343.00	3.64
广元市	2.30	1.70	7310.00	8.31
乐山市	7.06	5.31	35567.00	18.21
宜宾市	7.06	4.78	51229.00	32.14
达州市	1.65	1.34	9487.00	7.02
巴中市	1.08	0.57	2730.00	3.04
雅安市	5.45	3.73	70666.00	28.51
眉山市	2.39	1.89	21455.00	17.44
合　计	31.53	22.51	243581.00	150.59

（2）重点县茶叶生产情况

有关部门按照《加快川茶产业转型升级建设茶产业强省的意见》精神和省委省政府的要求，对于当地政府高度重视、产业基础较好、茶农茶企积极性高的县（市、区）给予重点支持，2015年，20个重点县茶产业发展步伐加快（见表2）。

表2　2015年四川省20个茶叶重点县生产情况

地区	总面积(万公顷)	投产面积(万公顷)	产量(吨)	毛茶产值(亿元)
蒲 江 县	0.58	0.56	9638.00	3.40
纳 溪 区	1.17	0.71	6163.00	6.04
峨眉山市	0.91	1.23	8300.00	7.91
夹 江 县	1.37	0.82	7367.00	8.74
犍 为 县	0.75	0.26	957.00	3.76
马 边 县	0.98	1.17	9450.00	7.54

续表

地区	总面积(万公顷)	投产面积(万公顷)	产量(吨)	毛茶产值(亿元)
沐川县	1.47	1.20	6550.00	8.00
翠屏区	0.52	0.33	2160.00	2.83
高　县	1.68	1.20	10695.00	9.06
屏山县	1.35	0.78	11488.00	7.20
筠连县	1.32	0.93	10153.00	7.01
万源市	1.19	0.92	4955.00	6.31
名山区	2.40	1.93	46513.00	12.59
雨城区	1.99	1.26	18362.00	10.49
通江县	0.49	0.23	782.00	2.52
南江县	0.45	0.24	1734.00	2.21
平昌县	0.08	0.07	92.00	3.71
洪雅县	1.86	1.47	17182.00	10.06
青川县	1.64	1.26	3952.00	8.35
旺苍县	0.65	0.43	3345.00	3.30
合　计	22.85	17.00	179838.00	131.03

（二）茶叶加工现状

1. 茶产品结构丰富

四川省盛产绿茶，四川省的绿茶加工形式众多，除炒青茶、烘青茶之外，还产有外形丰富的扁形茶、针形茶和卷曲形茶，2015 年四川省绿茶产量 20.74 万吨，占总产量的 83.5%，仍占主导地位。近年来，应市场需求，川红工夫红茶、茉莉花茶和雅安藏茶也竞相发展，“一主三辅”的优势产品格局已基本形成。据业务统计，红茶产量 0.41 万吨，藏茶 1.12 万吨，茉莉花茶 2.55 万吨，分别占总产量的 1.65%、4.51% 和 10.27%，其中茉莉花茶增加了 7 个百分点。在春季名优茶稳步发展的基础上，各地大力开发夏秋茶，发展优质大宗茶和出口茶。2015 年全省春茶产量 13.41 万吨，占总产量的 53.99%，产值 119.04 亿元，夏秋茶产量 11.43 万吨，占总产量的 46.01%，产值 37.96 亿元。大力推动主产区的新建，引进茶叶深加工企业，应用更加先进的机械化加工技术，加快速溶茶、茶保健品等精深加工产品的生产，提高茶叶附加值和综合利用率。犍为县研发的茉莉花精油在乐山、成都等地上市销售，受到女性和老年消费者的喜爱。

2. 茶加工设备先进

近年来，四川省大力推广清洁化加工技术，加快智能化、连续化、自动化等现代化茶叶加工设备的更新，显著提高了茶叶的生产效率，产品的质量安全水平也大幅提高。据统计，四川省连续化、清洁化名优茶生产设备有1700余台套，自动化生产线超过600条，其中红茶生产线达20余条，名优茶加工机制率达到100%，全部实现清洁化加工，大宗茶生产线192条，67%实现不落地加工。万源市新引进3条红绿茶加工设备，扩建5条生产线；马边县新建3个标准化生产车间，改造5个初加工厂，青川县引进8条名优茶连续生产线。机制名茶“云顶茗兰”等产品在四川茶博会名优茶评比中荣获金奖。四川省各茶区创新工艺，改良加工设备，研发出区域特色明显、品质优异的夏秋系列红茶、绿茶等茶产品，如“巴中云顶”红茶在“中茶杯”等评比中，荣获一等奖。

3. 优势产品加工区域化

各主产茶区充分利用各地生态优势，突出产品特色，在四川省两大优势产业带逐步建成了以名优绿茶为主，川红工夫红茶、茉莉花茶、藏茶为辅的“一主三辅”优势产品的区域化、规模化加工区（见表3）。

表3　优势产品加工区分布

加工区	区域分布
川西名优绿茶加工区	成都市、雅安市、眉山市、乐山市、自贡市
川南名优早茶加工区	宜宾市、泸州市
川东北富硒茶加工区	广元市、绵阳市、巴中市、达州市
川中茉莉花茶加工区	乐山市犍为县
川红工夫红茶加工区	宜宾、泸州
藏茶加工区	雅安市

冬暖夏凉的气候特点，使四川茶叶开园较浙江、江苏等主产省早20～30天，2015年1月底，宜宾市和泸州市的新茶上市销售，早茶优势尤为凸

显。犍为县的茉莉花以清香浓郁在全国享有盛名，2015 年犍为县产优质茉莉花 2.1 万吨，加工茉莉花茶 1.1 万吨，占全省茉莉花茶总产量的 43.14%。雅安藏茶产量 1.05 万吨，占全省藏茶总产量的 93.75%。

（三）茶叶经营体系现状

近年来，四川省加大力度培育发展茶叶新型经营主体，逐步形成以龙头企业、茶叶专业合作社、家庭农场、种植大户为骨干的茶叶经营体系。鼓励品牌企业加强合作，互利共赢，形成产销联盟或产销集团，推动四川省茶叶生产的集中化和规模化，向优势区域、优势品牌、重点龙头企业聚集，茶叶经营由粗放型向集约型转变，由卖原料向品牌销售、由单一经营茶产品向经营茶系列产品转变，形成资源集中、生产集群、营销集约的发展格局。川茶集团、峨眉雪芽茶业等十余家茶企入股组建了川茶股份公司，雅安市整合藏茶企业组建了雅安藏茶集团，屏山县组建了由 11 家茶叶企业参加的“屏山炒青集团公司”，抱团发展，壮大产业经营实力，提高产业竞争力。现省级以上重点龙头企业有 47 家，其中国家级有 6 家。推行“品牌企业 + 合作社（种植大户、家庭农场）”或“茶园流转 + 农户”的经营模式，建立紧密利益共同体，实行生产技术、信息、投入品购买使用等统一管理，提升组织化水平。全省茶叶专业合作社省级示范社新增 13 家，达到 34 家。鼓励支持企业特别是大企业入驻园区，促进其集中集聚发展，名山区跃华、皇茗园和筠连县醒世、乌蒙韵、若水等重点龙头企业已入驻各区县农产品加工园区。支持符合条件的茶叶企业挂牌上市，已有 1 家茶叶企业到新三板挂牌，7 家企业在成都（川藏）股权交易中心挂牌。

（四）茶叶品牌建设现状

在连续成功举办四届四川国际茶博会的基础上，四川省再次成功举办了“第四届中国（四川）国际茶业博览会”。此次展会以“规模更大、参展名茶更多、文化氛围更浓、舆论宣传更广、效益更好”五大特点，成为西部地区第一茶业品牌展会，也成了全国茶业界贸易洽谈、沟通交流的重要平台。据统计，展会总交易额10.78亿元，比上届增长19%。其中，现场销售7126万元，合同销售10.07亿元，分别比上届增长20%、11%。四川省区组织川茶企业参加“西博会”、“川货全国行”、“万企出国门”、莫斯科食品展、上海茶博会、香港茶博会、广州茶博会等大型茶事活动，宣传四川茶叶产品，提升四川茶叶品牌知名度，拓宽国际国内市场。2015年全年，四川出口茶叶及茶制品4448吨，同比增长132.8%；出口值1743万美元，同比增长81.18%。成功举办了“第三届中国·四川茶叶开采活动周”“第八届宜宾早茶节”“第五届中国·乐山峨眉山茶节”“第十一届中国·四川蒙顶山国际茶文化旅游节”以及万源市、青川县、南江县等形式多样的茶事活动，吸引省内外专家、茶商到产区开展合作。米仓山茶业继在呼和浩特、兰州、哈尔滨等地举办“米仓山茶”产品推介会后，2016年又在北京开展推介活动，积极拓展北方市场，先后开设了65个专卖店。川红集团积极坚持线上线下并进的营销理念，不仅在成都、宜宾、重庆、上海、长沙建立了专卖店、办事处和分销商近200家；同时在淘宝、天猫、京东商城、亚马逊、苏宁云商、唯品会、建行商城、交行商城等主流综合电商平台开通销售渠道，实现在线茶叶销售。截至2016年9月底，电商销售已达8400多万元。同时各主产茶区积极开展区域品牌的评选和宣传活动。四川省现有16个地理标志保护产品，其中，“宜宾早茶”和“天府龙芽”分别在意大利米兰世博会中荣获百年世博中国名茶金奖和百年世博中国名茶金骆驼奖。宜宾茶业现已进入中国名茶行列。根据2015年中国茶叶区域公用品牌价值评估，蒙顶山茶品牌价值为17.44亿元，同比增长13.68%，持续名列四川省茶叶第一区域公用品牌。“蒲江雀舌”“米仓山”“吉祥”获得中国驰名商标殊荣。

（五）茶旅游业发展现状

一是茶文化资源得到高效利用。加强了对古茶树群、茶叶相关文物、非物质文化遗产等的保护，在博物馆等公共区域开辟了“川茶文化专区”。充分利用峨眉山、蒙顶山、青城山等具有茶文化背景的旅游名山、自然文化景观和生态优势，以“佛”“道”“茶马古道”为主题，融合旅游和茶文化元素，打造以茶马古道、禅茶、道茶等为主题的茶文化之旅，实现了“以茶带旅、以旅促茶”的良性循环，推进了产业的结合。二是推进茶叶基地景观化。完善了道路、电力、饮水、网络等配套公共服务设施，与茶区自然文化景观有机结合，开展基地景区化建设，提升了中国藏茶村、牛碾坪茶旅综合体、红草坪骑游观光茶廊、骑龙场万亩观光茶园等茶叶主题公园的建设水平；围绕乐山122万亩的茶园，开设了3条特色突出、主题鲜明的文化休闲体验游融合发展路线，发展茶乡旅游。

（六）茶标准体系制定现状

运用现代茉莉花茶加工技术，创新了炒花花茶产品工艺，由省农业厅牵头修订了《茉莉花茶加工技术规程》地方标准，确保了茉莉花茶产品在各加工环节有标可依，保证四川茉莉花茶的产品质量和独特的品质。达州市制定了《巴山雀舌》3个产前、产中、产后系列地方标准，充分显示了“巴山雀舌”的区域特点和优势，具有很强的可操作性，指导区域内茶企按标生产，为做响区域品牌提供了保障。在不同生产季节、不同生产环节，针对不同人群，开展多形式、多层次的省级培训会7次，1000余人次参与，承办了全国标准园茶叶生产技术培训会，通过以会代训，再次宣传了川茶产业。川茶品牌促进会、省茶叶学会、省茶叶行业协会等茶叶行业专业服务体系，充分发挥服务与协调功能，围绕做响“天府龙芽”省级区域大品牌，加强行业的自我监督、市场的协调监督，与高校和科研机构加强合作，促进人才的引进和栽培、茶叶产业的推广宣传、茶文化的深度传播等工作，为政府职能部门决策当好参谋，推动全省茶叶产业有效、可持续地快速发展。

二　四川省茶叶发展主要政策与措施

2015年四川省委王东明书记先后两次对川茶产业发展给予了高度评价，充分肯定“这几年通过综合施策、扎实推进，川茶种植面积、产量及效益均大幅增加”，要求有关部门“认真总结经验，继续强力推进，尤其要加大品牌培育、市场开拓、基地建设和精深加工水平，进一步做大做强川茶产业”。李昌平常委、曲木史哈副省长也多次对茶产业发展做出指示，并明确把“天府龙芽”作为省级川茶区域大品牌打造。省政府 2015 年年初的川茶产业发展宜宾现场会对四川省茶产业发展起到了十分有力的引导和推动作用，各重点县结合本地实际，进一步明确了发展目标和产业定位，完善了茶产业发展相关政策，细化工作任务与措施，各地掀起了积极发展茶产业的新高潮。达州市制定了《达州市 2015 年富硒茶产业“双百”工程实施方案》（达市府办函〔2015〕141 号），万源市制定了《万源市人民政府关于 2015 年富硒茶产业发展的意见》（万府发〔2015〕20 号），将茶产业发展目标和任务分解到各相关部门、各茶叶主产乡镇和各茶叶经营龙头企业。平昌县实施了“县级领导挂联制”“驻村帮扶机制”“第一书记责任制”，各帮扶单位、扶贫工作队从人力、资金、资源等方面全力推动基地茶叶发展。省级各相关部门整合资金近 3 亿元支持茶产业发展，省农业厅安排资金 2230 万元，支持“天府龙芽”品牌打造；省发改委安排资金 1.1 亿元，其中：400 万元支持巴中平昌、宜宾生态茶叶示范园建设；200 万元支持川茶集团物流配送中心的建设；500 万元支持乐山、眉山、巴中、达州川茶产业服务平台建设，指导宜宾市政府编制完成了宜宾川茶产业融合发展（2016～2018）的工作方案，争取国家现代农业专项建设基金 9000 万元。巴中市在茶产业上投入资金超过 2 亿元，其中平昌县共投资 7800 万元发展茶叶产业，重点用于茶苗采购、茶园管护、市场拓展、新品种与新技术的引进等。联席会议办公室召开了“川茶产业发展省级联席会议第三次会议”，16 个成员单位和 19 个川茶品牌促进会会长、副会长单位参加了会议，会议研究并确定“天府龙芽”作为川茶大区域品牌。成立了“天府龙芽”区域大品牌打造推进工作小组，明确了川茶品牌促进会为“天府龙芽”区域大品牌打造实施主体，农业厅负责项目指导和资金的监管。

B.4 云南茶产业发展研究报告

周红杰　李亚莉　单治国　薛晓霆　苏　丹　骆爱国　王立波*

摘　要：从茶叶种植、加工、市场发展和趋势、服务业等领域对云南茶产业的发展概况进行了总结，提出种质资源优异和产品类别丰富是云南茶产业的特点，据此提出了有针对性的政策建议和发展措施。

关键词：云南　茶产业发展　茶产业政策

云南是茶树原产地，在茶叶利用方面拥有悠久的历史。云南省在茶树资源、品种以及在环境如土壤、气候等方面的优势都是得天独厚的。并且作为云南省三大经济农作物之一，茶叶也是区域性重要支柱产品之一，是实现社会主义新农村建设不可替代的天赐灵物。在农村经济发展方面，茶业是非常重要的产业，同时在农民增收、出口创汇以及茶产业调整等方面也起着重要作用，在环境方面，茶叶也有着重要地位。经过云南各界的经年努力，基地建设、精深加工、品牌培育和科技创新等方面都已取得丰收成果，包括挖掘民族茶文化、应用"物联网+"、响应"一带一路"国家战略等，使云南茶产业取得了长足发展，表现出协调发展的云茶产业格局（宋珊珊，2015；王平盛等，2008）。

* 周红杰，云南农业大学，教授；李亚莉，云南农业大学，副教授；单治国，云南农业大学普洱学院，讲师；薛晓霆，昆明说茶斋茶叶公司，经理；苏丹，云南农业大学，硕士；骆爱国，云南农业大学，硕士；王立波，云南农业厅茶办，高级工程师。

一　云南茶业发展概况

（一）云南茶种植业现状

茶叶种植在云南历史悠久，现已是高原特色生态农业的重要构成部分，茶产品已远销超40个国家、地区。云南省茶区广阔，从事与茶相关产业的人数非常多，总共涵盖了129个县市区，其中超过110个县市区都是产茶区，涉茶人口数接近云南全部人数的1/4，大概人数超过1100万。云南省茶叶产量的90%都产于版纳、普洱、临沧、保山、德宏、红河、大理、玉溪、楚雄、文山这10个州市，而在昭通等市主要分布的是小叶种，其产茶量占云南省的4.1%，约0.45万吨。

根据云南省农业厅的统计数据，2015年云南省的茶叶种植面积达到40.13万公顷，采摘面积为36.67万公顷，茶叶总产量达36万吨。其中，普洱茶产量12.90万吨，成品茶产量26.50万吨，茶叶精制率达73.70%，茶叶综合产值高达623.10亿元，而茶农来自茶叶的年均收入达2600多元（陈勋儒，2016；李师程，2016）。

（二）云南茶加工产业现状

云南省的茶产业发展态势良好，产业规模迅速扩大，产品结构持续优化，特别是云南省近年来加强了茶叶新产品的研制与开发，包括茶膏、茶粉、茶饮料等高附加值新型茶产品。第一、第二、第三产业产值规模持续稳定扩大，产业结构优化调整，拉动了市场的有效需求，扩大了消费市场，协调发展效果显著（刘娟、郑英美，2016）。

（三）云南茶市场发展现状

1. 云茶越来越被人们认可

云南地区森林覆盖率高，茶园生态环境好，茶叶品质优良，有绿色、生态等优势，被广大消费者认可。云南省的主要茶叶类型，如滇绿、滇红、普洱茶等，都是用云南特有大叶种茶树鲜叶加工生产而成的，茶汤内含物质丰富，口感浓醇、鲜爽，茶香馥郁，特色鲜明，可以满足消费者的不同需求；通过多形式、大力度的推广，如每年在昆明举办“茶博会”等活动，不断地增强了云南以外地区茶人对云南茶叶的认可程度。

2. 云茶市场不断拓展

以云南省茶博会为平台以抱团“走出去”的方式，巩固原有市场，积极扩大市场。随着我国经济的蓬勃发展，越来越多的人开始关注健康这个问题，普洱茶有着很强的保健作用，因此吸引了不少人的目光。云茶市场销售量每年的增加速度超过 20%，已经覆盖全国各省、区、市，销售范围扩展至二、三线城市，并销往国外 30 多个国家和地区。在西欧及东南亚地区，普洱茶作为一种集减肥瘦身、美容养颜于一体的保健饮品，广受欢迎，颇具影响。

3. 高价位茶降价、特色茶品涨价，市场更看重品质

从云南省各茶区的销售情况得知，价格较高的茶，最典型的是一些价格高的古树茶销售量有所降低；中价位、低价位茶品销售情况较稳定；毛茶和成品茶的单价出现理性下降。云南省特色茶品，如省内小区域范围的名优茶等，价格有所上升。本省茶叶市场更看茶叶的品质，炒作普洱茶的现象越来越少，普洱茶变得更加亲民，市场主导产品逐渐变成消费型茶叶，个人消费量显著增加。

4. 专业品牌建设缺失

迄今为止，云南茶叶相关品牌越来越多，虽然存在“大益”“七彩云南”等大品牌，然而多数品牌知名度欠缺，宣传力度不够，部分企业过度重视对普洱茶功能的宣传而忽视了品牌特色，导致茶叶品牌“多、小、散、弱”“有好茶而无名牌”的现状（王晨、王彤、吴倩，2016）。

（四）云南茶叶市场趋向

1. “互联网 +”推动云茶市场持续发展

2015 年 5 月，云南普洱茶交易中心上线运营。有 13 款产品已经上线交易，交易中心为茶企融资8000万元。至2015年年底，开户数超过2万个，会员企业已经有50多个，挂牌总额超过1.20亿元人民币。

2015年11月，普洱茶拍卖会火热召开。此次拍卖会由中国茶叶拍卖交易有限公司、淘宝网拍卖平台和普洱市茶叶协会联合举办，完美呈现了“线上”拍卖与“线下”拍卖的有效结合。将普洱茶在普洱市普洱中心现场与网络一同拍卖。拍卖会共有20件拍品，来自普洱市9家重点茶叶企业。由此看出，“互联网+”的新模式使普洱茶拍卖的方式多元化，为广大茶农与茶企开辟了一条新的营销渠道，推动了普洱茶行业的创新发展。

茶企在交易中心业务启动后纷纷积极拓展电商平台，不但使商品由“线下”销售转为“线上”销售，而且使云南的地区特色产品与市场进行了“零距离”接触，使消费者全面正确地对云南茶叶产品有了进一步了解（刘顺航、贾黎晖、高瑛，2015）。

2. 云南期货贸易方兴未艾

期货贸易是农产品旧的市场贸易规避风险的一种形式，现今的农副产品期货贸易已趋于成熟，这对茶叶的生产是有益的。在期货贸易过程中关键的是要探索出合适的经营模式。随着云南茶叶迅猛发展，云茶期货业务日益兴盛。从全球市场状况来看，茶叶贸易实际上供过于求，因此对期货贸易的价值应该慎重对待。对此，我们说明一下“期货交易模式”的运作流程，主要是以一款普洱茶产品A的炒作为例。

A产品上市前，厂家会预先发布其上市信息，供货方与需求方通过非公开竞价方式，经过协商等形成未来价格。待形成期货价格后，便进行一轮又一轮的签单和建仓，供货方与需求方在期货价格形成后就会签订合约，随后确定定货量并缴纳订金，再建仓。如若不是现货，则确定为“虚拟建仓”，要求供求双方确定以后产品的件数和订单完成日期，而非交割价格。依次将期货产品传递下去，其间相关方会不断抬高期货价格进行炒作。如果市场突变，下家宁愿让先前交的订金损失也不愿接货，此时上家高价买入后价格暴跌，就会转不出去，被低价位套牢，倘若经过较长时间，市场行情仍停滞不前，那这轮炒作就会终止（薛城，2010）。

3. 强化有机茶产业推广

在无污染的环境区域，茶叶鲜叶的采摘以“有机农业”的生产方式进行，同时茶叶在加工、包装和贮藏运输的整个过程中，保证没有受到任何化学品的污染，最终“有机食品”认证机构必须对其进行审查和颁证，这样的茶叶称为有机茶。国家质检部门曾经对全国各地区的茶叶进行抽检，认为云南茶叶农残最低，符合欧盟有机标准，主要因为云南茶区多数在高海拔地区，生态环境利于茶树生长。有机茶单位面积的产量较普通茶要低，其安全性与品饮性都较好。这几年，在国内外市场上，有机茶比普通茶的售价要高出 30% 到 50%，并且有机茶产品销量也在不断递增，有着较好的经济效益。云南的茶叶在国内外市场中销售的优势就在于品质优和农药残留低。云南省各地的茶产业通过持续实施有机茶基地建设项目，使云南茶叶由非有机化向有机化方向不断发展。

（五）茶叶服务业现状

1. 参与知名茶展

云南省近几年来茶产业已渐渐趋于成熟，随着云南普洱茶推广范围的日益增大，及深入“走出去”的方针与战略快速拓展着全国各地的市场。众多茶企通过在我国内地各种茶叶博览会上进行参展和销售，在北方市场的推广尤为突出，营销网络和销售额持续以 20% 的速度上升，市场占比日益增加，固定的消费群体得到建立，销售市场已基本覆盖全国。云南茶不仅于国内销售，还远销其他国家，其中国内澜沧古茶、大益、滇红等知名茶企陆续在一些国家设立了相应的销售渠道和机构。

为了建立良好的茶叶企业推广平台，云南省政府定期举办了茶叶博览会，并积极参加国内外相关的茶事活动、组织云南知名茶叶企业和其他地区与国家进行交流。主要是通过深圳、广州、上海等经济发达地区的茶博会拓展国内市场。随着互联网时代国内茶专业形象体验店以及茶超市的开展，报刊、电视、微信、自媒体等传播方式被广泛用于宣传和营销。

2. 积极开展茶文化活动

云南的茶文化作为云南特色名片对于提高当地民族文化的经济与社会文化价值有着广阔的前景。2015 年云南省“茶之道·茗之源——寻访原生态茶系列活动”开展，丰富多彩的活动内容向人们展现了卓越的云南民族茶文化，也增强了云南民族茶文化的传播力度，对于云茶文化及产业的转型升级有着积极的推动作用，将云南民族茶文化的文化价值和经济价值进行了完美呈现。2015 年 7 月 1 日云南省茶文化博物馆参加米兰世博会，这是云南茶文化又一次走出国门、走向世界的表现。

3. 促进茶旅产业发展

（1）进行特色资源的联合，促进茶区与景区的一体化

云南省将生态旅游资源与茶叶传统产业结合在一起，共同发展，同时融合茶园与景区的发光点，推广茶园景区化、景区茶园化。在此基础上，进一步研发茶业旅游，开发了茶产业创新系列产品，打造特色茶旅品牌，不断丰富茶旅民族文化内涵，使茶旅文化精髓得到发扬。

（2）发展改革创新模式，形成茶旅产业的一体化

云南省发挥茶叶行业特点，实现了茶产业与旅游业的一体化共同发展，全方位提高了茶旅产业的经济效益与时代价值。

（3）协同茶旅品牌体系，塑造茶旅的品牌形象

拥有知名茶叶品牌是推广茶文化、推进茶旅游、兴盛茶产业的基石。云南省努力提升包装与宣传的能力，扩大对海内外的影响，实行品牌推动战略，打造茶旅先锋品牌，进而促进茶旅产业的规模化、专业化、品牌化发展。

二　云南省茶产业特色和亮点

（一）茶产业特色鲜明

1. 茶树种质资源具有优势

世界公认茶树的原产地为云南省，同时它也是茶树的发源中心。云南省

有非常多的茶树种质资源，合理利用好这些优良茶树种质资源，对于云茶产业的发展有着至关重要的作用。

2. 茶产品不断改进优化

云南茶树资源众多，产品种类丰富，以普洱茶和滇红为代表，不断走进大众的视线。尤其值得注意的是，云南古茶树的资源利用，重点在于其稀缺以及绿色性，如何加以更好的利用，塑造更加具有竞争力的茶产品是当下我们的重点课题。

（二）茶产业亮点凸显

产业规模持续扩大；产业效益大幅提升；高优茶园建设稳步推进；产业结构调整力度持续加大；云茶品牌影响力逐渐提升；市场开拓力度不断加大；质量标准体系进一步完善。

三　茶产业发展的主要方式

作为云南省传统优势特色产业的茶产业，一方面增强了云南省农民的就业量，另一方面帮助农民增加了收入。同时云南省高原特色产业中也包含茶产业，茶产业对农业农村经济的发展起到了一定的促进作用。因此，促进云南省茶产业规范化、标准化、品牌化发展，对带动云南省第一产业发展、提高农民收入、促进农村经济快速发展和增加政府财政收入具有重要的现实意义。

（一）发展茶产业的主要政策

茶产业是云南省农业与经济发展的非常重要的组成成分。这一高原优势产业在促进云南省茶产业标准化、品牌化、规模化、国际化、集约化上极具现实意义，且可缓解就业压力。

1. 增投茶产业专款专项资金

为加快发展茶产业，云南省政府做出了将专项发展基金重点使用于基地的筹建、优良种繁育、茶产品的精加工、茶企品牌塑造、质量安全、追溯平台建设、科研与市场建设等方面的安排。

2. 加强有关茶产品质量安全监管机制的建立

对茶叶生产过程中的标准化体系建立进行全方位推进。在绿色健康食品茶、无公害茶、有机茶基地认定等方面，云南省持续引导茶企，加强茶企对这方面工作的投入。加大力度推进建设与茶产业相关的可追溯制度，将安全优质的茶产品提供给消费者。以国家普洱茶检测中心建设为指导，全面提高云茶产品质检能力与水平，从而在技术上为云南省的茶叶产品质量安全提供强有力的支持。

3. 支持并引导茶企的整合重组

在遵循茶叶市场竞争规律的基础上，云南省选出一些有代表性的茶叶品牌作为主体，采取收购、兼并、参股、控股等不同的资源整合形式作为切入点，引导茶企进行重组整合，最终将资本经营作为载体，促进龙头企业的集团化发展。

4. 助力茶产业科技研发与推广

云南省运用阳光工程、劳动力转移、农村现代化远程教育等相关举措助力茶产业，加强对企业相关人员及茶农的培训力度。同时，与茶相关科研院所、高等院校以及农业相关科技部门合作，积极开展对茶产业的科研工作，倾向于选育高产量茶树品种，提高制茶技术，创新茶产品。对企业组建技术开发机构加以支持，使其成为茶产业技术创新的重要力量。

5. 落实土地与税收等优惠政策

在经投资主管部门审批的茶叶项目用地上，建设中新的茶园，有使用年度用地指标的优先权。在土地审批、各项地方收费、工商注册等方面，政府对新设立的茶叶生产加工企业有一定的优惠政策。在金融方面，金融机构对于所有开发茶叶新产品或者进行工艺创新的企业，都会加大信贷支持力度。

（二）发展茶产业主要措施

1. 重龙头，发展优势茶区，提升产业集群

云南省有170多家千万元资产的茶企业，有30家产值在亿元以上的茶企业，它们中有10家产量5000余吨的企业，60多家产量1000余吨的企业，2016年总产量达22万吨，从茶叶总产量的占比来看占到全省的60%，比以往增加5%，龙头企业的领军优势进一步促进了云茶产业集群度的提升。

原则上通过扶优扶强，云南省将省内20个城市中年产量在5000吨以上的区域作为发展重点。进一步科学发展优势区域内的重点市（区、县），规模化、标准化和专业化都是建设的重点，以此整合出一系列茶叶专业乡、镇、村。在生产基地方面，分为三部分：第一是州以西双版纳傣族自治州、德宏傣族景颇族自治州为主，市以普洱市、临沧市、大理市、保山市为主的普洱茶生产基地；第二是以普洱、临沧、西双版纳、保山、大理、红河、文山为主的绿茶生产基地；第三是以临沧、保山、德宏为主的红茶生产基地。

2. 重基地，建设茶园，改造夯实产业基础

云南省高优茶园在不断发展，共有14个标准茶园，占地1.65万亩（0.11万公顷），都是由农业部批准投资落实的；33个省级高优茶园示范基地，建筑面积占地4.05万亩（0.27万公顷）；高优茶园示范基地无公害茶园占地529.95万亩（35.33万公顷），有机茶园占地40.05万亩（2.67万公顷），中低产茶园改造后有效面积34.95万亩（2.33万公顷），通过“三品一标”认证的茶园面积为460.05万亩（30.67万公顷）。为了保证无性系良种的发展，在茶苗供应、良种繁育基地上都要实施统一的原则，良种选育的系统要完善，茶苗良种繁育体系也要加强，一定程度上提高了茶叶无性良种的繁育速度。

关于低产、低质茶园，云南省采取了“政府主导、企业主体、茶农参与、部门推动”的多种方式，同时增强茶园的基础设施建设，努力向“优质、生态、高效”的高优茶园推进。通过实施“改土、改树、改园”等系列措施，实现了茶园的显著增产、质优价美、中外驰名。同时，建设现代规模化种植示范区工程，增强了辐射带动力。

3. 结构调整，强化新品研发

普洱茶与滇红茶作为云南茶产业两大支柱，产量占茶叶总产量的55%，普洱茶、滇绿茶、滇红茶产量比为4∶3∶2。普洱、滇红独特的优势继续呈现上升趋势，滇绿产品比以前有所提升。另外，乌龙茶、白茶、花茶及其他茶类精加工产品持续发展，总产量超过6000吨，同比增长12%。茶业一、二、三产业产值比为1∶2.1∶2.4。茶产业中一、二、三产业结构在不断优化，三种产业在综合效益上都有很大提升。

云茶的优势和发展潜力在于吸引大型企业、集团，携带先进技术设备，对云茶展开新型加工工艺的研究与开发，借此带动云茶茶区产业的经济发展与就业形势，提高产品附加值（卓婧、赵明、周红杰，2011）。

4. 树立品牌、创建示范区，推进云茶产业转型升级

2016年普洱茶品牌价值被评估为57.09亿元，与上年相比增长1.40亿元。在年度全国茶叶公共品牌评选中被评为第三名，同时被评为“最具品牌传播力品牌”。在2016年综合评比中，云南滇红品牌价值同比增长2.50亿元，突破15.91亿元瓶颈。在此背景下，云南省各地纷纷加快了相关茶叶品牌以及茶产业的稳定发展，取得了相当可观的效益。

在茶产业中加大了对茶农及相关从业人员专业知识的培训，融合了劳动力转移、阳光工程、农村现代远程教育等相关措施。

5. 为开拓市场，提升云茶产品知名度迫在眉睫

在第十一届中国云南普洱茶国际博览交易会中，深圳、西安、沈阳等六个大中城市与云南省通力合作，效益颇丰，成果显著，总共实现了十几亿元的交易额。云南省普洱茶的省外代理商、经销商不断增加，在“走出去”的大战略背景下云茶的影响力和知名度持续提升。

在遵循茶叶市场竞争规律的基础上，云南省选出一些有代表性的茶叶品牌作为主体，采取收购、兼并、参股、控股等不同的资源整合形式作为切入点，引导茶企进行重组整合，最终将资本经营作为载体，促进龙头企业的集团化发展。

6. 拓功能，重视服务体系建设，增强茶产业活力

云南省各茶叶行业协会充分发挥了纽带作用以及桥梁作用，推动鼓励并积极引导云南省各重点产茶州（市）和县（市、区），建立不同等级的专业合作社。在此基础上，云南省各茶叶行业协会加大了对各类专业合作社的帮扶，力图鞭策并促进广大茶农专业化水平的提升。

云南省普洱茶产业凸显出诸多优势并且向众人展现了可观的发展前景，具体有以下几点：云南省普洱茶产值稳步提升；云南省普洱茶产业规模扩大，实现新突破；云南省普洱茶产业实现集成化、大规模发展；云南省普洱茶结构调整效果辉煌；云南省普洱茶品牌打响，方兴未艾；云南省普洱茶市场营销水平再进一步；云南省普洱茶标准化建设成效斐然。

综上，“十三五”期间，云南省普洱茶产业总体成绩突出并力图再创新高。在以后的发展途径上，云南省将重点推进一、二、三茶产业的相互融合，重视互联网平台建设，加强云茶相关品牌的实力和竞争力，全力拓展云南茶产业的海外市场，提升云茶产业的整体水平，为云茶产业综合产值达到1000 亿元做出卓越贡献！

参考文献

[1] 宋珊珊：《云南省茶叶出口竞争力的分析》，云南大学硕士学位论文，2015。

[2] 王平盛、刘本英、成浩：《论云南普洱茶文化的历史地位》，《西南农业学报》2008 年第 2 期。

[3] 陈勋儒：《云南省茶产业发展现状与展望》，《中国茶叶加工》2016 年第 3 期。

[4] 李师程：《云茶大典》，云南科技出版社，2016，第 6 ~ 361 页。

[5] 刘娟、郑英美：《可持续发展模式下的云南普洱茶探究》，《福建茶叶》2016 年第 5 期。

[6] 谢云山：《试论云南茶叶现状与出路——以普洱茶为例》，《生态经济》2005 年第 1 期。

[7] 王晨、王彤、吴倩：《基于 SWOT 模型对云南茶产业发展的战略分析》，《现代

经济信息》2016 年第 8 期。
[8] 刘顺航、贾黎晖、高瑛：《科技创新助推普洱茶产业发展探讨》，《云南科技管理》2015 年第 1 期。
[9] 薛城：《普洱茶期货：彷徨在边界》，《中华合作时报》2010 年 7 月 13 日第 B01 版。
[10] 卓婧、赵明、周红杰：《普洱茶降脂功能及活性成分研究进展》，《中国农学通报》2011 年第 2 期。

B.5

浙江茶产业发展研究报告

苏祝成　黄韩丹*

摘　要：　从种植、加工和出口领域总结了浙江茶产业发展概况，对浙江省茶叶批发市场与电子商务市场、茶文化的发展与变化进行了分析，归纳了浙江省茶产业领域近年来的科技创新，展望了未来浙江茶产业的发展走向。在此基础上对浙江茶产业存在的问题进行了总结，并提出了有针对性的政策措施。

关键词：　浙江　茶产业发展　茶产业政策　茶产业科技

一　浙江省茶产业概况

浙江省 2015 年地区生产总值 42886.49 亿元，社会消费品零售总额 19784.70 亿元，第三产业增加值 21241.91 亿元。浙江省是我国重要的茶产区之一，主产绿茶。2015 年浙江省有将近 210 万人从事茶产业相关工作。

（一）茶叶种植业现状

根据浙江省农业厅及统计局的资料，浙江省 2015 年茶叶种植总面积达到 19.67 万公顷，同比增长 5.02%，相较于五年前增长了 10.49%，茶园面积居全国第五位。采摘茶园面积 17.73 万公顷，同比增长 2.70%。2015 年浙江省无性系良种茶园面积为 13.1 万公顷，良种率达 67.35%。其中新垦

* 苏祝成，浙江农林大学，教授；黄韩丹，浙江农林大学，讲师。

茶园减少，[①] 一些无性系良种茶园以老品种“换种改植”为主。

据农业部种植业司统计，2015 年浙江省干毛茶总产量 17.6 万吨，位居全国第六，2014 年为 16.7 万吨，同比增长 5.39%。2015 年浙江省干毛茶总产值 168.6 亿元，2014 年为 150 亿元，干毛茶总产值同比增加 18.6 亿元，增幅为 12.40%。

从茶类结构上看，2015 年浙江省绿茶产量 164080 吨，红茶产量 5890 吨，乌龙茶产量 600 吨，黑茶产量 5400 吨，白茶产量 15 吨，黄茶产量 15 吨。

（二）茶叶加工现状

浙江省茶叶生产发展迅速。各地除了政府监管以外，分别建立了茶叶协会及合作社，对地方的茶叶生产进行自我监管和技术指导，2015 年浙江省各地共计有茶叶协会 92 个，茶叶合作社 1821 个，茶叶企业 2530 个，销售额达 120.29 亿元。2015 年茶叶总产量 17.1 万吨，比 2010 年增长了 4.91%，农业产值 140 亿元，同比增长 7.69%。浙江省以龙井茶为首的名优茶产量为 8.02 万吨，占总产量的 46.90%，同比增长 10.93%，农业产值 125 亿元，同比增长 13.46%，占总产值的 89.29%；浙江省龙井茶的总产量为 2.5 万吨，同比增长 4.17%，农业产值 44.5 亿元，同比增长 14.69%。从数据中可以看出，浙江省的茶叶生产格局是以名优茶为主，名优茶的产量占茶叶总产量的一半，相对而言其产值占了茶叶总产值的近 9 成。其次，龙井茶的产量仅占名优茶总产量的 31.17%，浙江省除龙井茶之外的名优茶发展势头迅猛，而且销售市场逐步向省外扩展。

截至 2015 年 5 月底，浙江省春茶产量 7.98 万吨，总产值 131.9 亿元，同比增产 9.73%，增值 13.27%。产量和产值增长的原因主要是 2015 年春茶期间温度平稳，气候总体有利于生产，其次无性系良种的新茶园约有 0.53 万公顷投产，另外茶叶电子商务的推广促进了春茶的销售，提高了产值。2015 年浙江省龙井

---

① 数据来源：《2015 年度浙江茶产业发展报告》。

茶产量2.5万吨，占浙江省总产量的14.6%；产值44.5亿元，占总产值的31.7%。浙江省龙井茶证明商标使用企业有364家，龙井茶专卖店有598家。

2015年浙江省茶叶精深加工企业达55家，消耗茶叶原料10.8万吨，实现产值18.97亿元。茶叶精深加工企业发展迅速，饮料用茶、绿茶粉、速溶茶和茶叶提取物等精深加工产品增长明显。

（三）茶叶出口现状

1. 浙江省茶叶出口概况

据浙江省海关统计，2015年浙江省茶叶出口总量15.77万吨，出口额5.20亿美元，分别同比增长6.11%和2.33%；出口量和出口额分别占全国总出口量和总额的48.54%和37.62%，同比下降0.76个百分点和2.27个百分点。茶叶出口平均单价3.3美元/千克，同比下降3.57%。从数据上可以看出，2015年浙江省茶叶出口出现了下滑，不仅出口量下降，而且出口单价及出口总额都呈现下降的态势，对于出口企业来说已处于预警状态。关于出口量的减少，有很多原因，主要应从两个方面分析：一是浙江省茶叶生产成本的上升导致出口茶叶价格上升，那些进口国因为价格提升减少了进口量，二是欧盟等茶叶进口国提高了茶叶贸易的技术壁垒。

2. 不同茶类的出口情况分析

浙江省是传统的绿茶出口大省。2015年绿茶出口量14.99万吨，同比增长5.73%，占浙江省出口总量的95.06%，占全国绿茶出口总量的55.09%；出口额4.9亿元，同比增长1.38%，占全省出口额的94.24%，占全国绿茶出口总额的48.71%。

海关统计数据中浙江省红茶出口4380吨，同比增长5.09%，出口额1053万美元，同比增长21.3%；乌龙茶出口1406吨，出口额580万美元，分别同比增长46.54%和18%；花茶出口1852吨，同比增长16.8%，出口额1227万美元，同比增长14.94%；普洱茶出口153吨，同比增长35.87%，出口额136万美元，同比增长169%。

从出口茶叶的茶类结构统计数据中可以看出，2015年浙江省虽然绿茶出口量下降，但是红茶、乌龙茶、花茶、普洱茶等的出口量和出口额均呈现上涨的趋势。从中可以看出，茶叶进口国家或地区的茶叶消费从以单一的绿茶为主，逐步转向了多茶类组合的消费习惯。

3. 茶叶出口地区的情况分析

2015 年，浙江茶叶出口到了 92 个国家和地区，其中出口前十位的国家和地区的茶叶进口量都有不同程度的变化。

前十位中 1 万吨以上的国家和地区有：摩洛哥 47378 吨，同比增长 2.36%；乌兹别克斯坦 10826 吨，同比增长 103%；毛里塔尼亚 10757 吨，同比减少 1.13%。乌兹别克斯坦的进口量同比增长了 1 倍，进口量激增。

0.5 万 ~1 万吨的国家和地区有：塞内加尔 8063 吨，同比增长 3.7%；喀麦隆 6816 吨，同比增长 23.25%；美国 5713 吨，同比增长 3.23%；阿尔及利亚 5704 吨，同比增长 9.04%。

0.3 万 ~0.5 万吨的国家和地区有：马里 4739 吨，同比减少 7.62%；巴基斯坦 4732 吨，同比增长 42.32%；冈比亚 4209 吨，同比增长 9.44%；日本 3438 吨，贝宁 3369 吨，俄罗斯 3056 吨，利比亚 3042 吨。

4. 出口基地的建设

出口茶叶的品质必须依托于良好的出口茶叶生产基地。以浙江省金华市武义县为例，当地为了促进茶叶出口和产业转型升级，从 2014 年开始启动“国家出口茶叶质量安全示范区”创建，从茶叶生产源头上保证产品质量。截至 2015 年 10 月 14 日，有 9 家武义县的“国家出口茶叶质量安全示范区”的茶叶生产企业通过了无公害农产品认证，2 家茶叶龙头企业通过了绿色食品认证，并且有 11 个茶叶种植基地通过了金华检验检疫局备案。

二　浙江省茶叶交易方式及市场分析

（一）茶叶批发市场现状

浙江省的茶叶交易主要是在全国各大茶叶市场流通，茶叶产地的批发市场在茶季交易活跃，茶农及小型茶厂能将生产的茶叶直接进行销售。2015年浙江省建有各类茶叶市场110个，2015年交易量为14.4万吨，交易额达191.5万元。其中浙南茶叶市场，在2014年交易量7.66万吨，交易额46亿元；新昌中国茶市交易量为1.4万吨，交易额35亿元；另外杭州、余杭、淳安、武义、嵊州等10多个市场，年交易额都超过了1亿元。

1. 浙南茶叶市场

浙南茶叶市场是“全国2014～2015年度诚信示范市场”（国家工商总局），有关部门对市场实施了行业信用监管。市场每年都对经营户进行信用等级评定。浙南茶叶市场被浙江省工商局和浙江省文明办联合评定为“2015年度浙江省诚信示范市场”，实名制“茶叶交易IC卡”也是最先在该市场推行的。

2. 新昌中国茶市

新昌中国茶市是浙江省重点市场，在全国有着最大的龙井茶交易量，不仅是农业部定点市场和全国首个绿茶（大佛龙井）价格指数信息采集定点市场，更荣获过多个称号，包括“浙江省四星级文明规范市场”“商务部双百市场”等。

新昌中国茶市市场规模大，且经营户种类多，产业链完整。茶市共入驻经营户787户，其中浙江省内771户、省外16户；按经营内容分，有茶叶经营户593户、茶叶包装经营户6户、茶文化相关产品经营户74户、茶相关产品经营户（茶具、茶机等）114户（截至2016年2月）。

2015年新昌中国茶市茶叶交易总量达到了16106.83吨，交易额达45.53亿元。龙井茶交易量15502.03吨，同比增长15.68%；其中春茶交易量7163.23吨，同比增长33.06%，夏秋茶交易量8338.80吨，同比增长4.02%。另外，茶市中的其他茶类交易量也有所上升，其中红茶交易量201吨，交易额9085万元；乌龙茶交易量354吨，交易额9558万元；黑茶交易量49.8吨，交易额2290.8万元。新昌中国茶市已逐步改变了过去单一龙井茶交易的状态，而向经营多茶类发展。

表1为新昌中国茶市茶业交易数据。

表1　2015 年新昌中国茶市茶叶交易数据

类别	交易量(吨)	交易额(亿元)	均价(元/千克)
春茶	6602. 28	30. 97	469. 05
夏茶	3616. 97	4. 42	122. 22
秋茶	5282. 78	8. 05	152. 42
其他茶	577. 00	1. 98	—
合计	16079. 03	45. 42	—

注：春茶、夏茶和秋茶指的是绿茶不同季节的茶叶产品；表格内数据为 2016 年底统计的 2015 年的交易数据，与 2016 年年初的统计数据有略微差异。

资料来源：新昌中国茶市官网统计数据。

新昌中国茶市三期工程，又名“潜溪老街”，以茶文化体验和展示为主题，2015 年 1 月和 10 月分期投入使用。三期工程建有茶文化风情街、酒店式公寓、大型超市和茶禅公园等，园区依江而建，为江南建筑风格，同时设计了茶文化、餐饮、住宿、娱乐和旅游等功能。三期工程之后，新昌中国茶市将成为新昌首个 4A 级旅游市场，同时是浙江省第一家农产品批发五星级市场。

（二）茶叶电子商务现状

在茶叶实体市场交易低迷的情况下，茶叶电商拉动销售的作用明显。随着线上与线下的逐步融合，O2O 的电子商务模式越来越普及，浙江省越来越多的茶叶企业，特别是具有品牌效应的茶企在淘宝、天猫、京东、亚马逊及 1 号店等第三方平台上开设了店铺或旗舰店，线上销售，线下发货及体验，为企业拓展了新的销售渠道。以年轻群体为主导的互联网经济，通过网络上便捷、多种选择的购买渠道，让越来越多的年轻人开始加入饮茶的行列。

除此之外，浙江省很多茶农和小型茶厂利用自身的原料优势，在淘宝上开设了“茶农直销”“茶叶原产地”等概念的店铺，不仅能提高效益，还能在更大的平台上开拓销售渠道。针对农产品的特点，以及近年来政府对农业的支持，阿里巴巴集团还专门为农民及农村集体合作社等开辟了“农村淘宝”的战略项目。

1. 茶叶电商的蓬勃发展

电商的兴起改变了茶叶传统的销售模式，也改变了茶叶消费者的购买渠道。目前，中国最大的茶叶电商销售渠道是淘宝网和天猫，2015 年这两个平台的茶叶销售额为 88 亿元，2013 年为 41 亿元，2014 年为 69 亿元。从不同的省份看，排名分别是第一名福建省，第二名云南省，第三名广东省，第四名浙江省，第五名安徽省；销售额分别为：30 亿元、13 亿元、9 亿元、8 亿元、6.7 亿元。其中浙江省在线销售的主要茶类为绿茶（西湖龙井和安吉白茶）。

2015 年“双 11”电商平台茶叶类目的总体访客数为 4288768 人，其中移动端占 71.1%，18～40 岁的消费者占 61.57%，茶叶总体店铺数量为 222981 个。位于浙江杭州的“艺福堂”“双 11”成交量位居第二，全天成交量为 1378 万元，第一位和第三位分别为大益和八马。2015 年全网茶叶销售排名前 20 的品牌中，传统的茶叶品牌从 2014 年的 6 个增加到 11 个。[①]

2. “互联网＋”茶叶市场来势看好

传统的茶叶批发市场不再满足于线下的实体交易，新昌中国茶市于 2010 年 9 月开始使用电子商务平台（www.chashi-china.com），成为全国第一个茶叶实体市场与网络同步运行的批发市场。据统计 2014 年新昌中国茶市线上成交约为 2.3 亿元，2015 年 1～4 月线上成交已达 1 亿元，这个数据已同比增长 20%。据市场交易 2015 年网络平台统计：新昌中国茶市网上交易总人数达 200 多万人次，而平台注册店铺为 335 家，线上成功交易达 280 多万笔，交易金额达到 5 亿多元。

“浙南茶叶市场网上商城”2015 年 1～6 月网上交易额达到 5445 万元，同比增加 177.4%。自 2013 年 12 月开始，浙南茶叶市场为减少销售中间环

① 数据来源：阿里研究院，http：//www.aliresearch.com/。

节，实现茶产业的转型升级，着手打造网上商城，预计总投资3100万元，截至2015年7月已投入资金400多万元，有100多户商家入驻。作为新的服务平台的“浙南茶叶市场网上商城”，凭借着互联网的力量，积极创新松阳的茶产品，不断推动着松阳的茶产业转型。

3. 茶产业交易模式进入“金融+”的时代

从2015年开始，金融市场开始涌入中国的茶产业，这将逐渐改变茶产业的交易和业态形式。全国有“陆羽茶交所”“蒙顶山茶交所”“大圆普洱交易中心”等茶交所，截至2016年年底全国茶交所数量已经达到15个。茶交所的茶叶交易模式结合了期货和股票金融市场的特点，属于金融衍生产品交易模式。这是茶产业发展继“互联网+”之后，进入了“金融+”时代。通过茶交所进行交易，效率高、成本低，能得到专业资源的扶持。最重要的是信息透明，买卖双方交易价格透明公开，避免了市场上一些茶叶“有市无价”的情况。茶叶拍卖交易是中国茶叶市场健康发展的一剂良药。2015年12月25日，陆羽国际茶业交易中心陆羽茶交所（简称“陆羽茶交所”）在武汉光谷上线交易，首批有4个中国茶叶老字号挂牌上市。

在茶交所交易的茶叶生产企业必须具备QS认证，另外还需提交茶叶的质检报告，并且要求最低交易额为1万元。茶交所交易平台每日实行上下浮动10%的涨跌停制度，并且新茶上市时，首日的成交价格跟股票上市类似，可以有±30%的涨跌停幅度。除了拍卖外，茶交所还可以作为买卖双方茶叶交易的金融场所。

推进茶叶拍卖交易对于促进浙江省茶产业发展，以及茶叶贸易方式与国际接轨具有重要的意义。2012年，国务院批准在杭州成立了中国茶叶拍卖交易服务有限公司（“中茶拍”），以开创中国茶叶拍卖制度。但是由于缺乏国家发布的规定和细则等准则，茶叶拍卖交易缺乏统一的约束力，拍卖成效有限。

金融市场对浙江省茶叶企业的影响还体现在茶叶企业发展的资本运营上。股票市场的“新三板交易平台”2013年初建立，是国家推进中小企业借助资本市场的一个重要举措。2014 年 8 月 29 日浙江省第一家、全国第二家在新三板挂牌上市的茶叶企业——浙江茶乾坤食品股份有限公司——成功挂牌上市，证券名称为“茶乾坤”，证券代码“831108”。截至 2015 年，茶乾坤共融资 2250 万元，为企业的进一步发展提供了必要的资金和保障。2014 年 1 月 24 日，香茶（松阳）在天津渤海商品交易所挂牌上市。2014 年全年累计成交量 3.28 亿千克，交易额 508.3 亿元。

三　浙江省茶文化的发展与变化

（一）茶文化遗产十分丰富

浙江省茶叶生产历史悠久，但浙江省到底什么时候有茶树，一直未有定论。

但是，2015 年在浙江余姚发现了我国最早种植茶树的遗迹。浙江省文物考古所和中国农科院茶叶研究所通过对出土树根的形态、解剖结构、特征性化合物——茶多酚和茶氨酸含量等——的综合鉴定，确定这批树根为茶树的根。另外，根据出土陶器等物品的形态特征，再结合碳 14 测定，确定了这些树根生长于距今 6000 年前。这些树根是人工种植树木的遗存，因为它们大多竖立于人工挖掘的熟土浅坑内。

2015 年 6 月 30 日，浙江省文物考古研究所、中国农业科学院茶叶研究所联合在杭州宣布：迄今为止中国境内考古发现的最早的人工种植茶树的遗存就是河姆渡田螺山（位于浙江余姚）遗址出土的山茶属树根。

（二）茶旅游活动层出不穷

若要有效提高茶产品的附加值，可以将茶、茶文化与旅游产品相结合，拓展销售途径。在一些传统茶叶产区，“茶乡体验游”“茶文化专题学习之旅”“茶乡休闲游”等旅游产品相继推出，既丰富了当地的旅游产品，也拓展了茶产品的销售和茶文化的传播。

“十二五”期间，浙江省的茶旅游、茶休闲与茶养生飞速发展，杭州的梅家坞、临海的羊岩山、松阳的大木山、安吉的溪龙、龙泉的金观音、开化的茗博园、苍南的五凤香茗园等以茶为主题的旅游休闲景点成为旅游热门。2015 年浙江省为适应新常态，规划建设了一批特色小镇，培育发展民宿经济。“十三五”期间，浙江省将建设以西湖龙坞为代表的 20 个茶主题特色强镇。

在评选浙江省首批特色小镇的过程中，杭州市西湖区龙坞茶镇入选。这个小镇把旅游、茶叶、休闲、文创与养生结合在一起，将“西湖龙井茶”作为主题，以促其未来成为全国最大的西湖龙井茶集散地。

（三）茶文化培训不计其数

全国举办茶文化培训次数最多的地点在浙江省。全国各地乃至世界各地的学员们来到杭州，学习茶文化、茶学等知识。

1. 浙江省科研院所积极推广茶文化培训

中国茶叶学会在进行常规职业证书的培训之外，还会定期举办“龙井茶品质评鉴研修班”“普洱茶品质评鉴研修班”等专题性的研修班。2015 年，学会举办了首届茶艺师资培训班，通过对学员的再次教育，为全国过去杂乱的茶艺培训市场打了一针强心剂，进一步完善了茶艺培训的模式，提升了专业化水平。

2. 浙江省民间不断创新茶文化培训

近几年浙江的茶文化培训发生了很大的变化，特别是有关茶文化及茶艺的民间培训，不再局限于对茶艺师、评茶员等的技能性职业培训，更多关注了与茶有关的周边知识和技能的学习，例如花道、香道、音乐（配乐、古琴等）、空间设计以及茶健康等方面。

以杭州采荷路上的素业茶院为例，它在茶馆的基础上也是一个茶文化培训基地，常规每个月有三期茶艺培训，每班 10 个人左右。除此之外，还经常开设与茶艺有关的课程，如花艺、日本茶道、韩国茶礼等。

浙江省茶文化的培训不再仅仅是基础茶艺的培训，在过去传统的茶文化及历史、茶叶的审评及冲泡的基础上，引申出了“茶与空间”“茶与健康”“茶与艺术”等更为复合、受众更广的茶文化培训。

3. 浙江省茶文化少儿教育兴起

浙江省重要的龙井茶产区——新昌——在2016年4月成立了新昌县首家少儿茶文化培训基地，通过在幼儿园内建立茶文化培训基地，使茶文化普及从少儿抓起，从小培养孩子们对茶的兴趣，弘扬茶文化和优良传统，倡导健康的饮茶理念，进一步拉动茶叶消费。2015年10月19日，正逢中国传统的重阳节，新昌县茶文化研究会和新昌中国茶市联合举办了“2015年九九重阳节少儿敬茶”活动。

4. 浙江省的茶文化活动如火如荼

“茶为国饮，杭为茶都”，杭州是浙江茶文化传播和教育的中心。从2012年开始，浙江各地都在开展茶文化“四进”活动。通过这个活动，向人们普及了茶文化活动，对推进茶文化的发展起到了促进作用。

四　浙江茶叶科技的创新发展

中国农科院茶叶研究所和浙江大学拥有非常强大的茶叶科研力量。嵊州研发中心基地2015年已完成投资4000万元，基地拥有2600平方米的科研及辅助用房，1.2公顷建设用地以及21.73公顷试验茶园。基地建成后可满足中小叶种茶树的田间和加工试验，同时能进行茶树资源、品种改良、植保等试验。

（一）自然科学领域科技创新

2015年浙江省自然科学基金资助的茶相关项目如表2所示。从项目类型上可以看出，茶叶质量安全控制、茶叶生化成分与健康研究及茶叶加工和品质评价等方面是重点资助项目，也是近几年浙江省重点关注的茶叶自然科学研究的内容。

表2　2015年度浙江省自然科学基金资助茶相关项目

序号	依托单位	申请人	项目名称	项目类型
1	浙江省肿瘤医院	卢红阳	茶多酚活性成分EGCG对Snail介导抑制"EMT-干性"逆转小细胞肺癌顺铂耐药的作用及机制	面上项目
2	浙江中医药大学	楼招欢	桑抹茶调节胆固醇逆转运拮抗高脂血症的作用机制研究	面上项目
3	浙江农林大学	梁慧玲	茶叶水通道蛋白(AQPs)在"做青"过程中的响应机制研究	青年科学基金项目
4		姜亚萍	苯并咪唑类农药在茶叶种植加工冲泡过程中的代谢转移机理研究及风险评估	青年科学基金项目
5		刘美雅	氮素做为信号因子对茶树氨基酸、类黄酮代谢相关基因的表达调控机制研究	青年科学基金项目
6	中国农业科学院茶叶研究所	马桂岑	基于茶叶农药残留检测的新型高效功能化石墨烯吸附材料的制备及机理研究	面上项目
7		章剑扬	稀土元素在茶树体内的分异特征及其影响因子研究	青年科学基金项目
8		朱荫	绿茶中游离氨基酸对映异构体及其对茶汤滋味影响的研究	青年科学基金项目
9		尹军峰	茶产品感官评价基础研究	学术交流项目
10	杭州市农业科学研究院	周铁锋	绿茶质量安全控制技术与机理	学术交流项目

资料来源：浙江省自然科学基金委员会官网：http://www.zjnsf.gov.cn/。

1. 中国国际茶树花研发中心成立

2014年12月26日在杭州浙江大学紫金港校区，"中国国际茶树花研发中心"正式成立。

茶树花含有丰富的茶多糖和黄酮等生物活性成分，具有多种保健功效，中国国际茶树花研发中心结合医学、食品等多个领域的技术，拟对茶树花资源进行利用，指导各地更合理地综合利用茶树花，进而推广茶树花的生产和应用。

2. 茶树新品种选育

近几年，浙江省在茶树新品种选育中，速度快，技术成熟。其中以

“黄茶”——黄化茶——最为突出。

2015 年，“中黄 2 号”通过浙江省非主要农作物品种审定委员会的新品种审定。“中黄 2 号”的茶树品种来源于丽水市缙云县群体中的自然黄化突变体，它属于白化茶树新品种，春季新梢呈葵花黄色，与安吉白茶的白化不一样，其芽叶的颜色随着季节的变化而不同，如夏季为绿色，秋茶就呈现黄色。除此之外，“中黄 2 号”与其他白化或黄化茶树品种相比较，具有更强的抗性和适应性。春茶一芽二叶含茶多酚 12.4% ~15.9%，氨基酸 6.8% ~8.3%，咖啡因 2.8% ~2.9%。

3. 茶叶加工技术的研究与创新

浙江省虽然是传统的绿茶产区，但是近十年浙江省积极发展多茶类生产的格局，在完善绿茶品质和生产技术的基础上，开发红茶、乌龙茶等其他茶类生产，丰富产品种类，延长茶季的生产时间，并提高加工设备的利用率。

武义县是浙江省传统的绿茶产区，近几年随着白茶市场的升温，当地多家企业开始研制白茶。2014 年秋季，《浙江特色白茶产品研发》项目团队在武义县筛选出春雨一号、春雨二号、浙农 113 等茶树品种，采用福建的白茶加工工艺，并利用当地过去不用的秋茶试制特色白茶，通过试验研究出一套适合当地茶树品种的白茶加工工艺流程及参数。

（二）茶叶衍生产品开发创新

浙江茶产业的发展现在已经延伸到了二产和三产，不再局限于一产的生产领域。茶产业全产业链的开发，最终离不开茶叶衍生产品的开发。2015 年，浙江省现有 20 多家茶叶深加工企业已注册，其中深加工的产品主要是速溶茶。浙江省每年速溶茶的产量占全国的一半，同时还有一些别的产品，如茶多酚、抹茶、茶籽油、茶饮料等。

浙江省诸暨绿剑茶业有限公司从 2008 年开始一直着力于茶叶新产品和衍生产品的研究和开发，截至 2016 年初，该公司已成功开发绿剑茶系列产品 6 种，茶衍生产品 12 种。其中茶衍生产品包含茶香皂、茶酒、茶手工面、茶年糕、茶袜子、茶毛巾、茶瑜伽服、茶孕妇装、茶丝巾、茶内衣裤、茶 T

恤、制茶专用油等。对茶叶衍生产品的开发和生产，能进一步提高企业对茶叶资源的综合利用，促进茶产业的效益增长，也为浙江省茶业全产业链的发展提供了非常好的模板。

以安吉的龙头企业之一——宋茗——为例，从2010年开始，浙江安吉宋茗白茶有限公司和其他机构联合成立了“中国安吉白茶研发中心”。2014年成立了“宋茗白茶企业研究院”，主要是进一步开发茶树花产品以及茶基质食用菌等产品。截至2014年年底，宋茗推出了“兰花型安吉白茶”（专利）、“白茶爽”（无胶基口香糖）、纪高氨基酸多元肥等3款创新产品。

（三）社会科学领域研究创新

浙江省的茶文化研究近几年方兴未艾，各地主要结合自身的产业特点和历史文化渊源，研究茶文化及其对产业的影响。从资助的项目可以看出（见表3、表4），茶文化研究课题侧重于茶文化对外传播的材料及传播方式方面的研究，这也结合了2015年“一带一路”的社科研究热点，因此浙江及中国茶文化国际传播将成为茶文化研究的重点。

表3　2015年度浙江省哲学社会科学规划立项茶相关课题

序号	依托单位	申请人	项目名称	项目类型
1	浙江农林大学	龙明慧	传播学视阈下的茶文化典籍英译研究	一般
2	浙江农林大学	马莉	跨文化视野下的中国茶文化海外传播方式研究	一般

资料来源：浙江省哲学社科网。

表4　2016年度浙江省社科联茶相关课题

序号	依托单位	申请人	项目名称	项目类型
1	杭州万向职业技术学院	范明	引力模型下TBT措施对浙江茶叶出口影响因素的实证研究	立项不资助
2	长兴市委宣传部	王庆忠	长兴紫笋茶产业发展研究	立项不资助

资料来源：浙江省社科联网站。

五 浙江省茶叶发展的主要问题及政策

2015 年浙江省政府将茶产业列为“浙江传承发展十大历史经典产业”。“十二五”期间，浙江省对现代农业生产发展每年投入 3000 万元左右，并且每年安排 5000 万元左右的中央专项扶持资金用于茶产业的发展。其中，中央财政支持茶产业项目，扶持的重点为标准茶园建设和初制茶厂的优化改造，当然在茶园标准化生产及茶产业区域化布局方面也会投入，同时会围绕茶产业规模化经营、茶叶品牌化发展等方面进行投资。

（一）茶叶发展面临的问题

1. 茶叶企业小而弱

浙江省的茶叶企业存在数量多、规模小的特点。截至 2014 年年底，浙江省有茶叶初制厂 5800 多家，精制茶厂 400 家，出口茶叶企业 117 家，茶叶专业合作组织 1300 多个。2014 年，浙江省茶叶产业协会对浙江省主要产茶县的 140 家茶叶企业进行调查，这些企业有 34 家在 500 万元以上，占 24%；产量 50 吨以上的有 53 家，占 39%；年销售收入 1000 万元以上的有 66 家，占 46%。

其次，浙江省龙头骨干茶叶企业少，只占浙江省茶叶企业总数的 3% 左右。按照国家级、省级、县（市）级来划分的话，数量分别为：3 家（2 家出口企业）、50 家、160 多家。浙江省的茶叶企业大多属于生产型，茶叶销售能力有限，受市场影响较大；少数外销型企业出口价格低，利润少，企业经营效益低下；新兴的深加工企业由于产品销售市场尚未打开，销售低迷，再加上原料成本上升，利润降低；原料出口企业则依附性强，波动较大。

小规模茶叶企业或农户，除了竞争力较弱外，还存在茶叶品质不稳定的问题。小规模加工的茶叶企业生产用的鲜叶原料少量来自自己的茶园基地，大多依赖采购农户或外地的原料，缺乏统一的鲜叶源头管理，产品质量不稳定，产品质量标准控制较难。另外，小型茶企大多依赖就近的茶叶批发市场进行销售，直接销售能力弱。

2. **茶叶出口萎缩**

绿色壁垒是浙江茶叶出口受阻的主要原因之一。2015 年欧盟关于茶叶进口的新法规和措施形成的技术性贸易壁垒给浙江省茶叶出口造成了极大的负面影响。

欧盟法规 EU87/2014 中提出茶叶啶虫脒等 4 种农药的残留限量减少 50%。但是啶虫脒作为我国茶叶种植广泛使用的农药之一，限量从 0.1 毫克/千克加严为 0.05 毫克/千克，对于茶叶出口欧盟的企业影响很大。除此之外，欧盟从 2014 年起还对从中国进口的茶叶增加了氟啶脲、唑虫酰胺、蒽醌、氟铃脲等项目的检测。这些不是中国茶园管理中的常用农药，但由于杀虫高效且广谱，农业部门在部分产茶区进行了推广实验。另外，蒽醌的复合物在自然界中天然存在，而欧盟一律采取极其严格的 0.01 毫克/千克的“默认标准”，并不合理。在 2013 年欧盟就加强了针对茶叶进口的相关法规的制定和执行工作，而在 2014 年，欧盟也加强了对进口茶叶农残项目的检测，同时调整了有关的技术法规。

2015 年，宁波检验检疫局在宁波口岸出口的茶叶中检出 8 批茶叶农残不合格。2014 年湖州市出口欧美的茶叶数量为 1.03 万吨，出口额为 2423 万美元，同比分别下降 41% 和 37%。但是，由于对欧盟市场的茶叶出口单价高出平均出口单价约 40%，而出口非洲的茶叶利润仅为 3.5% ~4%，因此，尽管茶叶出口欧盟关卡重重，欧盟仍然是一些茶叶出口企业比较青睐的市场。

浙江茶叶出口欧盟可谓“机关重重”，有机茶的管理和生产模式势在必行。但是，有机茶的生产成本高，会导致出口茶叶价格上升，短时间内会影响出口量，但是从长期来看，浙江乃至中国茶叶在欧盟市场的健康发展，必须建立在相关国家消费者对中国茶叶质量及安全性的信任的基础上。

针对各国茶叶进口的贸易技术壁垒，浙江省茶叶企业和地方政府要及时调整茶园管理模式及对鲜叶采购的监管，及时监测茶园使用农药的种类，进而提高茶叶品质。同时，政府的茶叶进出口监管部门要加强对输欧盟茶叶的监控检测及出口预警，引导浙江省茶叶出口进入良性循环。

3. 茶叶品牌弱而分散

浙江省的茶叶品牌公共品牌强，而企业品牌弱。主要是因为浙江省大部分名优茶产区推行的“母子商标”的品牌管理模式，使茶叶公共品牌的美名传播得比较广泛。而茶叶企业由于存在数量多而规模小等问题，无法有效地推广企业品牌。近几年，安吉的茶叶企业通过企业融合、金融投资等形式扩大企业规模，推动了企业品牌和公共品牌的共同发展。

截至2015年，浙江省已举办两届“浙江十大名茶”评比，2015年评出的10大名茶中，9个为公共品牌，只有“绿剑”是唯一的企业品牌。浙江省茶叶企业品牌的发展，需要从全球的视野看，依靠大资本和严格的产品管控来打造。2015年浙江省品牌农产品及区域名牌农产品中新增茶叶品牌12个。

4. 劳动力短缺

浙江省的绿茶生产以春季为主，在采摘茶叶，尤其是名优茶时，需要大量的人员参与。名优绿茶采摘要求原料细嫩，很难用机械采摘，茶季劳动力短缺已成为常态。另外，茶叶采摘的人工成本居高不下，而且每年平均提高5%～10%。主要产茶区往往只能集体到劳动力比较集中的地区招聘，并为采茶工提供基本的社会保障和服务。同时，杭州农科院茶叶研究所近几年在茶叶机械化采摘上也有了重大突破。

近几年，推进茶叶加工的机械化进程是浙江省政府及茶企一直在做的事情。浙江省2012年在全省推广应用名优茶连续自动化生产线。据统计，2015年浙江全省名优茶生产流水线新增32条，共101家茶叶企业引入了140条名优茶生产线，流水线年产茶叶4856吨，年加工能力超过1万吨。茶叶生产流水线的引入，不仅节省了茶叶加工劳动力的成本，而且从茶叶品质方面来看，流水线生产的茶叶更标准化、更卫生，茶叶外形优于手工炒制的茶叶，并克服了手工炒制导致的不同批次茶叶品质区别大的问题。名优茶的流水线形式的机械加工是茶叶产业进入规模化、标准化的必经之路。

（二）茶叶发展的政策与措施

1. 浙江省的茶产业规划

“十三五”期间，对于浙江茶产业，浙江省政府计划将其打造成“高效生态、特色精品”的产业形态。主要有以下几点：①结合茶产业资源与传统优势，②推进茶产业的信息化和机械化，③建设茶叶精深加工和全产业链，④将茶与文化、经济、旅游等相结合，共同发展。同时，加强茶叶的品牌建设。

2015 年龙井茶市场需求总体平稳，稳中有增。浙江省主产绿茶，以龙井茶为主。龙井茶的相关从业人员非常多，其相关产业规模很大，品牌知名度在全国很高。因此，政府及监管部门强调浙江省主要龙井茶茶区，必须依法有序拓展和保护龙井茶地理标志保护区域。因此，从 2016 年开始，龙井茶证明商标管理和保护委员会办公室，带头组织相关部门实施了扩大龙井茶产区的工作。

截至 2015 年 4 月 7 日，浙江省一共有 352 家企业获得龙井茶证明商标使用许可，许可企业名单在“浙江农业信息网”公布，并接受社会各界的监督（参见表 5）。

表 5　许可使用龙井茶证明商标的企业名单（部分）

（更新日期：2015 年 4 月 7 日）

序号	企业名称	注册商标	商标准用证编号
1	杭州山地茶业有限公司	山地	LT－10－330106－001
2	杭州你我茶业有限公司	品·你我	LT－10－330106－002
3	杭州福海堂茶业生态科技有限公司	福海堂	LT－10－330106－003
4	杭州求是茶业有限公司	求是雀舌	LT－10－330106－004
5	杭州龙冠实业有限公司	七佛龙冠、裕隆	LT－10－330106－005
6	杭州张一元茶叶有限公司	张一元	LT－10－330106－006
7	杭州云梅茶叶有限公司	梵云	LT－10－330106－007
8	杭州虎跑茶叶有限公司	梅龙虎	LT－10－330106－009
9	杭州明杭茶叶有限公司	曦峰	LT－10－330106－010
10	杭州龙都茶业有限公司	龙坞	LT－10－330106－011

资料来源：浙江农业信息网。

2. 茶叶全产业链及营销体系建设

“十三五”期间，浙江省将重点培育市场竞争力和风险控制力强的茶叶龙头企业，并加快形成现代茶产业生产体系和经营体系。茶叶主管部门及产区政府将进一步争取和落实具体配套措施，特别是加大财政资金扶持的力度，培育有核心竞争力的优秀茶叶企业。

浙江省将有计划地把扶植政策重点从茶园基地、茶叶初制加工，转向产后的加工、保鲜、物流以及加强品牌建设，以及促进市场推广、企业营销等方面。

2015 年浙江省农业厅组织并支持茶叶出口企业参加国际农产品食品展（参见表6)，并且重点支持具有自营出口权、有浙江特色的外向型农业企业。浙江省财政专项资金对参展企业的摊位费、公共布展费等给予了一定的补助。

浙江省将逐步加快和扩大茶产品的对外推广，特别是国际营销市场的推广，不只是大宗茶出口市场的拓展，同时加大对浙江省名优茶的海外扩展和营销体系的完善。浙江省茶产业以绿茶为主，中国主要的出口茶叶中也有绿茶，因此，积极推广浙江省名优绿茶，对中国茶叶出口具有重要作用。

表6　2015 年浙江省重点支持茶叶企业参加的国际展会

时间	展会名称	地点
2015 年 3 月	日本东京国际食品及饮料展	日本东京
2015 年 3 月	美国西部天然食品展览会	美国洛杉矶
2015 年 3 月	英国国际食品及饮料展	英国伦敦
2015 年 5 月	亚洲世界食品博览会	泰国曼谷
2015 年 5 月	中国国际食品和饮料展览会	中国上海
2015 年 6 月	台湾国际食品展	中国台北
2015 年 6 月	南非国际食品展	南非约翰内斯堡
2015 年 9 月	俄罗斯国际食品展	俄罗斯莫斯科
2015 年 10 月	德国国际食品展	德国科隆
2015 年 11 月	阿布扎比国际食品展	阿联酋阿布扎比

资料来源：浙江省茶叶产业协会统计月报。

六　浙江省茶业发展新动向

（一）茶叶低温气象指数保险

近年来，由于“倒春寒”和冬季冻害等影响，浙江省名优绿茶生产受到严重影响，茶农和茶叶企业损失严重。在浙江省安吉、绍兴、丽水等绿茶主产县市，当地农业局将茶叶经济损失与低温相关联，率先对茶叶开展了茶叶低温气象指数保险，将茶叶生产由低温引起的损失定量化、指数化。2015年绍兴市有将近73家茶叶企业和农户投保，茶园面积837.93公顷，最高保额1885.35万元，安吉县龙溪乡和皈山乡近万亩茶园参保。

绍兴市茶叶气象指数保险试点，主要是针对连片面积3.33公顷以上且种植时间在1年以上的茶园，参保时间为每年春茶期间。如果在2月21日~4月20日保险期内，茶园遭遇温度低于0℃（含）以下冻害天气，即可享受保险赔付。每亩保险金额为1500元，参保费用为120元，茶农只需承担30%，绍兴市茶叶强市专项资金补助50%，省财政以奖代补20%。2015年2月初，绍兴市试点茶农68户，总面积837.93公顷，占绍兴市茶园面积的2.28%。据绍兴市发改委统计，2015年2月21日~3月15日，由于低温天气的影响，共发生了三次理赔，总赔款850152元，涉及57户茶农，占总参保数的83.8%，赔付率为54.41%。

2014年，浙江省丽水市的松阳县率先在浙江省申报茶园种植特色农业保险品种省级试点。据统计，2015年丽水市松阳县、莲都区有3158户茶农771公顷茶园参与了茶园种植保险试点，保额达7212万元。

（二）开展茶叶质量安全监测及绿色防控措施

1. 茶叶绿色防控示范区的建立

松阳县通过推广绿色防控关键技术，能够更好地对茶叶质量安全进行监测。这些防控手段分为物理方法：太阳能杀虫灯；生物方法：黑刺粉虱信息素诱捕器、茶尺蠖性信息素诱捕器等；化学方法：免疫诱抗剂。截至 2014 年年底，松阳县建立了绿色防控示范区 0.14 万公顷，包括 74 个茶叶绿色防控技术示范区。防控技术推行以后，松阳县绿色防控区内化学农药的使用量减少了 29.4%，茶园病虫害防治成本减少了 1783.5 元/公顷，茶叶产值不但没有受到影响，而且增值 14494.5 元/公顷。

在不断努力下，2015 年 3 月丽水市松阳县成为浙江省唯一一个被授予"全国农作物（茶叶）病虫专业化统防统治与绿色防控融合试点"称号的县，并成为浙江省唯一一个入选全国茶叶绿色防控技术模式县的县。松阳县的茶园绿色防控技术成为浙江省乃至全国茶园绿色生产的学习模板，中国茶叶生产将逐步进入绿色安全的品质提升时期。

2. 安吉白茶金溯卡的发行

为了让茶农能更方便地进行茶叶交易，让政府管理部门及行业协会能够更有效地统计茶产业数据，同时对茶叶质量进行进一步监管，在茶叶生产可追溯系统的基础上，融合银行的金融功能，安吉县农业部门与中行安吉支行于 2015 年 9 月共同开发建设了"安吉白茶金溯卡"，并配套"安吉白茶溯源管理系统"在线进行操作和管理。"安吉白茶金溯卡"是一张银行卡，它能保存茶农"茶园证"的基本信息，同时还具有金融交易功能。茶农在鲜叶及干茶交易过程中，使用"金溯卡"资金交易可免收刷卡手续费。

安吉白茶金溯卡从 2014 年 10 月 16 日开始正式发放，截至 2016 年 1 月底全部发放完毕，发放量在 1 万张以上。"金溯卡"配套"安吉白茶溯源管理系统"，政府及监管部门对茶农或企业使用金溯卡的茶叶交易，可实时统计交易额、交易量等数据，进一步为安吉县茶叶产销形势统计发挥非常重要的作用。

3. 实行茶园管理"互联网 +"

在未来，茶叶企业管理的发展趋势是结合线上与线下两种方式。浙江松阳县部分茶叶生产企业，在茶园里安装 360 度的探头和 Wi - Fi 信息发射器，通过手机及电脑上的 APP 信息终端，能对茶园进行实时的视频监控，方便茶农对茶园进行遥控管理。结合淘宝等网络销售，买家可以通过网络看到茶园里茶树的种植、施肥、采摘、管理等生产过程，这让买家能够对茶叶品质放心（特别是有机茶园的茶叶）。“互联网＋”的茶叶企业管理模式能够从源头关联销售，使企业与客户近距离互动，同时能起到茶叶品牌宣传和品质可追溯的作用。

B.6 江苏茶产业发展研究报告

黎星辉　汤茶琴*

摘　要： 从茶叶种植、加工、出口、市场、科研、茶文化与服务业等环节对江苏茶产业进行了总结，对江苏省茶叶产品质量、产品市场结构、产品生产成本和资源利用等领域存在的问题进行了总结，提出了江苏省茶产业发展的政策建议。

关键词： 江苏　茶产业发展　茶产业政策

江苏省的饮茶历史可追溯至东汉末年，《三国志·吴志》中记载了当年江苏区域的“密赐茶以当酒”。江苏南部民间早在西晋时期就已开始采摘茶叶，生煮羹饮。5世纪《桐君录》便记载了“晋陵皆出好茗”，说明当时江苏宜兴便已出产好茶。江苏茶业历史悠久，“十一五”开始位列江苏省十六大农业主导产业之一，至2016年，茶业规模渐趋稳定。

一　江苏省茶产业发展概况

（一）茶叶种植现状

根据江苏省官方统计数据（参见表1），至2015年年底，江苏省拥有茶园面积3.4万公顷，其中无性系茶园面积约1.19万公顷、开采茶园面积2.95万

* 黎星辉，南京农业大学，教授；汤茶琴，无锡市茶树品种所，高级茶艺师。

公顷、有机茶园面积0.27万公顷，干茶总产量约1.405万吨；茶叶综合总产值约90亿元，其中毛茶总产值约25.9亿元，较上年增长13.13%；名优茶产量约0.43万吨，名优茶产值约15.05亿元。

表1　2013～2015江苏省茶产业发展基本情况

年度	干茶总产量（吨）	毛茶总产值（亿元）	茶园面积（万公顷）	开采茶园面积（万公顷）	无性系茶园面积（万公顷）	有机茶园面积（万公顷）
2013	13680.00	25.90	3.33	2.75	1.04	0.37
2014	14000.00	22.50	3.35	2.77	1.05	0.32
2015	14050.00	25.90	3.40	2.95	1.19	0.27

2015年江苏省无性系良种普及率为35.10%，看似低于全国平均水平，实则有其内在原因：一是江苏地处纬度相对较高的偏北茶区，保护地栽培很少，有性系茶树抗寒性强，具有地理上的适用性；二是用有性系茶树良种加工的当地茶叶产品香气和滋味常常优于无性系。近年来，江苏省有机茶园面积呈现下降趋势，从2013年的0.37万公顷，下降到2015年的0.27万公顷。有机茶园种植面积的下降，主要是因为有机茶园管理成本过高，在产业经济形势不断恶化的大环境下，有些企业为降低运营成本，主动放弃了有机认证。

优质特异新品种在江苏推广顺利，中茶108等优质绿色系良种推广速度快，成为近年来主导品种；白化特异资源黄金芽、中黄1号、御金香、景宁白茶以及紫化特异资源紫鹃等良种均有引进种植；溧阳地区主要引进白叶1号品种制作白茶，并形成了特色地方茶叶品牌。红茶产量和消费规模的提升，引导企业引进种植了红绿茶兼制品种和红茶专制品种，金观音、黄观音等品种引种面积也逐年上升。

（二）茶叶加工现状

近年来，江苏茶叶的产品结构和产量比重基本稳定。2015年全省绿茶产量1.16万吨，占茶叶总产量的82.56%，与2014年持平；红茶产量0.245万吨，占茶叶总产量的17.44%，同比增加1个百分点；2015年名优茶产量0.43万吨，同比下降3.58个百分点；夏秋茶产量0.86万吨，占总产量的61.21%（见表2）。

表2 2013~2015年江苏省茶叶生产情况

项目	2013年		2014年		2015年	
	总产量（吨）	所占比重（%）	总产量（吨）	所占比重（%）	总产量（吨）	所占比重（%）
总产量	13680.00		14000.00		14050.00	
其中:绿茶	11230.00	82.09	11600.00	82.86	11600.00	82.56
红茶	2380.00	17.40	2304.00	16.46	2450.00	17.44
名优茶	4100.00	29.97	4785.00	34.18	4300.00	30.60
夏秋茶	8020.00	58.63	8525.00	60.89	8600.00	61.21

至2015年，江苏省经工商注册的茶叶企业（含合作社）有1052个，其中：经工商注册的茶叶企业品牌有818个，378个企业拥有QS认证；有24家茶企茶叶年销售额在1000万元以上，而75家年销售额在500万~1000万元。江苏省有23家省部级龙头企业以及41家地市级龙头企业。随着江苏省各地区茶叶产业的壮大，不少企业已自主拥有上千亩茶园基地，并以鲜叶直购的形式与当地茶农建立了购销关系；规模化生产企业机械化程度高，部分茶厂已实现茶叶加工全程不落地。

茶叶精、深加工是进入21世纪以来茶叶生产的一个聚焦点，是今后茶叶产业最有前景的领域之一。茶叶精、深加工是在保留传统营养价值的基础上对茶叶进行加工，使其成为更深层次的新型茶叶产品，此外还包括茶叶中功能性成分的提取以及高效利用。江苏省有茶叶精、深加工企业12家，南京融点食品科技有限公司、无锡太阳绿宝科技有限公司等一批年产值亿元以上的企业发展稳定。

2015年江苏省农业委员会公布省级农业产业化重点龙头企业名单，其中有涉茶企业11家，包括：南京傅家边科技园集团有限公司、宜兴市茗岭项珍茶厂、无锡市茶叶品种研究所有限公司、江苏吟春碧芽股份有限公司、无锡太阳绿宝科技有限公司、江苏乾元茶业有限公司、宜兴市盛道茶业有限公司、江苏鑫品茶业有限公司、苏州市东山茶厂有限公司、江苏天乙生态茶业科技有限公司和无锡陶都岕茶股份有限公司。更有以经营见长的苏州三万昌茶叶有限公司分别在2012年、2013年和2015年跻身茶业全国百强榜。

（三）茶叶出口现状

江苏省有8个茶叶出口企业，年出口量达3730吨，出口额达6775万元。为进一步践行苏茶产业走出去的发展思路，从2010年开始，江苏省茶叶学会配合江苏省农业委员会组织江苏省知名茶企业赴香港参加香港国际茶展。从江苏名茶精品中精选了洞庭山碧螺春、雨花茶、阳羡雪芽等10多个不同品种的名优红绿茶，以及低咖啡因茶、γ-氨基丁酸茶、超微茶粉等深加工制品，紫砂茶具等参展，编排了独具江苏文化特色的茶艺表演，编制了《江苏茶业》手册和光盘，以展示江苏茶业风貌，弘扬悠久的苏茶文化，宣传推介江苏名茶，提升其品牌知名度。

（四）茶叶市场现状

江苏省茶叶生产企业普遍以自建营销网络为主，实行产地直销模式。江苏茶叶生产企业历来重视消费市场的培养和企业品牌的培育。江苏省现有茶叶产品注册商标788个，其中有44个省著名商标，40个省级名牌产品，149个市级名牌产品，通过原产地保护或地理标志认证的产品有22个。

江苏位于我国经济发达地区，是茶叶消费大省，且人均茶叶消费量高于全国平均水平。全省各县市均建有较大规模的茶叶市场。此外，天福、大茗、一茶一座等知名的全国茶叶连锁企业也相继进入江苏市场，形成了“南茶北上、西茶东进”的茶叶销售格局。

2015年，江苏省茶叶批发（交易）市场的茶叶交易量、交易额大部分比2014年下降。其中，扬州市东方国际食品城茶叶市场2015年茶叶交易量为1800吨，同比减少9.5%，交易额为75800万元，减少8.1%；宜兴市阳羡茶文化街2015年交易量为442吨，减少0.7%，交易额为5020万元，减少0.6%；苏州市茶叶市场2015年交易量为1160吨，减少25.2%，交易额为37500万元，减少16.7%；无锡市朝阳茶叶市场2015年交易量为360吨，较2014年增加1.4%，交易额为3950万元，较2014年减少1.3%；无锡市红星茶叶批发市场有限公司2015年交易量为168吨，较2014年减少1.2%，交易额为3480万元，较2014年减少0.6%（见表3）。

表3 2015年江苏省茶叶批发市场交易量统计

批发市场	交易量(吨)	较上年变化(%)	交易额(万元)	较上年变化(%)
扬州市东方国际食品城茶叶市场	1800.00	-9.50	75800.00	-8.10
宜兴市阳羡茶文化街	442.00	-0.70	5020.00	-0.60
苏州市茶叶市场	1160.00	-25.20	37500.00	-16.70
无锡市朝阳茶叶市场	360.00	1.40	3950.00	-1.30
无锡市红星茶叶批发市场有限公司	168.00	-1.20	3480.00	-0.60

（五）茶叶科研现状

江苏省涉茶科教单位较多，南京农业大学以研究型大学的科学研究为立足点；江苏农林职业技术学院、苏州农业职业技术学院的茶叶技能人才培养均历史悠久、独具特色；扬州大学有茶学硕士点；江南大学开展了茶叶深加工技术研究；江苏大学和农业部南京农业机械化研究所开展了茶叶机械设备研究；江苏省农科院开展了茶树营养研究。江苏茶叶企业是茶叶产业研究的重要力量，无锡茶树品种研究所开展茶树育种和病虫害防治研究卓有成效，溧阳市天目湖茶叶研究所、无锡市茶叶研究所等科研单位和其他茶叶龙头企业承担了相当大一批茶叶科技项目，为江苏省茶叶产业的发展和壮大出力。

江苏省科技厅牵头组织，与省内涉茶高校、科研院所以及相关企业联合成立了江苏省茶产业技术创新战略联盟和江苏省优良品种培育工程协作攻关组，形成了省级茶叶技术产学研合作机制，联合开展涉茶共性重大关键技术的攻关和技术集成。目前，江苏省建设了茶叶深加工、茶树种质改良与推广、吟春碧芽茶叶加工、碧螺春茶叶加工和茶叶食品加工等6个工程技术研究中心。

江苏省各级政府非常重视对茶产业的投入，2015年江苏省科技厅对茶产业研发投入资金总额200万元；2015年江苏省农业委员会（本级）对茶产业扶持投入资金总额1700万元，其中用于基地建设投入约350万元；品牌培育与推广投入约100万元；加工条件建设或维修投入约150万元；良种化补贴投入约110万元；企业渠道建设补贴约80万元；技术研发投入约150万元；病虫害防治与质量安全管控投入约180万元；主办茶叶节会投入约200万元；补贴企业参加茶叶展会投入约80万元；对龙头企业扶持投入约300万元。

（六）茶文化与服务业现状

1. 建立与茶文化相关的主题博物馆

建立相关博物馆，并以生态农业、茶文化主题等休闲旅游为引导，可带动产业发展，活跃行业气氛。江苏省拥有一些与茶文化相关的主题博物馆、展览馆，较为知名的有：江苏农林职业技术学院建立的茶博院；苏州东山茶厂建立的“碧螺春茶博物馆”；徐州新沂马陵春茶叶有限公司建立的茶主题博物馆；南京雨花台茶叶公司依托雨花台旅游背景建立的雨花茶博物馆。

2. 推广与茶文化相关的主题休闲旅游活动

以茶文化生活为主题创建城市后花园，可形成生机盎然的茶主题休闲旅游活动。洞庭山碧螺春茶文化节以“访西山春景，寻碧螺茶香”为主题，结合景点旅游、茶乡体验，推出了“吃、住、行、娱、购、游”旅游线路。溧阳天目湖茶文化节暨溧阳天目湖旅游节，以唱响“山水茶乡美丽溧阳”为主题，将中国长寿之乡、中国名茶之乡和天目湖旅游品牌作为宣传重点，结合溧阳的生态山水资源和产业资源向外推广。南京、镇江、金坛、扬州、仪征等地也都相继举办了茶文化推介活动，对茶叶产业和公共区域品牌建立起到了积极的推动作用。

二　江苏省茶叶产业存在的主要问题

（一）产品质量安全问题

人们对安全问题的零容忍，使茶产品的质量安全问题日渐突出。随着茶叶出口产品检测指标的增加和要求的提高，影响茶叶质量安全的检测项目已经不仅仅局限于农药残留和重金属污染，国内茶叶消费者也逐渐关注苯并芘、高氯酸盐、蒽醌等新的检测项目。整体而言，江苏茶叶的安全性较高，经国家茶产业技术体系院士团队抽样检测，江苏茶叶整体合格率达95%以上；其中规模企业的茶叶质量安全基本能得到保障，对个体茶农仍需加大监管力度。

影响茶叶产品质量安全的因素主要存在于茶树病虫害防治环节和茶叶加工环节。由于江苏省各地区病虫害的发生种类与发生程度都有差异，准确地预测预报每个地区的茶树病虫害发生情况仍然比较困难。江苏省的茶树病虫害防治以物理防治结合化学防治为主，茶园农药使用频次较高，每年用药次数为5~6次，农药的高频率使用导致害虫抗药性的产生和日益猖獗。近几年来，江苏省茶园除继续受到茶假眼小绿叶蝉、茶尺蠖等虫害的危害外，绿盲蝽、象甲等虫害危害较往年趋于严重，夏秋季节还出现了炭疽病危害，严重影响树势。部分茶农茶园用药不规范，不能较好地掌握茶树的病虫害防治知识，部分茶园推行茶-果复合栽培模式，果树的病虫防治作业易造成茶园农药污染。在加工方面，规模企业加工条件相对完善，实现了茶叶生产的连续化与机械化，基本做到了全程不着地生产。

（二）产品市场结构问题

江苏历来推行“小而精，名且优”的精细化产业发展思路，以优质名优茶发展为重点，重视绿茶产品质量和工艺的改进，加快发展标准化茶叶生产与加工，在茶园建设与管理、茶叶栽培与加工、茶叶品质和亩均效益等方面长期处于全国第一阵营。同时，在其他类别产品开发和推广方面相对欠缺。产品结构和营销模式长期较为单一，在高档礼品茶消费滞缓的新经济格局下，江苏茶产业的发展也受到了很大的限制。

2015 年江苏省绿茶产量约 1.16 万吨，占茶叶总产量的 82.57%。名优茶中，高档茶销售继续受限，较 2014 年下降 10%。其中，名优绿茶平均销售价格约 360 元/千克，较 2014 年下降 5.3%。据江苏省宜兴、吴中、仪征、高淳、滨湖、锡山区六区县的定点调查，名优绿茶销售均价分别为 175 元/千克、982.6 元/千克、340.6 元/千克、146.4 元/千克、212 元/千克、313.7 元/千克，较 2014 年分别下降 3.85%、14.6%、17.9%、17.0%、2.6%、0%；名优茶中，高档茶销售下降分别为 5%、5%、10%、10%、5%、5%。在名优茶销售受阻的同时，大宗绿茶销售未受影响。2015 年，全省大宗绿茶销售均价为 49.0 元/千克，较 2014 年增长 4.3%（参见表 4）。

近年来，红茶生产在江苏省内得到普及和推广，红茶消费有所上升。2015 年全省红茶产量为 0.245 万吨，占茶叶总产量的 17.44%，较 2014 年增加 146 吨。各茶叶主产县市陆续开展了红茶产品的生产和销售。宜兴红茶崭露头角；苏州开发了碧螺红；溧阳市利用白茶原料开发红茶产品也取得良好的市场反馈；连云港、仪征等地区也开展了红茶生产。业内统计数据显示，2015 年红茶销售平均价格约为 17 元/千克，较 2014 年增长 21.4%。尽管产量和零售价格均有增长，但红茶效益对整个茶产业的影响力仍有待提高。

表 4　2015 年江苏省茶叶主产县茶叶价格及销售情况

地区	宜兴	滨湖	吴中	仪征	高淳	无锡	江苏
名优绿茶单价（元/千克）	175.00	212.00	982.60	340.60	146.40	172.40	360.00
较上年增幅(%)	-3.85	-2.60	-14.60	-17.90	-17.00	-7.30	-5.30
大宗绿茶单价（元/千克）	19.00	100.00	130.00	115.00	75.00	20.00	49.00
较上年增幅(%)	2.70	0.00	32.70	4.50	-3.80	5.30	4.30

其他茶类中，青茶产品有少量生产。从2013年起，江苏省集中科技开发力量进行了黑茶的研制和生产，目前产量和效益仍无法体现。

（三）产品生产成本问题

江苏为名优茶产区，主要通过人工进行茶叶采摘，劳动力成本在近几年逐渐提高，茶叶生产利润则呈现下降趋势，局部地区发生了弃茶毁园现象。据调研，江苏省茶叶采工工价持续上涨。

2015年，宜兴市平均工价为140元/天，较2014年增加3.7%；苏州吴中区平均为125元/天，较2014年增4.2%，采工短缺5%；仪征市平均工价为95元/天，较2014年增加5.6%，采工短缺10%；南京高淳区平均工价为135元/天，与2014年持平；无锡滨湖区平均工价为135元/天，较2014年增加3.8%；无锡锡山区平均工价为135元/天，较2014年增加3.8%（见表5）。除了人工成本提高之外，江苏省多点调研结果显示，物质投入成本亦逐渐上升。2015年肥料、农药、农机具等物质投入成本较2014年提高了5%~10%。

表5　2015年江苏省茶叶主产县生产成本情况

地区	平均工价（元/天）	较上年增加（%）	短缺（%）	物质投入增加（%）
宜兴	140	3.7	0	5
滨湖	135	3.8	0	5
吴中	125	4.2	5	8
锡山	135	3.8	0	5
仪征	95	5.6	10	3
高淳	135	0	0	0

江苏省茶园推行机械化管理多年，但管理水平一直未提高。主要原因有三个方面：①茶园管理设备性能不稳定。目前江苏省茶园中耕、施肥等小型、中型、大型管理作业机械设备开发热度高，获得成果较快，但批量生产设备存在性能不稳定、售后服务意识弱等问题，不利于农机推广。②茶园适应机械作业的改造不到位。茶园管理设备要求有掉头转向空间，有适合作业的土壤松散度，有合理的茶行间距，有配套的土壤管理技术等。目前，农机和

农艺之间的结合程度比较松散。③丘陵山区坡地茶园制约了机械设备的使用。

江苏茶园机械化采摘面积小，仅有普及率为7.28%的机械化采茶面积三万亩，茶园机采难以普及成为制约江苏省茶叶行业机械化进程的拦路虎。茶树栽培育种的方向是高产、高抗性，忽略了生长一致性，增加了机采分级的难度；江苏饮茶习惯与现有机械采摘技术水平相冲突，现有机采技术无法达到人工采摘标准，一定程度上影响了机械采摘技术的发展。

（四）夏秋资源利用问题

由表2数据可见，2015年江苏省夏秋茶产量高达8600吨，占江苏省茶叶总产量的61.21%，不同产茶区域的夏秋茶资源利用率不同。表6比较分析了不同产茶县市夏秋茶产量和产值的占比。由表6可见，宜兴市夏秋茶利用率最高，其产量占年总产量的67.3%，高于全省平均水平；其产值占年总产值的47.67%。宜兴地区夏秋茶综合利用程度很高，以夏秋茶原料生产制作宜兴红茶和宜兴毛尖，产品附加值得到提升。仪征市夏秋茶产量占年茶叶产量的45.14%，产值占年总产值的44%。由此可知，仪征市夏秋茶的经济效益可观，究其原因，可能与仪征市春茶开采较苏南太湖流域茶区推迟，春茶与夏秋茶生产间隔时间短，产值和产量评价差异性小等方面因素有关。无锡市滨湖区夏秋茶产量占全年茶叶产量的44.56%，夏秋茶产值占全年总产值的27.58%。南京高淳区夏秋茶产量低，比重小。苏州吴中区夏秋茶使用率低。

表6　2015年江苏省不同产茶地区茶叶产量、产值

地区	宜兴	滨湖	吴中	仪征	高淳	江苏
全年总产量（吨）	6300.00	158.00	298.50	525.00	400.00	14050.00
全年总产值（亿元）	3.00	0.29	2.19	1.75	0.50	25.90
春茶产量（吨）	2060.00	87.60	298.50	288.00	358.00	5450.00
春茶产值（亿元）	1.57	0.21	2.19	0.98	0.48	—
夏秋茶产量（吨）	4240.00	70.40	0.00	237.00	42.00	8600.00
夏秋茶产值（亿元）	1.43	0.08	0.00	0.77	0.02	—
夏秋茶产量比率（%）	67.30	44.56	0.00	45.14	10.50	61.21
夏秋茶产值比率（%）	47.67	27.58	0.00	44.00	4.00	—

自国家茶产业技术体系大力推广夏秋茶机采机制技术体系以来，江苏省茶区夏秋茶质量提高，产值提高。例如，2015 年，宜兴市夏秋茶产量较 2014 年提高 1.86%，产值则较 2014 年提高 17.62%；仪征市在产量较 2014 年下降 4.49% 的情况下，产值较 2014 年提高 13.11%。

由此可见，夏秋茶资源的综合利用，可通过节约生产成本、提高产品质量，提升产品的利润空间。

三　江苏省茶产业发展建议

（一）加强区域公共品牌的维护和推广

江苏省全省茶园面积不大，但茶叶产品众多，各茶叶产区都拥有 2～3 个名优茶产品。小产区的小众茶叶产品要提升产品品牌价值，显得尤为困难。品牌经营的必要条件是规模化经营，产量和质量是其保障，合理的品牌定位，是品牌建设顺利开展的重要保障，也是品牌深入人心的手段。江苏省茶产业表现为众多的茶叶产品、众多的茶叶品牌，但是缺少产量保证和质量特色，产品趋同，产量低，这些是江苏省茶叶产品无法大流通的根本原因。

走区域公共品牌建设和维护路线，抱团宣传，是江苏茶叶提高市场份额的有效途径。苏州碧螺春、南京雨花茶、天目湖白茶、宜兴红茶等一批区域公共品牌产品，得到各地产业主管部门的大力宣传，结合文化、旅游等活动，提高了品牌知名度，并带动了茶叶产业的良性健康发展。无锡毫茶、金坛雀舌、绿杨春等产品申请了地理标志证明商标，可以开展地理标志证明商标保护。可以通过地方茶叶协会监督，强化生产企业的自律性，做好区域公共品牌的维护和推广，保障江苏地区小产业、精致茶的可持续发展。

（二）建立专业协作机制，提高专业技术服务

茶叶产业是一个准入门槛相对较低的行业；同时，茶叶也是产业链较

长、组织化程度较高的农业产业。江苏茶叶企业虽然规模较小，但普遍拥有较为完整的产业运行模式，实施种植、加工、销售一体化运作。很多涉茶单位规模较小，生产运行模式单一，在技术储备和人才投入上较为薄弱，不利于产品质量保障、生产成本控制。小规模、小格局、小富即安的生产现状，阻碍了茶产业技术创新和产业升级。因此，需要通过建立形式多样的专业协作机制，突出专业技术服务的作用。一是对具有较强带动力与竞争力的加工型茶叶龙头企业要进行培养引导，推动茶企强强联合，促使它们重组上市，树立品牌意识，创造茶叶集团优势，推动茶叶产业化经营。二是可积极推行统一收购、统一加工、统一包装、统一管理、统一销售的管理模式，推动茶叶产销由分散割据向抱团合作转变。三是要加快茶叶专业合作社组织建设，指导茶叶专业合作组织运作的规范化，加强其制度化管理，引导茶农和茶企之间形成名副其实的利益共享、风险共担的紧密型利益联结机制。

（三）融合劳动密集型与节力省工型生产方式

江苏省作为我国传统茶区，茶产业规模虽小，但存在自身特点。放眼全省，茶叶产业是江苏省的小产业，伴随“精细、高效”产业发展规划的，是劳动力密集需求、劳动力高度短缺、高成本投入的运行方式，以及产业规模基本定型、产值和效益基本饱和、发展空间受局限等传统产业狭小的市场前景。

面对产业现状，江苏茶业要推动劳动密集型与节力省工型生产方式的互相融合。早期春茶生产，要保持以劳动密集型为基础的名优茶生产特色，维护消费市场。在夏秋茶生产管理过程中，则要大力推行机械化管理与采制技术，推广茶园免耕施肥技术，推广茶园病虫害物理防治技术，减少生产管理投入。

（四）调整以市场为导向的产业和产品结构

有了良好的政策措施和发展背景，才会有茶叶企业和茶叶从业者良好的发展前景。行政主管部门和产业协会学会，要关注茶叶消费趋势的变化，并有针对性地提出产业规划和技术投入重点，引导产业发展。茶叶企业则要分析产品销售现状，根据市场需要制订生产计划，根据产业发展方向，有针对性地进行基础条件建设，加快建设茶叶生产技术规范与产品质量标准体系，在质量方面，建立可追溯管理制度；加强科技创新，推进生产由粗放管理向精准可控转变，提升茶叶企业的核心竞争力。

B.7
湖南茶产业发展研究报告

萧力争　陈岱卉　伍崇岳*

摘　要：　从茶叶种植与加工、茶叶流通与贸易、茶叶消费等领域总结了湖南茶产业的发展，对湖南六大茶类进行分类分析，提出了相对应的政策措施，并展望了未来湖南茶产业的发展特点。

关键词：　湖南　茶产业　茶类分析　茶产业政策措施

湖南位于我国茶区中心地带，是茶祖文化的发祥地，茶祖炎帝神农氏曾在此谱下传奇，其产茶历史悠久，文化底蕴深厚。茶树种植主要集中在北纬30°左右的武陵山、雪峰山、南岭山脉以及环洞庭湖丘陵区的丘冈山地。湖南是我国著名的“中国黑茶之乡”“绿茶优势产业带”“中国黄茶之乡”，还是我国边销茶生产加工中心、我国重要的红茶生产和外销地区以及茉莉花茶产销大省。

20 世纪七八十年代是湖南茶叶发展的鼎盛时期，茶园面积曾位列全国第一，产量曾位列全国第二。1990 年代后，由于国内外茶叶产销情势和竞争格局变化等原因，湖南茶业一度下滑，至 2000 年，全省茶园面积仅存 7.3 万公顷，仅十余年时间内，茶园面积减少达 60%。进入 21 世纪以来，随着国内外茶叶消费的增长，特别是国内市场日趋活跃，湖南茶业得到快速恢复和发展，各级政府和有关部门对茶产业的重视程度和支持强度前所未

* 萧力争，湖南农业大学园林学院，教授；陈岱卉，湖南省农委经作处，主任科员；伍崇岳，湖南省茶叶协会，高级评茶师。

有。2013～2014年，省政府相继下发了两个茶叶专题文件支持茶产业发展。同时，各省直相关部门也从不同层面、不同角度支持茶产业发展。各市（州）、县等各级各部门根据省里要求积极行动，制定配套政策，多措并举，鼓励和扶持茶产业发展，省直多个部门和地方政府都设立了一定数额的茶产业发展专项资金，整合多方面的资金集中扶持茶产业的发展。政策推动、市场拉动、企业发力推动了湖南茶产业实现了十余年的持续快速增长。

“十二五”期间（至2015年底），湖南茶园面积、茶叶产量、茶叶出口、综合产值等指标分别比“十一五”期间增长了35%、65%、22%和52.6%。湖南有着以名优绿茶、黑茶、黄茶为优势，花茶、红茶及茶叶深加工产品等多茶类全面发展的良好格局。近年来，湖南茶产业特色更鲜明，在全国的地位更突出，竞争力更强。

一　湖南省茶叶种植与加工

（一）茶叶种植

1. 面积、产量、品种

2015年湖南全省茶园面积有13.12万公顷，位列全国第八；茶叶总产量有17.6万吨，为全国第五位；平均单产为1339.5千克/公顷，稳居全国第三位。

湖南茶区栽培的茶树品种在茶叶生产发展早期以安化群体品种为主，20世纪70年代后，湖南省选育的碧香早、槠叶齐、黄金茶1号、湘波绿、桃源大叶、白毫早等茶树良种和从外省引进的大白茶、福鼎大毫、乌牛早、龙井43、龙井长叶等一些茶树良种得到逐步推广。近五年，新增茶园面积推广的主要品种是黄金茶系列、槠叶齐、碧香早、白毫早、桃源大叶，还有少量本地或引进的特色品种，如云台大叶、汝城白毛茶、江华苦茶、玉绿、茗丰、玉笋、福大61、安吉白茶、黄金芽、中黄1号、英红9号、金观音、梅占、金萱等。2015年湖南占总面积56.5%的茶园为无性系良种茶园。

2. 茶叶标准园与绿色、有机茶园建设

2015 年湖南省有机茶园面积达 7.9 万亩，有机茶园面积占全省茶园总面积的约 4.0%，有机茶年产量为 1.2 万吨。其中，石门县是湖南绿色、有机茶园面积最大的县，有 10.5 万亩茶叶基地为全国绿色食品原料标准化生产基地，有机茶认证面积达到 3 万亩。湖南省茶业集团股份有限公司在湖南省有 72 个优质茶园基地，其中有 28 个茶园基地通过了欧盟“IMO”“欧盟 EEC2092/91 标准”“日本 JAS 标准”以及“美国 NOP 标准”等有机茶国际认证。近些年，湖南省农委大力推行标准化茶园建设工作，通过健全茶叶标准园建设的技术规程，强化茶园基地的农事规范，大力推广茶园整地、喷灌、施肥、翻耕、茶树修剪、病虫防治、大宗机采等关键环节的实用机具及配套技术，推进茶叶种植、培管与生产的标准化，提高生产效率和茶叶采制利用率；通过对环境保护、肥水管理、病虫害防治、档案记录、产品检测、农资管理、质量追溯等环节的严控，推动茶园标准化的实施；通过标准化基地创建与经验推广，促进大范围园地建设、茶园道路、栽培管理、生产处理、质量安全等全面标准化的推广，加快了全省标准化茶园的建设。截至 2015 年底，湖南省标准化茶园面积增长至 38 万亩。

3. 绿色精细生产模式

湖南省依托国家级和省级茶叶产业技术体系平台，积极探索茶叶机采、机制标准化技术及智能化管理程序，因地制宜地建立了全省标准化茶园的病虫害绿色防控替代化学农药和有机茶替代化肥技术、生态环境修复与茶树栽培等各个环节的生产技术操作规程，集成了一套适宜在全省推广的绿色精细生产模式，提高了湖南茶叶品质的安全保障程度和品牌的可信度。

4. 湖南省茶叶主产区概况

湖南省茶园主要分布在益阳、常德、岳阳、湘西、长沙 5 个市州，这 5 个市州的茶园面积占到全省茶园面积的 66.5%。根据《湖南省茶叶产业发展规划（2013～2020 年）》，湖南省茶叶产业将重点建设雪峰山脉优质黑茶带、U 形优质绿茶带、湘南优质红茶带以及环洞庭湖优质黄茶带，涉及全省

37 个县市区。据 2015 年湖南省统计局数据，37 个优势区域县、重点县的茶园面积占全省茶园总面积的 78.7%，详见表 1。

表 1　2015 年湖南省 37 个优势区域县、重点县的生产情况

县(市、区)	茶园面积(千公顷)		茶叶产量(吨)	主要茶类
	年末实有面积	其中：采摘面积		
长沙县	6.18	6.10	25655	绿茶、红茶、白茶
宁乡县	3.66	3.27	4553	绿茶、红茶、黄茶
炎陵县	0.41	0.30	231	乌龙茶、红茶
茶陵县	0.50	0.50	314	红茶、绿茶
攸　县	1.09	0.99	400	绿茶
株洲县	0.20	0.19	619	绿茶、红茶
南岳区	0.12	0.12	60	绿茶
衡山县	0.10	0.10	455	绿茶、红茶
洞口县	0.49	0.48	3506	绿茶、红茶
湘阴县	3.94	3.82	2396	绿茶
临湘市	3.13	2.96	5399	黑茶、绿茶、黄茶
岳阳县	2.01	1.81	1332	绿茶、红茶、黄茶
平江县	4.07	3.2	4153	绿茶、红茶、黄茶
汨罗市	0.10	0.09	480	绿茶、红茶、黄茶
君山区	0.15	0.13	8	绿茶、黄茶
桃源县	5.91	5.20	5080	黑茶、绿茶、红茶
石门县	7.05	5.54	8521	绿茶、红茶、黑茶
澧　县	1.47	0.69	400	绿茶、黑茶、红茶
桃江县	4.99	4.53	13822	黑茶、绿茶
安化县	18.33	13.42	56000	黑茶、绿茶、红茶
赫山区	2.33	2.05	2950	黑茶、绿茶、红茶
资阳区	1.21	0.98	1356	绿茶、黑茶
蓝山县	0.10	0.10	110	绿茶、红茶
江华县	0.46	0.45	600	绿茶、红茶
桂东县	7.23	4.84	2483	绿茶、红茶
资兴市	2.14	1.44	1373	绿茶、红茶
汝城县	1.16	0.77	227	绿茶、红茶
宜章县	0.24	0.04	276	红茶、绿茶
慈利县	1.40	1.32	1773	绿茶、红茶

续表

县(市、区)	茶园面积(千公顷)		茶叶产量(吨)	主要茶类
	年末实有面积	其中:采摘面积		
桑植县	1.52	0.37	449	绿茶、红茶
沅陵县	1.90	1.69	1050	绿茶、黑茶、红茶
会同县	2.83	1.90	500	绿茶、红茶
新化县	1.86	1.61	1400	绿茶、黑茶、红茶
古丈县	8.91	5.68	2122	绿茶、黑茶、红茶
保靖县	4.51	2.26	302	绿茶、红茶、白茶
吉首市	0.57	0.12	60	绿茶、红茶
永顺县	0.98	0.51	140	绿茶、红茶
合计	103.25	79.57	150555	
全省合计	131.22	103.27	177204	
占全省比例(%)	78.7	77.1	85.0	

资料来源:《2016 湖南农村统计》。

(二)茶叶加工

1. 初加工

湖南省内各产茶区的初制加工厂目前多数建在茶园集中种植地区，加工规模基本与茶园面积相适应，由农户或由当地民营独资企业投资建厂或由专业合作社建厂。初制加工厂一般规模较小，加工能力多数在 20 ~ 100 吨/年。2015 年全省有大小茶叶初制加工厂约 2000 家。但近几年由于国家农机购置补贴政策的实施和各种惠农措施的落实，茶叶初制加工厂的设备更新改造速度加快，名优茶机械加工的比例提升，初制加工技术不断提高，一些规模较大、实力较强的企业开始引进国内较先进的自动、机械以及清洁的茶叶加工生产线。在湖南省安化、古丈、石门、桃源、长沙、沅陵等茶叶主产区，茶叶初加工基本实现了机械化或半机械化，部分龙头企业更是实现了茶叶加工的自动化和智能化，如省茶集团、华莱、中茶、湘丰、怡清源等省级龙头企业的加工水平非常先进，甚至在全国都是一流水平。

2. 精加工

20 世纪 90 年代以前，湖南省的茶叶精制加工集中在省茶叶进出口公司下属的 13 家国有茶厂。此后随着我国茶叶流通和出口体制的改革，这些国有茶厂逐渐退出。目前湖南省的茶叶精制加工企业一部分是茶叶出口企业、花茶加工企业的下属企业或者它们的配套企业，从事绿茶、红茶等的精制加工，另一部分是黑茶加工企业，这类企业近年增加很多（参见表 2）。近年来全省茶叶精制加工水平不断提升，标准化、连续化、自动化、智能化比例提高，加工能力进一步提升，茶叶产品质量和安全水平得到提高与保障，2015 年全省新增、扩改了 56 条茶叶精制加工生产线。

表 2　湖南主要茶叶精制加工企业名录

序号	企业	加工茶类
1	湖南省茶业集团股份有限公司	工夫红、红碎茶、珍眉
2	湖南潇湘茶业有限公司	珍眉、花茶坯
3	湖南河西走廊茶业有限公司	工夫红、红碎茶、珍眉
4	湖南湘丰茶业有限公司	工夫红、珍眉
5	湖南省壶瓶山茶业有限公司	珍眉
6	湖南省登富茶厂有限责任公司	珍眉、工夫红、红碎茶
7	湖南金井茶业有限公司	红碎茶
8	湘潭市嘉湘茶叶有限公司	工夫红、珍眉、普洱
9	湖南星火茶业有限公司	珍眉系列
10	湖南浩茗茶业食品有限公司	珍眉、黑茶
11	湖南常德福祥天茶业有限公司	珍眉、工夫红
12	湖南桃源湘北茶业有限公司	珍眉系列
13	湖南省湘乡市茶叶一厂	工夫红茶系列
14	湘乡市东胜茶厂	珍眉、工夫红系列
15	湘乡市湘龙茶业有限公司	工夫红茶系列
16	湖南桃花源茶叶集团有限责任公司	工夫红茶系列
17	湖南鸿大茶叶有限公司	珍眉、红碎茶
18	湖南省老茶人生态有机茶有限公司	珍眉、花茶坯
19	湖南官庄干发茶业有限公司	黑茶
20	临湘市茶业有限责任公司	黑茶
21	桃源县百尼茶庵茶叶有限公司	珍眉
22	湘潭月宫茶叶有限公司	花茶
23	临湘市明伦茶业有限公司	黑茶
24	临湘永巨茶业有限公司	黑茶
25	湖南紫艺茶业有限公司	黑茶

续表

序号	企业	加工茶类
26	湖南自然韵黑茶科技有限公司	黑茶
27	湖南省辰州碣滩茶业有限公司	珍眉系列
28	桃源紫艺茶业有限公司	黑茶
29	岳阳三湘茶业有限公司	黑茶
30	临湘市桃林砖茶厂	黑茶
31	湖南泉笙道茶业有限公司	黑茶
32	湖南华莱生物科技有限公司	黑茶
33	湖南建玲实业有限公司	黑茶
34	湖南省白沙溪茶厂股份有限公司	黑茶
35	安化道然茶业有限公司	黑茶
36	安化县马路茶厂	黑茶
37	安化县怡清源茶业有限公司	黑茶
38	安化县云天阁茶业有限公司	黑茶
39	安化云台山八角茶业有限公司	黑茶
40	湖南安化芙蓉山茶业有限责任公司	黑茶
41	湖南安化国津茶业有限公司	黑茶
42	湖南安化县金峰茶叶有限公司	黑茶
43	湖南久扬茶业有限公司	黑茶
44	湖南利源隆茶业有限责任公司	黑茶
45	湖南梅山黑茶有限公司	黑茶
46	湖南省高马二溪茶叶有限公司	黑茶
47	湖南省千秋界茶业有限公司	黑茶
48	湖南盛唐黑金黑茶发展有限公司	黑茶
49	湖南省云上茶业有限公司	黑茶
50	安化六步溪茶业有限公司	黑茶
51	湖南烟溪天茶茶业有限公司	黑茶
52	中茶湖南安化第一茶厂有限公司	黑茶
53	湖南华茗金湘叶茶业有限公司	黑茶
54	湖南省高马溪茶业有限责任公司	黑茶
55	安化连心岭茶业有限公司	黑茶
56	湖南省安化县晋丰厚茶行有限公司	黑茶
57	湖南黑美人茶业股份有限公司	黑茶
58	湖南省益阳茶厂有限公司	黑茶
59	益阳冠隆誉黑茶发展有限公司	黑茶
60	湖南省雪峰山生态茶业有限公司	黑茶
61	湖南益阳香炉山茶业有限公司	黑茶

3. 深加工

湖南省是我国开展茶叶深加工技术研究和产业化最早的省份之一，20世纪70年代初，在国家外贸部门的支持下，湖南农业大学和中土畜湖南茶叶进出口公司长沙茶厂合作，成功研究开发了速溶茶，并实现了批量出口。此后湖南农业大学茶学学科在茶叶深加工领域不断深化拓展，在速溶茶、茶叶功能成分分离纯化和终端产品研发、植物资源功能成分的开发利用等领域取得了辉煌成就。通过成果转化与辐射，湖南省在茶叶深加工领域保持着技术和产业方面的优势。湖南金农生物资源股份有限公司作为国家级农业产业化龙头企业，是中国最专业的茶及中草药提取物厂家，主要生产凉茶浓缩汁、儿茶素、茶氨酸、EGCG等系列产品，产品远销世界56个国家和地区。随着茶叶深加工领域不断拓展，茶的应用领域不断扩大，以茶叶功能成分为基础开发的新型产品逐渐走俏。近几年，湖南省内企业开发的深加工产品就有：臻溪活力饮（轻轻茶）、道然茶膏、华莱速溶茶、黑茶面膜、大茶沐浴露、冰维斯黑茶饮料、茶陵茶酒等，均形成了一定的产业规模。

湖南省主要的茶叶深加工企业如表3所示。

表3 湖南主要茶叶深加工企业

企业	出口量	特点
湖南金农生物资源股份有限公司	大	中型工厂
湖南省湘茶高科技有限公司	内销为主	中型工厂
湖南华诚生物资源股份有限公司	一般	茶提取物贸易
湖南绿蔓生物科技股份有限公司	一般	茶提取物贸易
路凯(湖南)科技有限公司	主要内销	中小型工厂
湖南三福生物科技有限公司	一般	生产高纯儿茶素单体
湖南远航生物科技有限公司	一般	中小型工厂
湖南康隆生物科技股份有限公司	一般	茶提取物贸易
湖南朗林生物制品有限公司	一般	茶提取物贸易
长沙飞拓植物制品有限公司	一般	茶提取物贸易
长沙华欣科技开发有限公司	内销为主	生产高纯儿茶素单体
株洲晨萃生命科技有限公司	一般	生产/贸易

4. 茶叶加工技术创新

通过茶类加工技术的交叉融合、创新工艺的运用，湖南省不少茶叶企业创新了传统茶类的加工工艺，如黄茶借鉴黑茶工艺，研发了黄金砖、黄金饼、黄金沱等黄茶产品；红茶借鉴乌龙茶工艺，创新了多种高香型工夫红茶；花卷茶、天尖、贡尖、生尖借鉴茯砖茶发花技术开发了金花千两茶、金花天尖等创新产品。在茶机生产方面，进行茶叶装备研发制造的高新技术企业湖南仅有湘丰集团旗下的长沙湘丰智能装备股份有限公司一家，其也是中国茶叶装备行业研发力量以及生产技术最强的企业之一，处于我国高端茶叶加工装备领域的领先地位。公司以汤哲博士为技术核心，吸纳5名博士、10名硕士、18位工程师、21位高级技师组成了一个有电气自动化、机械制造、茶叶工艺等专业高级人才的创新团队，通过与中南大学、中科院、湖南省茶叶研究所等单位联合，持续投入了大量研发经费，不断开拓，不断创新，成功地研制出了拥有自主知识产权的国内首条炒青绿茶初制自动化生产线。该生产线定位于“清洁化、连续化、自动化、数字化、网络化”，旨在替代昂贵的进口设备，降低制茶能耗，实现制茶过程的自动化、数字化和网络化。

二　湖南省茶叶流通与贸易

（一）交易方式

2013年以后，茶叶的流通和贸易领域发生了较大变化，传统的茶叶营销渠道，如茶叶专业批发市场、茶叶专卖店、茶庄等受到电商的冲击，经营难度加大，而通过互联网实行网上销售成为新的热点。许多消费者甚至小的经销商通过网络、微商或线下体验、线上下单实现交易，并出现了茶叶期货和茶交所的物权交割方式与茶金融等新型茶叶交易模式。湖南有数家茶企的产品已经在四川蒙顶山茶交所、湖北陆羽茶交所、广州商品交易所、天津渤海商品交易所、湖南华强艺术品交易中心等交易平台上线。湖南茶叶企业近年积极利用互联网技术推进网上交易，省茶业集团拓宽了觅茶会茶叶电商平台的功能，举办了“2015湖南首届（潇湘）网上茶业博览会”，将其办成了一个永不落幕的茶博会；湖南风华致远“大茶网”2015年“双11”当天创造了3567万元的线上交易业绩，问鼎全国茶叶专业交易网。

（二）茶叶交易市场

湖南省现有的较大规模的茶叶交易市场有长沙神农茶都、长沙茶市、长沙高桥茶城、常德茶叶市场、长沙天华茶城、益阳茶叶大市场、衡阳茶市、衡阳海通茶业城、岳阳茶市、岳阳茶博城、茶陵中国名茶汇、安化黄沙坪茶市、安化盛世茶都等，合计门店约有3000个。2015年长沙神农茶都开始探索“互联网+茶”市场流通业态，并通过网络、微商、个性定制等与传统交易市场的结合，致力于打造集线上线下交易、仓储物流配送、综合检验于一体的大型茶叶交易市场。2015年，湖南主要茶叶市场交易成交额约为20亿元。

（三）茶叶国际贸易

据海关统计数据，2015年湖南省茶叶出口3.56万吨，出口创汇9155万美元，居全国第3位，排在浙江、安徽之后，茶叶出口量和创汇与2014年基本持平。据湖南出入境检验检疫局的统计，2015年湖南辖区内共检验出口茶叶1622批，28210.5吨，8367.2万美元，与2014年相比，批次、数量、货值分别增长了6.1%、16.3%、4.1%。湖南茶叶出口的主要国家（地区）是欧盟（占总出口量的22.4%）和俄罗斯（占总出口量的21.9%），其他还有乌克兰、阿尔及利亚、斯里兰卡、美国、乌兹别克斯坦等50多个国家（地区）。从出口茶类来看，全年绿茶出口21708.8吨，货值为5977.4万美元。红茶出口4595.1吨，货值为1452.4万美元。花茶出口852.6吨，货值为377.4万美元。其他茶叶出口1054.0吨，货值为560.0万美元。

出口是湖南茶产业的重要优势之一，对湖南茶产业发展的贡献率较高，在全国保持多年的优势地位之后，近年湖南茶叶出口也面临多重困难和压力：一是汇率变化、国内劳动力价格上涨、传统出口市场增长缓慢等因素的影响和制约；二是国内的竞争压力，比如近年安徽、福建、湖北、四川、贵州等省茶叶出口增长相对较快，给湖南茶叶出口带来很大挑战。未来随着安化黑茶的崛起，国内黑茶消费大大增加，推动安化黑茶走出国门、走向世界，已经成为湖南省各级茶叶和商务管理部门、黑茶加工企业的工作要点。为积极应对“一带一路”战略带来的新形势、新环境、新机遇，政府部门加大了对黑茶加工企业产品出口的指导，强化产品检验检疫，督促规模以上安化黑茶加工企业取得出口食品生产企业备案证明，推动安化黑茶列入中欧地标产品互保名录等，期望安化黑茶成为湖南茶叶出口新的增长点。

三　湖南省茶叶消费

（一）消费总体状况

2015 年，全省消费各类茶叶 4.06 万吨，其中长沙市 743 万人消费各类茶叶 0.93 万吨。全省茶叶消费平均价格为 120 元/千克左右，长沙市茶叶消费平均价格为 230 元/千克以上。

2. 区域消费特点

2015 年，一项针对湖南人快速消费品消费状况的研究显示，居民对饮料的饮用率较高，其中对茶饮品的饮用率最高；在对消费者喝茶偏好的调查中，结果显示，51.43% 的消费者喜欢喝茶，另有 46% 的被调查者表示一般，其中喜爱喝绿茶品类的占 65%，喜欢喝黑茶的占 13%，喜欢喝铁观音的占 9%，喜欢喝普洱的占 8%，喜欢其他茶类的占 5%。全省人均消费茶叶 0.58 千克，其中长沙市民喝茶量最高，平均为 1.05 千克。

湖南人的茶叶消费特点，一是经济越发达的城市喝茶量越多、喝茶品质越好、消费茶的价格越高；二是城市居民平均比农村居民喝茶量更多、喝茶品质更好、消费茶的价格普遍更高；三是城市居民在办公室、茶室和餐厅等家外场地的茶叶消费量占消费平均数量的 80%，而农村居民在家饮茶的数量占消费平均数量的 85%；四是大城市消费茶类中，绿、黑、青、红、花茶和茶饮料都有一定比例，而县以下农村消费市场绿茶占 90%；五是城市消费者中，由他人赠送的礼品茶或公费消费的茶占其个人消费量的 75%，而农村居民茶叶消费量的 80% 都是自产的或由亲友赠送的。

（二）第三产业

1. 茶旅游

推进茶产业中一、二、三产业的融合，大力发展茶叶观光休闲业，延长茶产业链条是湖南实现千亿茶产业目标的重要手段。2016 年湖南省发改委将“大湘西茶旅融合发展的策略与路径研究”作为重点课题，委托湖南农业大学等院校的专家团队开展茶旅融合发展的理论和实证研究，提出了在大湘西地区打造以各茶旅项目建设为基点，关联大湘西地区其他旅游资源，打造六条大湘西茶旅游精品路线，构建大湘西茶旅品牌的发展思路，以及通过整合大湘西茶旅精品路线，按照“以点成线，由线带面”的思路，打造大湘西全域茶旅游，将“武陵－雪峰”地理概念打造为大湘西茶旅品牌，使“武陵－雪峰”茶旅发展成为像波尔多河谷那样的茶产地和茶旅经济区的战略构想。

安化县是开展茶叶观光旅游较早的县域，依托安化丰富的黑茶历史和文化资源，通过发展茶叶观光业，提高了安化黑茶的影响力，带动了安化黑茶的传播和销售。2015 年 10 月，中国首家黑茶博物馆正式开馆，这是安化县推进茶旅文一体化的重要文化旅游项目，也是目前我国唯一一个以黑茶为主题的博物馆。博物馆占地面积约 10 亩，总投资 4000 多万元，融收藏、展示和观光旅游于一体，是中国黑茶之乡的标志性建筑，成为人们了解黑茶、读懂安化、展示安化人文历史和整体形象的重要窗口。此外，长沙县充分发挥其地理位置优势，依托标准化示范茶园的环境优势，积极探索了茶叶生产与休闲农业结合的新路，成效显著，2015 年春季全县共接待茶园游客达 3.6 万人次。2012 年由湖南茶叶总公司投资建成的湖南省茶叶博物馆，3 年便接待国内外游客 12 万余人。

2. 茶馆业

以"一去二三里，茶馆四五家，楼台六七座，八九十品茶"来形容清代长沙茶馆业的繁华之景再贴切不过。2007 年湖南省茶业协会成立茶馆分会，以期引导规范全省茶馆业，促进湖南茶馆业持续健康发展。至 2015 年，全省有大大小小的茶馆 5 多万家，主要有传统型的清茶馆、时尚型的商务茶馆、饮茶卖茶结合型的茶馆、会所型的私密茶馆、休闲娱乐型的茶馆等几类。其中较具规模的茶馆有近 1 万家，茶馆的从业人员达 30 余万人，2015 年实现的销售收入达到 150 亿元。茶馆成为弘扬湖湘茶文化、普及茶知识、宣传茶产品、促进茶消费、推进千亿湘茶产业建设的重要阵地，同时也是吸纳城乡青年就业的主要服务业之一。

（三）茶文化

1. 茶品牌

2008 年湖南省启动了茶叶品牌建设工程，大大促进了全省茶叶品牌的发展和壮大。截止到 2015 年底，湖南省一共有 21 个茶叶品牌荣获了"中国驰名商标"称号（详见表 4），成为中西部省份中茶叶中国驰名商标最多的省份；有 8 个茶叶品牌在国家工商总局注册了地理标志证明商标，7 个茶品牌被国家质检总局认可为地理标志保护产品，4 个茶叶品牌获得农业部颁发的农产品地理标志（详见表 5、表 6）。其中安化黑茶、岳阳黄茶、碣滩茶 3 个品牌注册了地理标志证明商标，同时也获得地理标志保护产品称号，保靖黄金茶在注册地理标志证明商标的同时进行了农产品地理标志登记。

表 4　湖南省荣获"中国驰名商标"的茶品牌（截至 2015 年底）

序号	品牌	品牌持有人	认定时间	所在地
1	金井	长沙县金井茶厂	2008 年	长沙市
2	君山	湖南省君山银针茶业有限公司	2009 年	岳阳市
3	怡清源	湖南省怡清源茶业有限公司	2009 年	长沙市
4	古洞春	湖南古洞春茶叶有限公司	2010 年	常德市
5	猴王	湖南省猴王茶业有限公司	2010 年	长沙市
6	安化黑茶	安化县茶叶协会	2011 年	益阳市

续表

序号	品牌	品牌持有人	认定时间	所在地
7	古丈毛尖	古丈茶叶发展研究中心	2011 年	湘西自治州
8	湘丰	湖南湘丰茶叶有限公司	2011 年	长沙市
9	白沙溪	湖南省白沙溪茶厂有限责任公司	2012 年	益阳市
10	湘益	益阳茶厂有限公司	2012 年	益阳市
11	石门银峰	石门县茶叶产业协会	2012 年	常德市
12	兰岭	湖南兰岭绿态茶业有限公司	2012 年	岳阳市
13	巴陵春	湖南洞庭山科技发展有限公司	2012 年	岳阳市
14	洞庭	湖南省临湘永巨茶业有限公司	2013 年	岳阳市
15	狗脑贡	湖南资兴东江狗脑贡茶业有限公司	2013 年	郴州市
16	双上绿芽	澧县太青山有机食品有限公司	2013 年	常德市
17	密印寺	湖南沩山湘茗茶叶有限公司	2013 年	长沙市
18	华莱健	湖南华莱生物科技有限公司	2014 年	益阳市
19	洞庭春	岳阳县洞庭春纯天然茶叶有限公司	2014 年	岳阳市
20	玲珑	桂东县玲珑王茶叶开发有限公司	2015 年	郴州市
21	九狮寨	湖南省九狮寨高山茶业有限公司	2015 年	岳阳市

2015 年，湖南省的安化黑茶、石门银峰、古丈毛尖、岳阳黄茶、沅陵碣滩茶五个公共品牌荣获“百年世博中国名茶金奖”；臻溪金毛猴红茶、茶祖三湘红、白沙溪千两茶、君山银针、华莱千两茶、湘益茯茶、紫冰茯茶、润和国茯黑茶、辰州碣滩有机绿茶、干发碣滩茶、烟溪工夫红茶、渠江薄片等十二个产品荣获“百年世博中国名茶金骆驼奖”。

表 5　湖南省注册地理标志证明商标的茶叶品牌（截至 2015 年底）

品牌名称	类型	注册或登记时间
安化黑茶	注册地理标志	2009 年
安化千两茶	注册地理标志	2009 年
桃源大叶茶	注册地理标志	2009 年
保靖黄金茶	注册地理标志	2011 年
岳阳黄茶	注册地理标志	2013 年
临湘黑茶	注册地理标志	2014 年
碣滩茶	注册地理标志	2014 年
桃江绿茶	注册地理标志	2015 年
合计	8 个	

表 6　湖南省申请地理标志产品保护的品牌（截至 2015 年底）

品牌	类型	获批或登记时间	
桃源野茶王	地理标志保护产品	2005 年	其中，获批国家质检总局地理标志保护产品品牌 7 个，农业部农产品地理标志产品 4 个
石门银峰	地理标志保护产品	2006 年	
古丈毛尖	地理标志保护产品	2007 年	
安化黑茶	地理标志保护产品	2009 年	
碣滩茶	地理标志保护产品	2011 年	
玲珑茶	地理标志保护产品	2012 年	
岳阳黄茶	地理标志保护产品	2013 年	
保靖黄金茶	农产品地理标志登记	2010 年	
江华苦茶	农产品地理标志登记	2013 年	
双上绿芽	农产品地理标志登记	2015 年	
桃源红茶	农产品地理标志登记	2015 年	
合计	11 个		

2. **茶业创意产业**

为推进湖南茶业创意产业发展，2015 年由湖南省政协港澳台侨和外事委与民革湖南省委围绕“推动湘茶文化创意产业发展”开展调研，基本厘清了湘茶文化创意产业现状，指出湘茶文创产业要在完善产业链、保护特色技术以及宣传茶品牌等方面进一步发展，湘茶创意产业大有可为。2015 年 10 月，“湖南省茶文化众创空间”在长沙湘茶高科技产业园揭牌成立。目前，茶文化众创空间已搭建茶叶云大数据交易平台、茶文化创意产业创新平台、茶学研究院、金融服务平台以及茶叶种质资源库等专业平台，并将建立茶产业电子商务资源平台，以互联网 + 电子商务的模式激发这些平台的茶产业电子商务、科技金融、创业孵化等社会化服务能力，对完善长沙市和芙蓉区创新创业服务体系起到良好的示范带动作用。自 2015 年开始，长沙市开展了“长沙文创十大工匠‘金手指’传人评选活动”，2016 年首次将手工制茶纳入该活动评选项目。长沙市望城区的铜官，以挖掘唐宋以来在江南享有盛誉的长沙窑（铜官窑）深厚的陶瓷历史文化为出发点，正在形成一个湖南茶器研发与产业化基地。安化多家企业以安化黑茶为原料，开发了各式各样的压制黑茶工艺茶，已广泛应用于旅游纪念饰品、室内装饰品、室内背景墙、室内挂件等方面。

3. 茶文化推广

2015年湖南省举办了三大茶文化活动，盛况空前，社会反响热烈。一是第三届中国湖南·安化黑茶文化节。其以“天下黑茶，神韵安化”为主题，成为安化县有史以来规模最大、影响最大、效果最佳的盛会，参展企业有174家，共洽谈安化黑茶及相关产业投资、贸易合作项目139个，合同总额达83.5亿元，产业投资项目合同引资达60.46亿元。二是2015岳阳第二届黄茶文化节暨岳阳茶业博览会。“君山银针”“北港毛尖”和“巴陵春”等上百种品牌黄茶集中亮相。其进一步扩大了“岳阳黄茶”公共品牌的知名度。三是第七届湖南茶业博览会。“展示湘茶魅力、搭建交流平台、发展茶业经济、扩大茶叶消费”的主题吸引了全国各地茶企、茶商参展参会，六大类茶叶产品齐聚展会。

（四）茶叶教育

为促进中国茶叶企业和国茶品牌的成长，提升茶业经营者的素质已成为当务之急。基于此，2014年底，一批怀着振兴中国茶产业梦想的茶行业业内专家学者，知名茶叶企业和企业家个人共同筹备发起成立了“中国茶业商学院”，以培养兼具茶业深度和商业高度、积极承担社会责任的行业领导者为使命，以期实现融合古今教育、研究和商业实践，促进茶行业的创新和茶产业转型升级，推动中国茶业经济的持续健康发展。各方均对此给予了肯定和大力支持。2015年7月25日，中国茶业商学院在长沙正式宣告成立。中国茶业商学院由湖南茶业集团、云南龙润茶业、四川竹叶青茶业、广东天得茶业、湖南润和茶业、湖北陆羽国际、湖南洞庭山茶业、湖南茶祖印象茶业、广西茂圣茶业、福建品品香茶业、上海鸣龙茶业、北京芬吉茶业、山东圣谷山茶业、湖南湘丰茶业、安徽徽六茶业等20余家国内顶尖茶叶企业共同投资。国际知名茶叶科学家、茶学教育家、湖南农业大学刘仲华教授出任首任院长。2016年3月4日，中国茶业商学院首期总裁研修班举行了开班典礼。参加首期总裁研修班学习的有来自北京、上海、深圳、安徽、浙江、山东、黑龙江、湖北、湖南、辽宁、四川等地的40名学员，涵盖茶叶、茶具、茶城、茶金融、茶平台等涉茶企业的领导与经理人。首期总裁研修班经过6次集中授课后于8月14日举行了结业典礼。根据茶业商学院的办学理念和定位要求，其课程设置强调针对行业痛点和弱点，教学内容注重实用性、融合性和前瞻性，邀请了多位国内行业内外一流的管理和营销专家开设课程，内容涵盖农业政策与茶产业、世界茶业解读、中国茶业商业模式、经营环境与茶企业、上市茶企解读、百年茶企解读、电商茶企解读、茶产业发展规律、品牌战略与茶产业、茶业系统营销、茶业渠道建设、茶业现代传播、饮料与茶产业、红酒与茶产业、海鲜与茶产业、休闲食品与茶产业、现代财务管理、现代复合营销、茶业社会环境与消费经济、茶业+互联网、茶业+金融、中国茶产业发展现状与若干问题思考、站在茶业之外看茶业的本质、企业与企业家成长、解密“竹叶青”等。首期总裁班成功举办之后，在行业内引起巨大反响，很快又开办了第二期。中国茶业商学院的办学思想和办学模式是国内目前茶学教育和商学教育的有益补充，将对中国茶企业管理素质的提高发挥重要作用。

（五）茶叶科研及科技创新

为进一步加强农业科研与生产的对接，2015年8月，湖南省农委启动了省级茶叶产业技术体系的建设工作。茶叶产业技术体系设1名首席专家和育种、植保与栽培、加工与机械化3个专家岗位，并设武陵山区、南岭和罗霄山区、雪峰山区、环洞庭湖区4个综合试验站。主要按照“一个产业一个重点，一个岗位一个项目，一个试验站一个基地”的工作要求，围绕湖南省茶叶产业发展中存在的突出问题，开展技术攻关，工作成效显著。今后几年湖南省茶叶产业技术体系还将在夏秋茶优质化、标准化生产加工技术研究与示范推广方面发力，以解决我国目前夏秋茶利用率低、品质不优、效益不高的难题。此外，2016年湖南茶叶科研领域获得了两大科技进步奖，分别为由湖南农业大学刘仲华教授领衔的团队完成的《黑茶提质增效关键技术创新与产业化应用》以及由湖南省茶叶研究所包小村研究员领衔的团队完成的《特异茶树种质资源黄金茶创新与利用》。2016 年 12 月 12 ~ 13 日，由湖南省茶叶学会主办的以“创新驱动转型升级”为主题的“2016 湖南茶业科技创新论坛”在长沙召开。本次论坛特邀了国内知名茶叶专家刘仲华教授、姜爱芹研究员、包小村研究员，和北京小罐茶公司徐海玉副总裁、福建品品香茶叶公司林振传董事长等企业家，就茶产业如何通过科技创新实现转型升级等进行了专题演讲。

四　湖南各茶类产业分析

在社会经济新常态和供给侧改革的大背景下，如何实现持续健康发展，提高茶叶供给质量和效率，培养茶产业发展新增长点是湖南茶业面临的新挑战。多茶类复合生产一直是湖南省茶产业发展的特色与优势，丰富的茶类产品适应了市场的多样化需求，成为近几年来湖南茶产业逆势增长的重要因素。2015 年全省茶叶产量为 177203 吨，其中绿茶 73258 吨，黑茶 72849 吨，红茶 19668 吨，黄茶 37 吨，其他茶 11391 吨。黑茶、红茶、黄茶、绿茶产量分别排在全国的第 1 位、第 4 位、第 4 位、第 7 位（见表 7）。绿茶、黑茶、红茶依然是湘茶的主体，但黄茶、花茶、白茶，甚至乌龙茶近年都有较好的发展势头。保持湖南主要茶类特色、适度多元发展是湖南茶产业发展的可行选择。

表 7　湖南省四大茶类在全国排名情况（2015 年）

省份	绿茶	排名	红茶	排名	黑茶	排名	黄茶	排名
江苏	12033		2426					
浙江	166502	4	1352		3118	6		
安徽	104755	6	6406					
福建	121239	5	47419	2				
江西	42045		5497		30		20	5
山东	18909							
河南	59026		5828					
湖北	194472	3	30863	3	34759	3	325	1
湖南	73258	7	19668	4	72849	1	37	4

续表

省份	绿茶	排名	红茶	排名	黑茶	排名	黄茶	排名
广东	30344		4738				10	6
广西	42592		13780	5	1567			
海南	364		358					
重庆	30190		3676					
四川	207434	2	4159		11203	4	146	2
贵州	98287		4965		4297	5	42	3
云南	237902	1	52084	1	71191	2		
陕西	53987							
合计	1494644		203220		126323		580	

资料来源：《中国统计年鉴》。

（一）绿茶

2015 年湖南省绿茶产量为 73258 吨，在全国排名第 7 位，占全国绿茶总产量的 4.9%。2011 年以前，绿茶作为湖南省的第一大茶类，占湖南省茶叶总产量的半壁江山。其原因一是与湖南省茶叶种植、加工和消费的习惯有关，绿茶一直是湖南省的主流茶类；二是湖南省所处的北纬 30 度左右的武陵山脉是世界公认的优质绿茶产业带，具有发展优质绿茶的生态和地域优势；三是湖南省拥有保靖黄金茶、碧香早等特质绿茶品种，品种优势突出；四是湖南省绿茶品类丰富，有古丈毛尖、石门银峰、保靖黄金茶、沅陵碣滩茶等绿茶地域公共品牌及产品，且各大类都有一定的产销规模，其质量标准体系也较为完善，同时拥有金井、湘丰、古洞春、怡清源、玲珑王、沩山、羊鹿、云台崖等企业绿茶品牌，在湖南省绿茶市场上均占有较大份额。从 2012 年起，湖南黑茶产业发展迅猛，到 2015 年黑茶产量与绿茶产量基本持平，占全省总产量的 40% 左右。

湖南省的绿茶产区主要分布在一个 U 形的地理区带上，包括南岭山脉、武陵山脉、长岳山丘区以及罗霄山脉，有 25 个县市区属于湖南省茶叶优势区域县（区市）。实际上几乎湖南所有产茶的县区市都有绿茶生产。随着湖南省茶园面积的增加和开采面积的扩大，以及大湘西茶产业的有力推进，绿茶产量还将同步增长，但增速将放缓。受经济大环境的影响，近年国内绿茶市场较低迷，特别是高档绿茶销售不畅，而中低档的大众消费绿茶有较大幅度增长，性价比合理的品牌绿茶的优势日益凸显，预计湖南省各地的优质品牌绿茶产销前景较乐观。

（二）黑茶

黑茶原来是作为边销茶主销西北地区，但近10年来，随着黑茶研究的不断深入，黑茶的保健功能不断被挖掘，黑茶的保健价值逐渐被内地消费者所熟知与接纳，市场逐年扩大，安化黑茶成为这一时期湖南茶业增长的最大动力。湖南黑茶由2005年的9497吨（占全省茶叶总量的13.2%），发展到2015年的72849吨（占全省茶叶总量的41.1%），超过云南普洱茶产量，成为全国黑茶第一大省，占到全国黑茶（含普洱）总产量的57.7%。黑茶的复兴和跨越式发展激发了湖南茶产业发展，成为其有力的催化剂。湖南黑茶以安化黑茶为代表，已成长为区域内规模最大、品牌最响、综合效益最高、带动能力最强的支柱产业，2015年安化县茶叶税收达1.5亿元。

为发挥黑茶产业的带动能力，湖南省布局了雪峰山脉优质黑茶带，包括安化、新化、桃江、桃源、赫山、临湘、资阳等安化周边县区，此外在石门、沅陵、长沙、古丈等县发展黑毛茶原料生产基地。随着湖南黑茶销售市场逐渐转向大众化消费，加之在稳定边销、拓展内销的同时，积极开拓国际市场，市场潜力将进一步释放，黑茶产量有可能超过绿茶产量，成为全省第一大茶类。

（三）红茶

湖南红茶是湖南省第三大茶类，2015年红茶产量排名全国第四，占全省茶叶总产量的11.1%，占全国红茶产量的9.7%；在近年全国兴起高档红茶热的大形势下，湖南红茶不断恢复。湖南省通过探索和改进加工工艺，突破了利用夏秋茶原料加工高香、高档红茶的技术瓶颈后，开发出了一大批高档红茶新产品，形成了具有一定知名度的红茶品牌，全省红茶发展来势很好，量价齐增，成为湖南省茶产业发展的又一亮点。下一步，湖南省拟打造“湖红”省级公共红茶品牌，已制定《“湖红”品牌整合实施方案》，湖南红茶将迎来新一轮发展机遇。湖南省提出以湘南优质红茶带为重点，在湘南地区形成一个优质红茶产业集群。此外，长沙、石门、桃源、安化、平江、沅陵、新化等县市，充分发挥红茶生产的传统和优势，在兼顾绿茶、黑茶、黄茶等茶类生产的同时，开发当地优质红茶，拓展国内外市场，提升了产业的综合效益。

（四）黄茶

据国家统计局数据，2015 年全国黄茶产量只有 580 吨，属于极小茶类，其中湖南省黄茶产量为 37 吨，占全国黄茶产量的 6.4%，位居全国第四。目前湖南省黄茶产业已进入有序开发阶段，“君山”牌黄茶成为中国黄茶标志性品牌。《湖南省茶叶产业发展规划》中提到，要在君山、平江、岳阳、湘阴、汨罗等县市区建设环洞庭湖优质黄茶带，打造“岳阳黄茶”公共品牌。下一步将加快选育推广在湖南省适宜的黄茶品种，通过健全完善黄茶标准体系，统一产品质量标准，加大黄茶产品、包装、品饮方式的创新研究，加大黄茶保健功能的研究和宣传，促进黄茶产业的振兴发展。

五　2015年湖南省茶叶发展主要政策与措施

（一）成立大湘西茶产业促进会，大力推进潇湘茶品牌，促进武陵山片区精准扶贫

茶产业是湖南省尤其是湘西地区传统的优势产业以及农业支柱产业，同时也是农民重要的经济来源，其地位不可替代。为加快大湘西地区农民脱贫致富步伐，在湖南省发展和改革委员会及湖南省农业委员会联合出台《关于加快大湘西地区茶叶公共品牌建设的实施方案》的基础上，为实现大湘

西地区茶叶公共品牌建设工作的具体落实，由湖南省茶叶龙头企业及高校、行业组织、科研单位、大湘西区域茶叶龙头企业联合发起，湖南省大湘西茶产业发展促进会拟通过实行打造一个品牌、实施三大计划、强化七项保障的“一三七”工程，全力打造“潇湘”大湘西茶产业集群品牌。湖南省发改委每年将提供5000万～7000万元的项目资金用于支持湘西地区茶产业的发展，重点支持潇湘品牌的整合和传播，产品质量标准和质量追溯体系的建设，促进会成员企业的茶园基地建设，茶叶加工生产线的改造，潇湘品牌销售网络和门店的建设等。

（二）加大财政扶持力度，促进安化等县特色产业发展

2015年，湖南省把安化县纳入全省第三轮特色县域经济重点县以支持安化黑茶加快发展，省财政每年给特色县域经济重点县安排6000万元，共扶持3年（2015～2017年）。从2007年开始，安化县级财政每年从发改、财政、国土资源、移民开发、工信、农业、林业、扶贫开发等部门整合资金2000万元以上，用于茶园基地建设和对标准化黑毛茶加工厂的奖励和扶持。建立金融机构服务产业发展联席会议制度，及时有效地解决产业发展资金难题，2015年，“助保贷”“互惠贷”等金融创新产品为安化茶企解决融资5700万元。此外，湖南省全力推进“企业联基地、基地联茶农”的开发模式，集聚民间资本发展茶园基地，调动社会各界种茶兴茶的积极性。积极招商引资，协助茶企与维维集团、娃哈哈集团、鲁商集团开展合作，推进了中国黑茶产业园、黄沙坪古茶市、中国黑茶博物馆、盛世茶都·中国黑茶大市场等十大茶业基础设施项目的建设。目前安化县茶园面积从2007年的10.9万亩发展到了2015年的28万亩，茶叶加工企业发展到108家，年加工能力在10万吨以上。黑茶产量2015年达到5.6万吨，茶产业综合产值突破100亿元，税收达到1.5亿元，持续三年过亿元，稳居全国重点产茶县十强，黑茶产量位列全国第一。2015年，“安化黑茶、安化千两茶、安化茶”三个公用品牌的估价升至35.81亿元。

六　2015年湖南省茶叶发展主要关注的问题

（一）规范安化黑茶市场秩序

近10年来，湖南安化黑茶产业迅速复兴和发展，一大批黑茶企业因此快速发展壮大，带动了安化社会经济的全面发展和茶农致富。然而，快速的发展也诱发了一些商家急功近利的行为，市场上的假冒伪劣产品时有出现，给安化黑茶产业的持续健康发展带来十分不利的影响。为此，湖南省、益阳市和安化县政府采取多种措施，规范安化黑茶市场秩序，打击假冒伪劣行为，确保黑茶产业的良性发展。在湖南省科技厅的支持下，安化县建立了设备一流的湖南黑茶质量检测与产业技术服务平台，通过严格的市场质量监控，保证黑茶产品的质量安全。县政府支持企业和种茶大户开展茶园基地良好农业规范、有机产品与绿色产品等认证，建立合格茶园登记发证和产品质量可追溯制度，大力促推茶企机械化、清洁化以及标准化生产。引导企业诚信经营，促进行业自律。

（二）推进茶旅融合一体化发展

茶旅一体化，是一种产业创新模式，它推进了茶产业与旅游业的融合发展，通过茶主题的价值挖掘，以茶资源为内容与载体，将茶园公园化，茶作运动化，茶品商品化，以茶促旅、以旅带茶、茶旅互动，促进茶产业链上的一二三产业融合，实现茶业的转型升级以及综合效益的提高。从2016年开始，湖南省发改委全力推动和支持湖南大湘西地区茶旅一体化的发展，从发展战略研究、茶文化的挖掘传播和资金安排等方面全面推进。目前已经规划发展的茶旅项目有10余个，将在未来几年着力推进大湘西地区的茶旅经济发展。

七　2015年湖南省茶业研究报告主要研究结论

（1）湖南茶叶历史悠久，优势明显，潜力巨大。

（2）结构调整和转型升级势在必行，发展的压力与机遇并存。

（3）政策引导、财政支持与企业主体、市场导向是茶业发展须遵循的基本规律。

（4）稳定规模、优化布局、调整结构、提高品质、增加品项、多元开发是湖南茶产业持续发展的主要抓手。

B.8
重庆茶产业发展研究报告

陈明成　贺　鼎*

摘　要：　从茶叶种植、加工、市场、品牌等领域总结了重庆茶产业的发展，认为茶产业的发展有助于缓解“三农”问题、促进劳动力就业、保护生态环境、推动东部茶叶产业向西部转移，最终提出重庆市发展茶产业的政策举措。

关键词：　重庆　茶产业发展　茶产业热点

重庆市因拥有最适宜茶树的生产和生长的自然环境而成为历史悠久的产茶区。2015 年，重庆茶产业依靠政策支持、市场驱动、科研支撑，在茶叶基地完善、茶科技引进与转化、重庆茶叶品牌创建与推广等方面都取得了长足的进步。目前，重庆市已基本完成了“茶园基地稳步发展、加工业全面提档升级”的阶段性任务，迎来了以“茶品牌建设快速发展、茶叶市场延伸拓展和茶产业链推进建设”为主要任务的发展阶段，推动重庆“十三五”期间茶产业转型升级和脱贫攻坚。

一　2015年全市茶产业发展现状

（一）茶园面积产量产值稳步增长

重庆市已初步建成 3 个茶产业综合示范区，确定了 5 个茶产业重点区县。

* 陈明成，重庆市农业技术推广总站，研究员；贺鼎，重庆市农业技术推广总站，高级农艺师。

示范区名优特早茶，无公害、生态有机茶生产优势突出。据农业部门统计，2015年，重庆市茶园面积达45447公顷，比上年增加1694公顷，增长3.87%，其中：采摘茶园面积31910公顷，无性系良种面积达21972公顷；茶叶总产量为31097吨，比上年增加1717吨，增长5.85%；实现产值17亿元，比上年增加4亿元，增长32%。其中名优茶产量10704吨，产值9亿元，分别较2014年增长5%和25%。实现茶园面积、总产量、总产值全面增长。重点产茶区县情况见表1。

重庆市的无公害茶、绿色食品及有机茶在2015年“有机”“绿色”理念的推动下得到快速发展。无公害茶园面积达15333公顷，而有机茶种植面积达1333公顷，有近300个茶叶产品通过无公害、绿色食品、有机茶认证，获得地理标志认证3个，南川区获“中国名茶之乡”称号，茶叶质量抽检合格率达100%，提高了重庆市茶叶产品的质量安全水平和市场竞争力，提高了产品附加值。同时，重庆作为茶树原产地中心，拥有非常丰富的茶树品种资源，目前保存着上千份茶树品种资源，现有国家级无性系茶树良种48个，其中自主培育国家级茶树良种12个、省级良种3个。

表1　2015年重庆市茶叶重点区县

名称	茶叶产量（吨）	茶园面积（公顷）	品种	主要品牌
永川区	4800.00	4066.00	四川中小叶种、福鼎、蜀永系、巴渝特早、早白尖等	永川秀芽
南川区	3507.00	5333.00	云南大叶种、巴渝特早等	金佛玉翠、南川古树茶
荣昌区	3100.00	2466.00	黔湄系列、云南大叶种、福鼎大白、巴渝特早	天岗玉叶
巴南区	2950.00	2600.00	福鼎大白、巴渝特早、四川中小叶种、名山白毫	定心、巴南银针
酉阳县	2470.00	3366.00	四川中小叶种、福鼎大白茶、巴渝特早	宜居茶
秀山县	1200.00	5333.00	福鼎大白茶、福鼎大白毫	钟灵毛尖
江津区	992.00	1196.00	四川中小叶种、福鼎大白茶、巴渝特早、名山白毫	四面绿针
万州区	760.00	2066.00	福鼎大白茶、巴渝特早、早白光、万州银针	太白银针

注：本表以2015年茶叶产量排序。

（二）茶叶加工业全面提档升级

重庆市茶叶加工业全面提档升级，技术创新有所突破，使重庆市茶叶产量、产值、品质效益得以全面提高。2015 年重庆市主要茶叶加工企业情况如表 2 所示。

表 2　2015 年重庆市主要茶叶加工企业

公司名称	销售额（万元）	茶叶产量（吨）	茶园面积（公顷）	加工能力（吨/年）	品牌
重庆茶业(集团)有限公司	15769.00	1300.00	1366.00	2000.00	定心、巴南
重庆金佛山茶业集团有限公司	6380.00	820.00	886.00	1500.00	金佛玉翠、南川大树茶
重庆翠信茶业有限公司	4800.00	120.00	400.00	150.00	滴翠剑名
重庆市秀山县钟灵茶叶有限公司	3000.00	210.00	533.00	400.00	钟灵
重庆市冠恒农业开发有限公司	2500.00	820.00	367.00	1500.00	仙女红
重庆玉琳茶叶公司	2500.00	720.00	350.00	1300.00	玉琳
重庆云岭茶业科技有限责任公司	1585.00	40.00	100.00	150.00	云岭
重庆市天岗玉叶茶业有限公司	1500.00	100.00	71.00	300.00	天岗玉叶
西南农业大学实验茶厂	1500.00	150.00	—	400.00	西农花茶

注：本表以 2015 年销售额排序。

（三）茶叶市场发展现状

1. 流通方式多样化，电子商务势头强

重庆茶叶交易主要有批发、零售等方式，电子商务作为茶业流通新模式，发展势头强劲。重庆市茶叶产业发展势头迅猛，现有恒康茶叶批发市场、京闽国际茶都、天月茶城、石生国际茶城共 13 万余平方米的茶叶专业市场（详见表 3），入住商户总共达 700 余户，2015 年年交易额在 12 亿元左右。茶叶零售的方式主要是大型超市、专业零售店、大型国有商场（重百、新世纪等）、综合性副食商场和零售店等。重庆主城区年销售茶叶约 5 亿元，其中年销售茶叶最多的为名优绿茶，占比达40%，其次是沱茶和普洱茶、花茶，占比达25%。乌龙茶、红茶等特种茶系列销售量较低，占比约为10%。现有30余家专业茶叶流通公司，有7家以自加工茶和经销茶叶为主且年销售额在1000万元以上的企业（详见表4）。重庆茶叶在国际流通方面主要是对东欧出口低档次红碎茶。据不完全统计，2015年重庆市出口茶叶2900吨，实现创汇200万美元。电商平台主要有在天猫、淘宝、京东等各大平台开设的店铺。

表3　2015年重庆市主要茶叶批发市场

公司名称	年交易量（万吨）	年交易额（亿元）	市场面积（万平方米）
重庆恒康茶叶批发市场	3.00	4.00	3.00
重庆石生国际茶城	3.00	4.00	5.00
重庆京闽国际茶都	1.00	2.00	3.00
重庆天月茶城有限公司	1.00	2.00	2.00

注：本表以2015年交易额排序。

表4　2015年重庆市主要茶叶贸易企业

名称	年销售额（万元）	年交易量（吨）	年出口量（吨）
重庆茶业(集团)有限公司	15769.00	1300.00	—
重庆长城茶叶贸易有限公司	8000.00	900.00	—
重庆金佛山茶业集团有限公司	6380.00	820.00	—
重庆苗品记茶业有限公司	5000.00	650.00	—
重庆翠信茶业有限公司	4800.00	120.00	—
重庆云岭茶业科技有限责任公司	1585.00	42.20	—
重庆市荣昌县宏发茶业有限公司	1100.00	1465.00	1465.00
重庆市荣发茶叶进出口有限公司	450.00	650.00	650.00
重庆市荣昌县兴荣茶叶有限公司	350.00	500.00	500.00

注：本表以2015年销售额排序。

2. 茶叶消费多元化，整体消费渐上升

2015年，在政府的关心支持下，重庆市茶叶文化得到高速发展，茶与健康知识不断普及，因此，越来越多的年轻人加入饮茶行列，茶叶消费呈现出多元化格局，消费整体呈现上升趋势。

据不完全统计，2015 年重庆市城镇居民茶叶消费由 2014 年的 0.85 千克/人增加到 0.9 千克/人，标准化、清洁化的干净茶已被广大消费者认知，中低档产品和具有特色文化内涵的茶叶品牌更具市场竞争力，茶叶销售价格较往年有一定幅度增长。

重庆市茶叶消费主要为绿茶，绿茶突出清洁、安全特性，被广大消费者认知和喜爱，销售不降反升；红茶因口感易被消费者接受且本地对红茶产品进行了大力开发和市场开拓，因此占比也继续上升；花茶、普洱茶等也占据一部分市场；因稀土超标，铁观音的销量呈下降趋势，而传统乌龙茶的销量呈上升趋势，如凤凰单丛、大红袍等品种。

3. 茶旅、茶馆与茶艺等第三产业蓬勃发展

（1）茶旅融合发展快速

在茶旅游资源开发方面，各产茶区县引导和开展的生态茶园旅游使茶园观光游成为部分地区的旅游特色。同时，旅游行程安排会让游客在茶园中深入接触和体验茶文化，其中包括品尝以茶为特色的美味佳肴，体验采茶、制茶、品茶等一系列的茶文化、茶知识。如：重庆西线永川的茶山竹海游，东线长江三峡库区生态游，南川金佛山古茶树祭拜游，巴南、梁平、万盛等城边的休闲生态茶园体验游等，既能推动旅游生态观光茶园发展，又可开发旅游产品，促进旅游大发展。

（2）茶馆发展势头良好

重庆独特悠久的巴渝文化，造就了昔日最具民族风情和民俗特色的茶馆文化，随着社会和时代的加速变迁，茶馆业也随之发生了变化，促进了重庆茶馆茶楼及茶文化服务企业的快速发展。重庆的茶馆、茶楼可分为高、中档和普及型三种，可供应不同的消费群体，三种形式的茶馆、茶楼共有 3000 多家。①高档型。地理环境优越，装修上档次，设施齐全，配套服务完善，为成功人士和商家聚会的主要场所。著名的有苗品记、白鹭原等。②中档型。以清茶馆为主，有江上兰葶、莺花渡等，还有瓷器口和湖广会馆这种以旅游休闲为主的茶楼。其以民族风情为特色吸引了无数中外游客。这类茶馆、茶楼的客人以白领和中上收入水平的人士居多。③普及型。这一类型的茶楼分散在重庆市的各个区域，多用于休闲、娱乐，收费标准低，深受广大工薪阶层的欢迎。如交通茶馆等。

（3）茶艺发展独具特色

近年来随着茶产业的发展和对传统文化的重视，茶文化迅速升温，茶艺培训这一行业也迅速得到发展，涌现出白鹭原、井阳子、荟茗、信睦等茶文化传播机构。它们开展具有特色的少儿茶艺班，初、中、高级茶艺研修班等，在保证“专业”的前提下加强公益性，将茶艺课程引入各类型中高等院校以及众多企事业单位，培养茶艺师、评茶员，为茶企、茶馆输送人才，为茶艺爱好者提供学习平台，积极传播和发扬中国传统文化。

（四）茶叶品牌建设步伐加快，文化建设初步推进

1. 茶叶品牌建设步伐加快

重庆作为历史悠久的产茶区，是巴渝茶文化的发祥地，同时也是中国著名的历史文化名城，有着深厚的文化底蕴。近年来，重庆创建了多个地域特色突出、产品特性鲜明的区域公用品牌和企业品牌，依托大型茶叶集团和茶产业联盟，制定生产规程、加工工艺、品牌使用规则，共同维护品牌形象，提升了渝茶品牌的影响力。如重庆茶业（集团）有限公司。定心、永川秀芽、滴翠剑名三大品牌强势崛起，“重庆沱茶”“南川古树茶”等历史名茶得到恢复与发展，市场占有率和影响力大大提升，品牌建设迈上了历史的新台阶。

2. 茶文化建设初步推进

一是拓展了产业功能。重庆市先后举办了中国·重庆茶旅文化节、永川茶山竹海休闲观光节、巴南休闲茶叶采摘节、南川金佛山古茶树节、茶艺大赛等大型茶事活动 10 余场次，带动了茶叶功能向观光休闲、体验旅游拓展，对二、三产业的发展和推进起到了积极的作用。二是市场驱动了清茶馆、茶文化推广圈层的产生。如传统文化与巴渝文化做得较好的茶艺馆白鹭原，走

现代都市文化道路的苗品记茶馆，茶文化推广与培训做得较好的井杨子、信睦、荟茗茶文化传播机构等，都对从事茶业的人员进行上岗培训，为传承和推广博大精深的巴渝茶文化，为重庆茶业会展业的持续健康发展奠定了很好的基础。社会各界因市场推动提高了对茶叶的认知度，促进了各种资源进入茶产业链的各个环节。

3. 茶叶教育取得成效

重庆地处长江上中游政治中心，科技教育有坚实的基础，大专院校云集，科研院所较多。加大企业与技术推广、教学、科研等部门的合作平台搭建，有利于培养高素质科技人才及促进茶学专业发展。这些机构对茶树原产地、茶树种质资源及品种抗性等进行研究，对茶产业各个环节的重大科技问题和关键技术开展课题研究，建立国家茶叶现代产业技术体系、病虫害预测预报科学家岗位和重庆综合试验站，引进、试验、示范、推广茶叶新品种、新技术，开展技术培训、技术咨询等工作，为重庆市茶叶生产提供了独具特色的科技后盾和技术保障，有利于农业结构调整，促进农村经济发展和农民增收。

二　重庆市茶叶发展主要政策与措施

（一）主要政策

1. 明确统筹地位

根据相关政策，经市级层面明确，重庆市农委统筹指导全市茶产业发展，扶贫、林业、农综、水利、供销等相关部门配合，需要加强部门之间的沟通，使各部门团结一致，联结互动，形成合心力，努力形成对重点区县、企业、平台、项目共同扶持的机制。

2. 有效资金投入

由重庆市农委牵头整合涉农资金，加大对茶产业的投入，重点支持科技创新、品种良繁、茶园建设、加工技术转型升级、品牌建设等。市级特色效益农业资金、市级农发资金只支持示范区和重点区县，重中之重的是示范区。

3. 牵头配套建设

由重庆市农委部门牵头，市农综部门负责对相关茶叶产业基地进行土地整治及基础设施配套，农业担保机构对基地及主体进行金融配套，以项目补贴、风险补偿、贴息贴费、产创基金等方式，对符合条件的主体给予支持。

（二）主要措施

1. 优化区域布局，建设优势产业带

按照《重庆市茶业十二五规划》，实施茶业“振兴计划”，建成全国知名的优质特早名优茶、生态茶、有机茶、高山名优绿茶、有机红茶生产基地，实现茶叶产业向重点优势区域集中。

——武陵山区高山名优茶产业带

以秀山、南川、武隆为重点，建成标准化茶叶示范基地，辐射带动万盛、巴南、黔江、酉阳等区县，大力发展地方特色优质绿茶、红茶和黑茶，重点发展南川大树茶。

——渝西特早名优茶产业带

以永川为重点，建成标准化茶叶示范基地，辐射带动荣昌、江津、合川、铜梁等区县，大力发展早市针形名优绿茶，推动江津富硒茶、荣昌红碎茶的发展，打造全国针形名茶主产区、红碎茶出口重要基地。

——三峡库区生态、有机茶产业带

以万州为重点，建成标准化茶叶示范基地，辐射带动奉节、云阳、巫溪、城口、涪陵等区县，大力开发无公害、生态有机绿茶、红茶，围绕三峡库区生态安全，建立高标准生态旅游茶园。

2. 强化政策扶持，加大资金投入

要优先保障茶叶的生产、加工、物流和销售在土地审批、用地指标及地方收费等方面能获得优惠，将发展茶产业纳入退耕还林范畴，在种苗培育、更新改造、病虫害防控等方面享受与林业同等政策。市、茶叶主产区县设立茶产业发展专项资金，全市每年确保不低于1亿元资金的总体财政支持力度，整合市商委、市水利局、市移民局、市扶贫办等市级部门有关资金支持茶产业链建设。协调支持金融机构加大对茶叶加工企业的信贷支持力度，税务部门对茶企按国家规定给予税收减免。

3. 强化科技支撑，提高产业整体素质

一是加快新品种选育，注重换种改植，促进品种更新换代。二是加强与科研、教育部门合作，加大茶树种质资源的鉴定力度，尤其是对野生大茶树进行种质资源鉴定与保护性开发。三是推进茶叶高产优质标准园的创建工作，坚持整体推进和示范带动相结合，严把新建茶园建园水平和标准，提高茶园种植规模化水平。四是强化科技支撑，实施绿色综合防控技术，大力推行茶园太阳能杀虫灯、黄板诱杀等物理防治和农业生态防治技术，名优茶连续化、清洁化加工制作技术，测土配方施肥技术，GAP良好农业规范可追溯制度以及茶叶现代化生产管理模式等关键技术与制度的示范推广与开发力度。五是开展各类技术培训，推进科技入户，更新知识，培养职业茶农。以科技为动力，全面提高重庆市茶业生产、加工、冷链、深加工、流通等综合开发及信息服务的整体素质。

4. 加快标准化进程，全面提高产品质量

一是广泛宣传，强化标准意识，加大重庆茶叶标准园创建的推进力度和示范带动作用。二是加快质量标准体系建设和贯彻，形成国家标准、行业标准和地方标准、企业标准相配套，并与国际接轨的涵盖产前、产中、产后全过程的茶叶质量标准化体系。三是加快质量监测体系建设，加强过程控制和质量监督。四是充分发挥基层农业部门、专业协会的质量监督和指导作用，促进生产经营者实行标准化生产，确保茶叶产品质量的全面提高。

5. 打造知名品牌，努力推进产业化经营

一是打造知名品牌，全面实施品牌化建设，提高产品知名度、市场竞争力和市场占有率。二是培育壮大龙头企业，形成龙头企业、知名品牌带动产业发展的良好格局。鼓励和引导龙头企业、现有品牌与基地和农户建立稳定的产销协作关系和多种形式的利益联结机制。三是大力引导和发展茶叶生态观光旅游和茶文化产业，把深厚的巴渝茶文化底蕴融入培育重庆地方强势品牌之中，举办不同背景和不同主题的各种规格、层次的茶文化节会活动，以此提升重庆茶叶的知名度和影响力。四是积极发展农村专业合作经济组织，充分发挥农村专业合作经济组织在产业服务、行业自律等方面的作用，提高农民的组织化程度，增强他们抗御市场风险的能力。

6. 实施茶叶市场开拓，健全市场流通体系

进一步支持全市 4 家茶叶专业批发市场的发展和建设，建立茶叶产销信息共享平台。通过举办和参加各种茶叶或农产品节会、茶文化休闲旅游活动等，促销、推广重庆名优茶产品，提升重庆茶叶的知名度。对举办和参加各种茶叶或农产品节会、茶文化休闲旅游活动给予补贴。

三　重庆市茶叶发展主要关注问题

名优茶和大宗茶须实现并轨发展，实现产品的大众化、多样化。产业发展一定要团结起来，形成政府、科研院校、龙头企业、茶叶合作社、茶农大户、茶农的利益共同体，共同促进茶产业的健康、稳定发展。

四　重庆市茶叶发展主要研究结论

（一）促进新农村建设、农业增效、农民增收，统筹城乡发展、精准扶贫的有效途径

重庆是农村依附大城市发展的特殊直辖市，茶业是重庆市重要的优势产业之一。重庆有 37 个区（市）县种茶，茶叶是山区农民重要的收入来源，也是解决农村劳动力就业，带动二、三产业发展，为城乡提供大量就业岗位的一项绿色产业，茶产业在实施国家精准扶贫中具有显著效果，是重庆市农业产业中带动力强、市场前景好、增收增效明显的优势特色产业。

（二）稳定和吸纳山区农村劳动力就业，实现劳动力良性转移的一条“绿色通道”

茶产业是劳动密集型产业，具有从生产、加工、市场到茶文化的完整产业链条，可为一、二、三产业提供大量就业岗位，可承接大量的劳动力。重庆市随着茶产业的发展，将可为社会提供大量就业岗位。按照1人管理0.2公顷茶园计算，45447公顷茶园仅管理一项就可提供35万个就业岗位，可妥善安置大量农民工就地就近就业。同时，茶业还可带动加工业、包装业、物流业、茶馆业、旅游业、茶制品、茶文化等二、三产业的发展，对于促进城乡统筹、提高城市化率、实现劳动力良性转移和社会稳定，都具有十分重要的作用和意义。

（三）茶树是最好的经济生态林木，是确保三峡库区生态安全的有力手段

保护三峡库区生态安全、建设长江流域绿色生态屏障是中央政府赋予重庆的一项重大战略任务，在库区需改造的86.67万公顷坡耕地中有85%属宜茶土地。茶树是一种多年生、四季常青的经济林木，具有强大的呼吸代谢作用，可消耗大量二氧化碳，对净化空气、改善生态环境具有其他经济作物无法比拟的生态效益，对于减弱和抵消环境碳排放和即将实施的碳税贸易都具有十分重要的战略意义。另外茶树发达的根系可以固土蓄水，特别是对防止水土流失等具有重要作用。因此，发展茶业经济，既可发展生态经济，治理生态环境，还可提高城市森林覆盖率，是确保三峡库区生态安全的有力保障。

（四）茶叶产业结构调整加速，重庆市成“东茶西移”承接地

近年来，随着东部沿海地区工业化、城市化发展加快，农村劳动力转移加速，劳动密集型的茶叶生产面临着用工短缺的沉重压力，推动了茶叶生产由福建、浙江等传统沿海产区向中西部地区，特别是西南地区的转移，西南

地区逐步成为全国茶叶生产最集中的区域，贵州、云南、四川的茶叶规模分别跃居全国的第一、第二、第四位，重庆应抓住“东茶西移”的难得机遇，推动重庆茶叶产业较快发展。

（五）本届政府领导高度重视效益农业，重视茶叶发展

茶叶是重庆市经济效益较好的特色农业，是主产区的支柱产业，产业发展得到市委、市政府的高度重视。它们多次召开专题调研、研讨会议，部署安排召开重庆市茶叶产业发展专题会，对在特色效益农业中效益比较高的茶叶产业开展深入研讨，为重庆市的茶产业发展定位导航，推动业界积极谋划产业发展、献计献策。各级政府部门齐抓共管，共同打造，形成合力，将有力推动重庆茶业做大做强。

B.9
安徽茶产业发展研究报告

杨　庆*

摘　要：　对安徽茶产业发展概况进行分析，对茶与第三产业的融合发展进行总结，并梳理了不同茶类的发展情况，在此基础上对已有的政策措施进行归纳，并提出了未来安徽茶产业发展需要关注的问题。

关键词：　安徽　茶产业发展　茶产业政策举措

2013～2015年这三年，在全国茶叶出口市场保持基本稳定的情况下，由于国内茶叶市场消费结构发生重大变化，以名优高档茶产销为主导、政府和集团消费为重要支撑的国内茶叶市场，开始经受严峻的考验，茶产业发展面临了一些新的情况和问题。安徽同全国各产区一样，调整、适应并不断寻求发展成为这一时期工作的核心。

一　安徽茶产业年度情况

（一）安徽茶叶生产日益发展

据2015年年底统计，安徽全省实有茶园面积16.79万公顷，较2014年增长0.8%，较2012年增长12.16%，其中开采面积14.369万公顷，较2014年

* 杨庆，原安徽省农业委员会特色农产品开发处，高级农艺师。

减少0.6%，较2012年增加9.65%；茶叶产量为11.29万吨，较2014年增长1.52%，较2012年增长18.96%。其中各类名优茶3.33万吨，略高于2014年，较2012年增长4.06%。茶叶一产产值为85亿元，较2014年和2012年分别增长11.84%和37.09%，其中名优茶产值为59.5亿元，分别较2014年和2012年增长9.67%和34.52%。安徽省茶园以茶农一家一户管理为主要方式，占安徽省茶园总面积的80%以上。国营茶场和茶叶龙头企业自管及联合农业合作组织集中管理的茶园大约占20%（参见表1、表2）。

表1　2012～2015安徽省茶叶发展基本情况

年份	总面积（万公顷）	开采面积（万公顷）	总产量（万吨）	名优产量（万吨）	总产值（亿元）	名优产值（亿元）
2012	14.969	13.104	9.49	3.20	62.00	44.23
2013	15.532	13.502	10.09	3.16	70.00	49.26
2014	16.656	14.460	11.12	3.32	76.00	54.25
2015	16.790	14.369	11.29	3.33	85.00	59.50
年均±(%)	3.90	3.10	21.60	1.30	11.09	10.39

表2　2015年安徽省茶叶主产市茶叶生产基本情况

地区	总面积（万公顷）	开采面积（万公顷）	总产量（万吨）	总产值（亿元）	单产（千克/公顷）	单产产值（万元/公顷）	茶叶均价（元/千克）
黄山市	5.090	4.614	2.88	30.98	565.80	6.08	107.56
宣城市	2.706	2.369	3.39	10.95	1253.45	4.05	32.29
池州市	1.315	1.094	0.82	6.81	62741	5.18	82.56
安庆市	3.067	2.612	1.28	14.46	417.41	4.72	112.96
六安市	3.584	2.827	2.37	16.72	660.64	4.66	7061
其他市	1.033	0.853	0.55	5.08	530.15	4.81	90.76
合　计	16.790	14.369	11.29	85	672.51	5.06	75.18

安徽省茶园的产地（三品）认证工作，自2001年农业部推行无公害食品行动计划起，坚持至今，得到扎实推进。2010年后，无公害、绿色、有机三项认证面积多年基本稳定在总面积的85%左右。近年来由于新发展面积的逐渐增加其占比有所下降，由85%下降到80%左右。2015年安徽省三

项认证面积 13 万公顷，其中无公害面积为 11 万公顷，绿色面积为 1.4 万公顷，有机面积为 0.6 万公顷。

（二）茶叶企业规模逐步扩大

安徽全省现有各类茶叶生产加工型企业 5800 余家，其中半数以上集中在黄山市。目前，安徽省茶叶企业中有国家级农业龙头企业 3 家，省级龙头企业 53 家。加工经营产值超亿元的 20 余家，黄山市就有 14 家。2014 年 1 月 14 日，谢裕大茶叶股份有限公司在新三板挂牌上市（股票代码 430370），成为国内首家通过中小企业股份转让系统上市的茶叶企业。到 2016 年，安徽已有抱儿钟秀茶业有限公司（2016 年 8 月 15 日挂牌，股票代码 838947）和松萝有机茶叶开发有限公司（2016 年 9 月 5 日挂牌，股票代码 838465）等新三板上市茶叶企业 3 家。

（三）内外销茶加工条件不同

目前总体情况是，内销名优茶加工条件好于外销大宗茶，外销茶的精制加工条件优于初制加工环节。外销茶的初加工条件还有待进一步改进和完善。安徽全省茶叶深加工企业不足 10 家，其中黄山市占 5 家。产品有超微茶粉、茶多酚、茶色素以及奶茶、茶饮料、茶食品等。但由于这些企业大多缺乏自主终端产品，多以深加工原料提供商的面貌面世，且因市场需求等问题，目前都不能完全按照设计标准开工生产。

（四）流通方式以及场所多样

1. 交易方式

交易方式分线上和线下两种方式。线下即传统意义上的产、销地专业市场，企业、农户自产自销，专卖店、连锁店、茶馆茶楼等多种经销形式；线上即电商平台，统称电子商务。线下目前还是主要交易方式。线上经过几年的探索，现已进入理性发展阶段，作为销售的一种新型业态正在被广泛接受，并发挥出应有的作用。如省内线上销售做得较好的上市企业谢裕大茶叶有限公司，2014 年、2015 年和 2016 年连续三年的“双 11”销售额从 300 余万元、500 余万元增加到 685 万元。全年网上销售额从 4000 万元、6000 万元增加到 2016 年的 6500 万元。2015 年安徽茶叶电商销售额居福建、云南、广东和浙江之后，列全国第五位，达 6.7 亿元，呈现快速增长态势。此外，祁红、屯绿、霍山黄茶、花（茉莉）等产品已在渤海商品交易所上市，目前正在加快茶叶实物交售配套设施建设，努力提高线下实物交易量。

2. 交易场所

安徽省的茶叶销售除各市场主体自建渠道销售外，省内各地的产地市场起到了很大的沟通产销、促进销售的支撑作用。截至 2015 年底，安徽省县级及以上正常运作的茶叶专业市场有 20 余个，总经营额在 50 亿元以上。其中地处芜湖市繁昌县峨桥的“江南第一茶市”，近年销量虽有下降，但仍以年销售额 15 亿元左右占据首席。规模次之的是黄山市的黄山茶城，经营额 7.5 亿元，霍山大别山绿色商城经营额在 5 亿元左右。此外，在安徽省城合肥市近年建起的江南茗茶城、华夏茶博城等销区批零茶叶专卖市场也开始发挥作用，如江南茗茶城 2012 年起年交易额已超亿元。

（五）茶叶省内自销兼营外销

安徽茶叶省内消费水平不高，人均不足 1 千克。消费的茶叶以本省茶叶为主。安徽省所产茶叶的消费构成大致是，省内自销 50%、25% 出口、25% 国内调剂。

1. 茶叶内销

茶叶内销分国内、省内。省内分直接消费和作为出口原料茶，大致为 8.5 万吨（其中出口原料近 3 万吨）；国内调剂也分两部分，一是直接消费的，一是作为出口原料的，大致为 3.0 万吨（其中出口原料近 2 万吨）。

2. 茶叶外贸

“十二五”期间，安徽茶叶出口数量在产品质量竞争和接受东部出口产能转移中快速增长，出口茶加工量已达到 15 万吨左右。安徽本省口岸茶叶出口量 2013 年已上升为全国茶叶出口省份的第二位，成为新亮点。据 2015 年的统计，全年安徽省口岸出口茶叶5.65万吨，出口额2.27亿美元。在全国出口茶叶省份中以第二位的名次仅次于浙江省。出口地区以非洲和中东地区为主。安徽省茶叶出口企业有31家，其中出口额100万美元以上的有19家，500万美元以上的有9家，1000万美元以上的有7家。其中黄山市就有一品有机茶业有限公司、松萝有机茶叶开发有限公司、金叶茶业有限公司、开神茶业有限公司和微微茶业（集团）有限公司5家企业出口额超过1000万美元。2015年，黄山市歙县微微茶业（集团）有限公司茶叶出口额达到4330万美元，占安徽省茶叶出口总额的19.07%，继2014年连续两年成为年度茶叶出口额安徽省企业第一。表3显示了2011~2015年安徽省的茶叶出口情况。

表3　2011~2015年安徽茶叶出口情况

年份	出口数量（万吨）	同比增减(%)	出口产值（万美元）	同比增减(%)	出口均价（美元/吨）
2011	2.91	30.49	7956.00	38.94	2734.02
2012	3.32	14.09	10700.00	34.49	3222.89
2013	3.95	18.97	14400.00	34.58	3645.56
2014	4.69	18.73	19451.00	35.07	4147.33
2015	5.65	20.46	22696.00	16.38	4016.99

二　安徽茶与第三产业结合

（一）茶旅结合

安徽茶区主要分布于黄山山脉和大别山山脉，黄山、九华山、齐云山、天柱山等著名旅游区散落其间，太平湖和大别山中的六大水库等水城群星璀璨，以徽州文化为代表的安徽茶文化源远流长、博大精深，自然和历史资源丰富多彩，开展茶休闲观光产业优势明显。安徽的茶休闲观光产业已经起步，皖南地区已向外界成功推出了多条精品茶区旅游线路。地处皖西的六安市，集六安全市之力打造的全域茶旅结合的“六安茶谷”项目正在深入推进。安徽省各地政府及企业集中推出了一批精品茶旅结合项目。如黄山市就有黄山区位于黄山北大门的“现代茶博园”、徽州区“唐模现代农业休闲示范园”、休宁县“荣山示范园”、歙县“蜈蚣岭生态示范园”、屯溪区“红旗茶事体验园”、祁门县“牯牛降金山茶叶生态园”等，还有涉及旌德、绩溪、歙县、休宁、祁门等多地的“古茶道”探秘项目，以及大量的如石台县天方集团推出的“慢庄”农居等形式的“茶家乐”休闲旅游点。茶休闲观光产业正在显示出勃勃的发展生机。

（二）各式茶馆

安徽茶馆业已存在数百年。过去除产茶区有一些外，在沿淮淮北和沿江地区村镇比较多见，是当地人或赶路人休歇聊天的主要场所。后来发展成“江南第一茶市”的江南繁昌县峨桥地区，当地不产茶，但不少人在20世纪90年代前数十年就从皖南茶区贩茶到江北，茶馆就是一个主要销处。峨桥在严管农村经济的年代一度是“投机倒把”的重灾区，这也为峨桥在改革开放后成为茶叶集散地做了解释。目前，江北的沿江地区乡村茶馆已不多见，而沿淮的淮北地区不少地方茶馆还顽强存在。比较出名的有濉溪县临涣古镇的老茶馆。过去鼎盛时期全镇有茶馆二三十家，每天接待几千位客人，逢集时人还要排队等候。到如今仍有老茶馆十多家，店面多为明清式样，古色古香，烧着“老虎灶”，泡着“棒棒茶”（六安瓜片的副产品茶梗），一壶茶几分、几角，高不过一元钱。一坐一天的大有人在，被誉为当地的“慢生活”。另一典型是颍上县江店孜镇双集回民村。该村有村民3100余人，现有茶馆、茶社23家，每天到茶馆、茶社喝茶的就有1000余人，赶上逢集人就更多了，一块钱一壶茶不限时。据考也是历经百年，是个喝茶喝出名的“茶村”。而在省内的大小城市中，纯粹以茶馆为业的已不多见，大多是企业为形象展示而开设的茶馆、茶艺馆、体验馆、专卖店等，喝茶卖茶一体，多数以卖茶为主，这类店估计安徽省超过千家。而其中比较注重茶文化传承和宣传的茶馆和茶艺馆有一些，如合肥市的东方道茶文化艺术馆、茶博堂、天方茶馆、汉唐清茗茶馆、抱儿钟秀茶馆等，芜湖市的陆和村茶馆，黄山市的谢裕大茶馆、猴坑茶馆、老谢家茶馆、六百里茶馆等。数量正在逐渐增多。

（三）文化建设

1. 发展品牌

截至2015年底，安徽全省注册茶叶类商标数超过2000个，其中黄山和六安两市达1650余个。安徽省茶叶已获中国驰名商标15个，证明商标12个，地理标志商标15个，省著名商标107个。另外，由农业部授予农产品地理标志的茶产品有8个。

2. 创意产业

安徽作为古老的产茶区，出产的名茶多，有着底蕴深厚的茶文化，茶区风光绮丽，为茶创意产业的发展提供了有利条件，安徽全省各地都做了大量有益的尝试。目前有几种类型的开展形式：一是产业主体型。直接利用茶叶生产基地或茶加工厂，开发茶知识游项目。让游客通过参观茶叶生产基地或茶叶清洁化加工厂，了解茶叶生产加工过程，并配合一些感性的体验活动，了解茶叶的基本生产加工知识，也从侧面推动茶叶的消费。这一类一些大型企业开展得较好，如黄山市的谢裕大、祥源、松萝等茶叶企业。二是创意产品型。最典型的是黄山市芳生花型茶开发有限公司，数十年研发了数十种被赋予不同文化寓意的花型茶产品，畅销市场，效益可观，并带动了全省数十万茶农致富。天方茶叶集团将茶的理念融入生活的全过程，开发出许多茶衍生产品，如茶用具、茶服饰、茶食品等，很受旅游市场欢迎。另外，天方的农家乐项目“慢庄”，融入了养身和禅修，天方茶艺馆融入了禅学和国学教育，均有不同的立意，开辟了新的市场。三是休闲游乐型。这类主要是直接利用茶区、茶园自然风光开发的“农家乐”。全省目前估计有上千家，黄山市统计就已达500余家。四是茶文化教育型。利用茶博物馆、茶艺馆等开展茶文化活动，普及茶叶知识，推动茶叶消费。

3. 宣传推广

为展示安徽茶区和茶产品的良好形象，每年茶季期间，茶事宣传活动精彩纷呈。六安市自2012年起，连续4年举办了第十二届、第十三届、第十四届及第十五届六安瓜片文化节，黄山市坚持每年在上海和北京举办大型茶叶宣传活动，其他市及重点产茶县区都有各种茶文化或茶宣传活动举行。2014年，为助推安徽名茶的宣传，省财政专项支持省内8家龙头企业，集中在中央电视台宣传安徽的全国四大名茶“黄山毛峰、太平猴魁、六安瓜片和祁门红茶”。《新安晚报》等多家媒体坚持多年配合企业、地方政府开展茶叶类宣传，《安徽日报》联合省农委连续四年组织了宣传专版，开展茶宣传月活动，报道安徽省及各地加快茶产业发展、振兴安徽茶业的情况，激励争先创优。

茶博物馆成为安徽茶文化建设的一大特色，旨在宣扬安徽名茶及悠久的茶文化，塑造茶企文化形象。企业出资建设茶博物馆成为一种新颖的安徽茶文化现象，安徽省内各产区均有建设。在作为徽文化典型代表的黄山市，甚至出现了茶博物馆群。近几年来，由企业兴建的黄山毛峰展览馆、谢裕大茶博馆、太平猴魁茶文化楼、松萝茶文化博物馆、祁红博物馆、花型茶展览馆和中国徽州茶文化博物馆等12家茶博物馆先后对外开放，吸引了大量外地游客前往参观游览。这样集中于一地出现的茶文化展示形式，且档次较高，在全国茶区是较为罕见的，也为宣传安徽的茶产业、茶文化提供了一个新的窗口和交流平台。

三　安徽各茶类产业情况分析

绿茶、红茶、黄茶和黑茶是安徽省出产的四大茶类。在安徽，绿茶是全省性的，而红茶、黄茶和黑茶是区域性的，仅分布在数县。常年产量以绿茶为最多，2015年产绿茶10.42万吨，占安徽省总产量的92.3%。安徽红茶中虽有享誉海内外的祁门红茶，但红茶总产量还不大（历史上曾达到近万吨），2015年产红茶0.64万吨，占总产量的5.7%。黄茶和黑茶共产0.22万吨，仅占总产量的1.9%，且其中黄茶近2000吨，占了90.9%。此外还有一些乌龙茶的生产，年仅几十吨的产量（见表4）。

表 4　2015 年安徽省各类茶叶生产情况

项目	总面积(公顷)	总产量(万吨)	所占比重(%)	比上年增减(%)
合计	167.90	11.29	100	—
绿茶	—	10.42	92.29	+0.77
红茶	—	0.64	5.67	+13.07
黄茶	—	0.20	1.77	—
黑茶	—	0.02	0.17	—
其他茶	—	0.01	0.09	—

（一）安徽绿茶产量最多

绿茶是安徽省出产的第一大茶类。安徽所有茶产区均产绿茶，绿茶产量常年占全省茶叶总产量的 90% 以上。大宗绿茶有名的是“屯绿”“舒绿”“芜绿”等。名优绿茶有“黄山毛峰”“太平猴魁”“六安瓜片”等。2015 年安徽全省绿茶产量 10.42 万吨，占总产量的 92.29%。其中，主供出口的大宗茶类 5 万多吨，名优茶 3 万余吨，内销中低档茶近 2 万吨。

（二）祁门红茶效益提升

祁门红茶是世界三大高香红茶之一。主产自皖南茶区的祁门县、东至县和石台县。附近的贵池区、黟县以及皖西茶区的金寨县也有批量生产。零星生产的还有一些县区。红茶是安徽省出产的第二大茶类。2015 年安徽省共产红茶 0.64 万吨，占全省总产量的 5.67%。产量较为集中，祁门、东至和石台 3 县产 0.54 万吨，占红茶总产量的 84.4%。其中祁门县产红茶 0.25 万吨，为各县区产量最高。红茶总产量中，出口茶占 60% 多，达 4000 余吨，内销比例占 30% 以上。近年祁门县产量中 80% 左右用于内销，经济效益得以较快提升。

（三）霍山黄芽反响良好

霍山黄芽主要是霍山县及周边金寨县、裕安区、金安区少数乡镇生产的黄茶产品，年产 2000 吨左右，占安徽全省茶叶总产量的 2% 不到。产品主要是大枝大叶的黄大茶，主销山东省和山西省等传统市场。近几年霍山县开始恢复传统工艺“霍山黄芽”高档黄茶的生产，开发了“小火黄茶”等新产品，市场反响良好。

（四）少量黑茶未成规模

安徽黑茶主要是祁门县少数乡镇生产的“安茶”［见《中国茶产业发展报告（2014）》安徽部分“安茶”介绍］，年产不足200吨。近年黟县和石台县均有个别企业开始生产少量黑茶，还未形成规模。黟县生产的是引进湖南益阳砖茶生产工艺和机械生产的产品，而石台生产的是仿安茶传统工艺的制品。

（五）其他茶类乌龙为主

安徽的乌龙茶主要是泾县和黄山市屯溪区等地少量生产的乌龙茶，年产50～70吨。泾县生产的是仿闽北乌龙制法的乌龙茶，屯溪区生产的是仿台湾清香型和浓香型的乌龙茶。

四　安徽茶产业发展政策环境分析

（一）茶叶发展主要政策措施

1. 基调不变，持续推进

安徽省政府为加强对安徽省茶产业的领导，在2013年决定建立省政府各部门之间的联席会议制度，由分管副省长牵头，办公室设在省农业委员会。首次会议还邀请了5个重点产茶市的分管领导到会介绍情况，了解省政府的意图。同年安徽省政府在六安市召开了全省加快茶产业发展促进大会，联席会议组成部门和重点产茶市县的分管负责人以及企业、合作社的代表出席了会议。几年来，联席会议基本做到每年召开一次专题会议，研究、制定和分工落实加快茶产业发展的政策措施。从形式上保证全省工作有了一个领导议事核心。

2. 力度不减，加大扶持

为加快推进茶产业发展各项措施的顺利实施，省级整合了多项涉农涉茶资金集中使用。近几年每年从省财政口下达的茶叶专项资金就超2亿元。使无性系茶园建设、清洁化茶加工厂改造、茶机更新、科技服务茶产业、生产社会化服务体系建设等数个重大专项得以持续推行。有力推进了安徽省茶产业工作的开展。“十二五”期间是安徽茶产业获得财政支持力度最大的最有利时期。

3. 鼓励作为，上下联动

鼓励各产茶地方不等不靠，根据各地的特点和需求，积极作为。几年来，在宣传推介方面，各地都打造了一些品牌活动，赢得了很好的市场反响。黄山市从自我开展北京、上海等地的大型宣传活动转向了联合全国有影响的展会或组织共同宣传的方式，进一步拓展了宣传范围和领域。2016年黄山市政府和中国茶业流通协会联合在黄山市举办了“第十二届中国茶业经济年会暨2016黄山茶会”，到会的国内外嘉宾及业内人士有1200多人。会议期间对黄山市茶产业进行了全方位展示，中央电视台《中国新闻》栏目进行了大会报道。六安市以茶为媒、茶旅结合打造的“六安茶谷”项目，推出伊始即引起了各方的关注和追捧，形成全域加快发展茶产业、茶旅结合建设的浓厚氛围。此外，跨行政区域的政企或企业间合作正在兴起。福建“八马”茶业和安徽省金寨县政府“联姻”，和“太平猴魁”知名企业猴坑茶叶有限公司合作，优势互补，共促“六安瓜片”和“太平猴魁”茶的市场拓展。安徽茶叶龙头企业谢裕大茶业，在不放松“黄山毛峰”茶的生产经营外，在“太平猴魁”“祁门红茶”和“六安瓜片”等名茶产地建立基地，全面布局“四大名茶”市场。

（二）茶叶发展主要关注问题

1. 持续高效抓发展的力度不足

全国比较，安徽多年来发展速度滞后，与安徽的产茶历史、资源禀赋、发展潜力严重不符。亟须拿出整体有效的应对之策来破题。联席会议成立几年来，没能明显改变这一局面，安徽茶产业的发展还是一盘散沙，缺乏明确目标，发展乏力，造成省级领导力度和财政支持力度已有减弱之势。究其原因主要还是部门之间职责不明，主管部门主动作为不够，担当缺失，造成工作没有声势，效果欠佳。当前国内茶叶产能增长造成的市场压力越来越大，如何尽快改变现状？切实加强领导、找准发展对策成为行业的当务之急。

2. 市场约束困境的破解问题

2013 年起，“早茶不火、高档不俏、茶价趋民、经年销售”成为国内茶叶市场的新常态。2015 年安徽茶园面积增长停滞，部分主产市面积甚至有所下降，出口市场在经过连续几年快速增长后，也出现了出口额增幅和出口均价双下降等新动向。整个茶产业生产成本高启，茶价下跌，销售难度加大，生产和经营效益在下滑。如何破解这一市场难题，成为全行业的新困惑。

3. 品牌、科技作用的发挥问题

品牌建设和科技支撑在茶产业发展中的重要性是不言而喻的。2012 年安徽省政府专门就茶叶品牌建设下发了意见，拨出专项资金用于科技服务茶产业工作，但几年下来实际效果并不尽如人意。品牌建设究竟应如何抓？科技如何更好地服务茶产业？这些成为需领导层面和业界共同探讨的迫切问题。

（三）茶叶发展主要研究结论

1. 认清形势，强化指导

“十二五”期间安徽省乃至全国范围的茶产业现状表明，持续发展仍是主流。虽然后期开始出现增幅下降，但整个产业和市场还是不断在做大，“内销为主、外销为辅、名优主导”的产业发展格局没有改变。随着促进茶叶消费各项措施的推进，饮茶有益健康知识的不断普及，已建立的饮茶消费规模不会出现大起大落的局面，国内茶叶市场还有一定的上升空间。但不可回避的是，国内生产规模持续扩大，产销已出现一定程度的失衡，产地间的竞争必将加剧。因此，要认清形势，明确重点。安徽的现实是做大难，但做强刻不容缓。要充分发挥联席会议的作用，加强对茶产业发展的协调与领导，尤其是对主管部门的权责监督与工作指导。要充分调动涉茶各级政府和茶界各方的积极性，按照产加销一体的思路，进一步增加投入，夯实茶产业的发展基础；围绕安徽自身特色茶类和各色名茶的资源优势，积极培育和打造产业及产品的核心竞争力；要深耕国内市场，不放松外销市场，积极拓展茶的新消费领域，切实扩大茶叶消费量。以确保安徽茶产业在今后的茶叶市场竞争中占有一席之位。

2. 尊重市场，改革创新

面对市场消费出现的新变化，改革创新是唯一选择。各级政府要努力营造公平竞争发展的市场环境氛围，以“做强”为核心，充分调动和发挥各类市场主体的创造性和能动性，尊重市场规律，排除各种“拍脑袋”类瞎指挥的干扰，不盲目提一些不切实际的口号和指标，保证产业的正常运作。各类市场主体要紧贴市场需求，顺变求变，加快适应市场变化的产品调整升级，加快开发各类市场适销的产品。要在质量安全和节本增效上下足功夫，努力达到消费者满意、自身有效益双赢的结果，保持产业的持续发展。

3. 问题导向，产品突破

要准确把握行业发展大势和本地实际，找准发展方向。对制约发展的重点环节、重点问题，集中力量重点突破。当前和今后一段时间，安徽开拓市场的关键还是产品、品牌和效益。要突出“产品”这个核心，构筑质量安全的保障体系。开发新产品要以消费者需求为核心，以市场为导向，并有针对性地开展宣传推广。要强化品牌意识，政府要创造条件引导各类市场主体围绕特色打造品牌，不要人为划定，急于求成。要加强对科技服务茶产业的指导，近期重点要以质量安全和节本增效技术的应用为主。通过抓点示范推广茶园绿色防控和茶叶机采、机制及加工工艺革新等重点技术。协力打造安徽茶产品特色、安全、高效的核心竞争力。

4. “十三五”预测

在充分评估安徽“十一五”“十二五”的发展实际、省内各产区的发展意愿，以及近几年市场新变化所带来的影响后，我们预测“十三五”期间安徽茶园面积发展速度将进一步趋缓，并极有可能出现发展峰值，即总面积将稳定在18万公顷以下，年均递增1.2%，总新增面积在1.33万公顷（20万亩）以内，年新增0.26万~0.33万公顷（4万~5万亩）。总产量要努力维持一定的增长幅度，力保年均递增 5% ~5.5%（前十年年均近 7%）。要保持现有名优茶总产规模的稳定，主攻中低档外销和内销茶的增产（创造条件吸引安徽省内外的外销茶主营企业增加对安徽省货源的需求，内销中低档茶不断开发出适销产品应市），2020 年安徽省茶叶总产量力争达到 14.5 万 ~15 万吨。茶叶一产产值的增长幅度将大幅下降，争取年增 10% 左右（前十年年均近 20%），2020 年茶叶一产总产值达到 135 亿元左右（参考了国内有关省同规模产量时的产值情况）。出口将保持前十年年均 8% 的增长，2020 年安徽本省口岸的出口量将达 7 万 ~7.5 万吨。

B.10 河南茶产业发展研究报告

张香萍　张久谦　张杰磊*

摘　要：对河南省茶产业发展概况进行了梳理，特别分析了两大优势茶类绿茶和红茶，并总结了河南省茶产业发展的相关政策举措，展望了未来茶产业的发展途径和目标。

关键词：河南　茶产业发展　茶产业政策举措

河南省地处我国中原腹地，茶叶和茶文化发展历史悠久，拥有深厚的茶文化底蕴。河南省是我国部分名优绿茶的盛产地，与此同时，茶叶也是河南西南山区的传统特色优势产业。茶叶的发展促进了农民增收、农业增效，在促进农业结构调整、加快现代农业发展、吸纳农村劳动力就业以及发展循环经济等方面发挥着重要作用。

一　河南省茶产业发展日渐强盛

（一）茶产业基本情况

1. 生产规模逐步扩大

豫南部分城市一直重视茶产业的发展，将其视作传统优势特色产业。河

* 张香萍，河南省经济作物推广站，科长、高级农艺师；张久谦，信阳市茶产业办公室，科长、高级农艺师；张杰磊，信阳市茶产业办公室，农艺师。

南省委、省政府和茶区各级党委、政府始终把茶产业摆在重要的位置，从政策措施上不断加大力度，实现了河南省茶产业的发展具有全面性、快速性和协调性。特别是“十一五”末至“十二五”以来，河南茶产业呈现大发展、大突破、大跨越的新局面，全省平均每年新增茶园面积都在20万亩以上，茶产业规模迅速扩大。据业务部门统计，到2015年底，河南省茶园总面积达到153800公顷，比2009年76666.67公顷增加77133.33公顷，增长了100.61%；采摘面积97693.33公顷；茶叶总产量64900吨，比2009年的33000吨增加31900吨，增长了96.67%；产值为104.78亿元，比2009年的21亿元增加83.78亿元，增长398.95%。红茶产量8548吨，占干毛茶总产量的13.17%；黑茶、白茶、乌龙茶等其他茶类产量近1600吨，产值超过4000万元，占干毛茶总产量的2.47%。茶叶出口量也在逐年增加。

过去，河南省一直是以生产绿茶为主的省份。2010年以后，信阳红茶研发的突破，改变了单一绿茶的生产格局，这一突破促进了各类茶产品的发展，形成了以绿带红，以红促绿，黑、白、青、花茶等茶品类多样化发展的新格局。

2. 绿色有机茶园建设

随着人们生态、环保意识的增强，消费者对茶叶品质的要求越来越高，有机茶成为人们尤其是一些高端人士的首要选择。因此，河南对绿色茶产业的推进更加重视，在政府的关心和推动下，河南省有机茶园的认证面积不断增加，建设管理水平也不断提高。据不完全统计，截至2015年，河南省有机茶园面积达到14966.67公顷，通过有机茶认证的企业有20多家。

3. 区域布局具体情况

河南茶产业受淮河、伏牛山的影响，各地域茶叶生产的适宜性不同。茶叶生产的适宜区有大别山、桐柏山等地区，次适宜区有伏牛山及汉水流域等地区。信阳、南阳和驻马店是河南省的茶叶主产区，这些地区茶叶种植面积和产量占河南省的98%以上。信阳毛尖、桐柏玉叶等已成为具有地域特色的名茶，其生产面积和产量都在不断扩大，区域化、品牌化影响力倍增。最适宜的产茶县（区）主要有信阳浉河区、驻马店驿城区等多个区县。信阳市所管辖的5县两区和省直管县固始县是区域公共品牌——信阳毛尖——的主产区。

4. 产品结构趋向合理

信阳红、桐柏红的高速发展，使河南省的茶产业格局发生了改变，不再以单一的绿茶为主。如今，河南省茶产业已演变为绿茶、红茶、黑茶、青茶、白茶等多茶类共同发展的局面。目前，绿茶生产占主导、红茶生产效益好的红绿相映、比翼齐飞趋势突出，其他茶类生产更是迎合了消费群体多元化的需求。与此同时，有条件的茶叶企业也开始在茶叶资源利用和茶叶相关产业等领域进行研究，研发应用成效喜人，以信阳毛尖为原料的保健产品、食品、饮料等深加工产品已投放市场。茶叶已不再拘泥于传统茶饮品而是多元化发展，夏秋茶较苦涩，但可用于深加工，提升茶产业的后发优势和品牌内涵优势，以产品结构的合理带动产品价值的实现。

（二）加工及销售现状

河南生产信阳毛尖，加工工艺一般为烘青绿茶。此外，河南还生产较多地方名茶，如仰天雪绿、桐柏玉叶、信阳红、桐柏红等红绿茶。近年新开发生产的新林玉露、申林玉露及五云蒸青茶则属蒸青绿茶，三家企业在引进吸收现代化自动化蒸青茶叶生产线的同时，加大技术创新和产品创新力度，形成了品质稳定的系列产品，并已逐步占领了省内及省外消费市场。

河南省茶叶的产值和价格，在全国属中上层次。信阳毛尖和信阳红等高档茶的销售价格均在300元/千克以上，少量精品茶最高销售价格可达8000元/千克以上。信阳毛尖和信阳红的需求主要在河南省内，北、上、广等一线城市以及东北、西北等地也有销售，而其他地方名茶则以省内销售为主。河南省茶叶出口以绿茶为主，销往乌兹别克斯坦、阿尔及利亚、塞内加尔、俄罗斯等国。2015年经香港出口信阳红茶5.55吨，主要销往东南亚各国。

（三）茶品牌不断创建

河南茶叶经过地方政府的支持，龙头企业的精心打造，已形成知名品牌

60 多个，其中“龙潭”“文新”“蓝天玉叶”“九华山”“仰天雪绿”等为中国驰名商标，“五云山”“淮源”“佛灵山”“光州”“仙灵”“新林玉露”“其鹏”“申林”“桐柏玉叶”等为河南省著名商标。2015 年 4 月，经浙江大学农业品牌研究中心评估，信阳毛尖的品牌价值达到 55.73 亿元，居全国第 3 位。

在消费需求多元化的现实情况下，如何保持茶产业持续健康发展？如何打造河南茶强势品牌？河南茶人在转变发展观念、拓宽思路、提高产品质量、以品牌经济为发展导向和主体路径等方面下功夫，将区位优势、资源优势、文化优势转化为品牌效益，打造品牌形象，提升品牌价值。在品牌创建上遵循三个原则：一是依托良好的生态环境，坚持“因地制宜，合理布局，相对集中，适度规模”的原则。根据一定的标准改造茶园，使茶园成为生态观光旅游产品，围绕茶叶主导产业开展农业结构调整。二是坚持扶优做大做强的原则。对经营名优茶或大宗茶且拥有商标、茶园基地，获得相关茶叶质量或质量体系认证的龙头企业政府应当优先扶持。信阳五云、文新、蓝天、卢氏、新林、申林、九华山、仰天雪绿、广义、佛灵山、灵山、金刚碧绿、南阳淮源等茶企业，采取合作、融资、并购等方式，拥有了较强的竞争力、带动力，推动了河南茶产业的不断升级。三是坚持政府引导、市场导向的原则。河南省大力开展“信阳毛尖”“信阳红”“桐柏玉叶”“桐柏红”等区域公用品牌的保护，积极宣传九华山、仰天雪绿等地方茶品牌，加强对全省茶叶知名商标的管理，多层次、全方位宣传保护河南茶叶品牌。各级地方政府，对茶叶生产加工企业申报中国驰名商标、河南著名商标等情况的，制定扶持政策，激励企业加大对品牌的创建和宣传力度。在品牌宣传上信阳市、南阳市各有特色。

信阳市。一是举办一年一届的信阳国际茶文化节。信阳茶文化节在国内茶叶节会活动中的影响逐年提升，得到国内外茶叶组织、茶商和茶叶专家学者的高度评价，活动的知名度不断提高，省内外宣传效果明显。二是增加全国各地茶叶节、会活动的参与量，提升影响力。信阳市组织企业有选择性地参与了省内外知名的茶博会、展销会和推介会，在沟通交流中开展产品推介品鉴活动，大力宣传信阳茶的品质特点、市场认知度和消费群体拓展力。三是组团参加一年一度的全国茶业经济年会。信阳市及市内企业多次获得“中国茶叶行业百强企业”“全国十大重点产茶县”“全国十大转型升级示范县”“全国农业（茶叶）标准化示范县”“全国十大生态产茶县”“中国茶叶连锁企业十强”“全国十大茶叶专业合作社”等荣誉称号，取得了丰硕成果。四是借助媒体力量，增强知名度。充分发挥传统媒体和新媒体受众多、传播快、印象直观等特点的优势，各茶叶企业根据自身条件选择在不同等级的媒体上进行广告宣传。浉河区开展了“全国中小学生少儿茶艺邀请赛”茶文化进校园等活动。

南阳市。为增强南阳茶品牌的知名度和影响力，南阳市积极组织参加河南省名优茶评比活动，截至2015年，南阳市分别举办了四届南阳名优茶评比活动。南阳市是河南茶叶发展潜力最大的地区，扩大生产基地、创建地方品牌、努力开拓市场、融入休闲旅游的思路，符合南阳市茶叶的可持续发展路径。南阳茶叶的文化内涵、自然资源和品质特点都有着鲜明的地方特色，通过加大对“桐柏玉叶”“桐柏红”等影响力较大品牌的重点宣传，可进一步引导茶叶企业走出去；通过加大地方名茶在当地广播上、电视上、报纸上、网络上的宣传，可扩大地方消费群体，提高地方茶在当地的知名度，逐渐让地方名茶家喻户晓。

（四）茶旅游、茶艺发展

河南力推独具特色的旅游产业，发展茶旅游，使旅游产业和茶产业共同作用推动经济发展。现已形成环南湾湖百里茶廊旅游、南湾湖大型茶岛景点游、茶旅游生态观光园、新县革命老区游等项目。信阳市充分发挥茶叶生产大市的优势，在城市规划布局建设上，将茶文化的精神融入建设理念，突出地方特色，建设了茶之韵广场、茶文化一条街、信阳茶坛、郝堂茶人家等一批茶文化旅游点，开展了以茶叶种植、生产、品鉴，文化鉴赏等为主的茶乡风情旅游。一路走来一路茶的魅力茶乡情，很好地实现了茶产业一、二、三产的大融合发展。开封和济源分别推动了宋朝与茶文化、卢仝与茶文化休闲游。茶叶评比赛、茶艺表演、斗茶大赛、茶艺进校门等一系列围绕茶艺的活动也频繁开展。

二　河南红茶绿茶发展现状

（一）河南绿茶（信阳毛尖）

1. 绿茶生产情况

河南绿茶是河南茶的主导产品和优势产品，2015 年绿茶产量 49429 吨，占茶叶总产量的 83%，产值为 88.84 亿元，占总产值的 84.79%。

信阳毛尖主产于河南省信阳市，信阳是全国著名的名优绿茶生产区，在全国地级市的茶叶种植面积中排第二位，是我国北方茶区最大的绿茶生产基地和无公害、绿色、有机茶生产适宜区。

2015 年河南省绿茶主要产茶县（区）情况见表 1。

表 1　2015 年河南省绿茶主要产茶县（区）统计

县区	茶园面积（公顷）	绿茶产量（吨）	绿茶产值（万元）
浉河区	40000.00	18750.00	397500.00
平桥区	7666.67	1580.00	36220.00
罗山县	17600.00	4842.00	79228.00
潢川县	11333.33	1520.00	41200.00
光山县	15666.67	6542.00	56000.00
商城县	14666.67	5800.00	58952.00
新县	20000.00	4500.00	97200.00
固始县（省直管县）	9466.67	4300.00	70000.00
桐柏县	5733.33	1330.00	29840.00
合计	142133.34	49164.00	866140.00

资料来源：信阳市茶产业办公室，南阳市经作站，固始县特产局。

2. 加工发展现状

2015 年，信阳拥有 1000 多家茶叶加工企业。其中，经工商注册的企业有 600 多家，有 QS 认证的有近 70 家，深加工企业有 17 家，以出口为主的企业有 7 家。

2015 年部分茶叶企业基本情况见表 2。

表 2　2015 年部分茶叶企业基本情况统计

企业名称	年销售额（万元）	年加工量（吨）	自有茶园面积（公顷）
罗山县灵山茶业有限责任公司	24037.96	379.38	2666.67
信阳市文新茶叶有限责任公司	23000.00	100.00	233.33
河南省新林茶业有限公司	14800.00	630.00	100.00
信阳市粒粒香茶叶有限公司	12000.00	600.00	666.67
河南九华山茶业有限公司	14094.00	500.00	1073.33
信阳申林茶业开发有限公司	12000.00	300.00	2000.00
信阳市广义茶叶有限公司	12000.00	160.00	866.67
河南仰天雪绿茶叶有限公司	6675.00	300.00	320.00
信阳十八盘茶业有限公司	6311.00	280.00	300.00
信阳龙潭茶叶有限公司	6000.00	130.00	10000.00
信阳佛灵山生态茶叶有限公司	5690.00	320.00	2000.00
河南蓝天生态茶业有限公司	5652.00	300.00	2333.33

资料来源：信阳市茶产业办公室、固始县特产局。

3. 茶叶市场概况

2013 年，农业部正式授予信阳国际茶城“国家级信阳茶叶市场”称号，这是全国唯一一家政府部门认可的国家级茶叶原产地批发市场。2014 年，农业部授牌信阳国际茶城为“国家级茶叶市场”。2016 年 9 月，农业部与河南省政府签署了《共同支持国家级信阳茶叶市场建设合作备忘录》，这预示着国家级茶叶市场——信阳国际茶城——的建设工作进入了快车道，将极大推动国家级信阳茶叶市场的建设进程。目前，全国已有 300 多家茶企入驻国际茶城，并且与 100 多个县、乡茶叶市场相结合，联系省内外茶商，构成了产销结合的市场体系。

2015 年，郑州市茶叶市场已发展到 30 多个，形成了市场集群。郑州国香茶城被国家商务部命名为特色茶叶商业街，成为全国知名的茶叶市场品牌。

河南省每个产茶县都设有多级交易市场，信阳市主要市场的面积和年交易量如表 3 所示。茶叶门店和茶艺馆遍布城市、乡镇的各个街道，信阳市部分知名茶馆的名称、数量与分布如表 4 所示。

表 3　2015 年信阳市主要茶叶交易市场统计

市场名称	所在位置	市场面积（平方米）	年交易量（吨）	年交易额（万元）
大别山茶市	光山县白雀园镇	33350.00	3000.00	26000.00
杨帆茶叶市场	净居寺管理区杨帆街道	35000.00	350.00	2000.00
新县八里茶乡商贸城	新县八里畈街	10000.00	400.00	17000.00
北京南路茶文化街	浉河区北京南路	4000.00	30.00	8000.00
董家河镇茶叶市场	浉河区董家河镇董家河街	10000.00	60.00	13600.00
浉河港镇茶叶市场	浉河港镇浉河港街	10000.00	65.00	14000.00
谭家河乡茶叶市场	浉河区谭家河乡谭家河街	8000.00	50.00	10000.00
东双河镇茶叶市场	浉河区东双河镇	10000.00	60.00	10000.00

资料来源：信阳市茶产业办公室。

表 4　2015 年河南省信阳市知名茶馆

名称	营业面积（平方米）	连锁店数量（个）	分布区域
文新茶艺馆	2000.00	100	北京、河南
蓝天茗茶	3000.00	50	河南
龙潭茶业	2000.00	30	北京、河南、信阳
祥云茶业	500.00	15	信阳
茗阳茶业	2000.00	20	信阳、商城

资料来源：信阳市茶产业办公室。

4. 出口情况

开拓国内外市场，让信阳茶走出国门打入国际市场，是信阳茶发展的必经之路，信阳市检验检疫局利用信息管理等优势，积极参与信阳茶国际市场的开拓。2015 年，信阳市茶叶自营出口 3650.09 吨，货值 859.42 万美元。主要出口的茶企有卢氏集团、九拓信阳红茶业公司、光州茶业有限公司、新县华隆茶业有限公司等五家公司。这些企业都通过了《ISO9000 质量体系认证》等质量管理体系认证，通过了河南省出入境检验检疫局批准，通过了国家质检总局认可的卫生质量管理体系，同时生产标准符合 QS 质量认证管理体系。河南省突出绿茶优势，主要出口到乌兹别克斯坦、阿尔及利亚、塞内加尔、尼日利亚、俄罗斯、韩国等。信阳市 2015 年茶叶出口详情见表 5。

表5　信阳市2015年茶叶出口情况汇总

输往国家地区	商品统计分类名称	重量(吨)	货物总值(万美元)	涉及批次
阿尔及利亚	绿茶	666.60	257.76	19
乌兹别克斯坦	绿茶	1509.90	235.29	17
塞内加尔	绿茶	264.00	104.83	6
科特迪瓦	绿茶	144.00	54.64	2
乍得	绿茶	474.50	52.96	4
冈比亚	绿茶	120.00	44.72	2
沙特阿拉伯	绿茶	130.00	32.86	6
摩洛哥	绿茶	47.34	17.30	1
俄罗斯	绿茶	128.00	16.43	5
利比亚	绿茶	30.00	14.85	1
尼日尔	绿茶	24.00	9.24	1
尼日利亚	绿茶	50.90	7.89	1
塔吉克斯坦	绿茶	36.45	6.15	1
格鲁吉亚	绿茶	22.00	3.30	1
哥伦比亚	绿茶	2.40	1.20	1
合计		3650.09	859.42	68

资料来源：信阳市茶产业办公室。

5. 品牌发展建设

2015年，信阳市政府根据茶产业发展的实际，率先提出开展品牌推进战略，坚持将“信阳毛尖”和“信阳红”公用品牌利用好、保护好作为总基调，支持激励茶企业创建新的企业品牌，通过加强对企业品牌在茶叶品质、质量安全、追溯管理、售后服务等方面的强化监督，逐步形成了一批诚信度高、消费群体青睐的茶叶品牌，品牌化发展迈出了坚实的一步。目前信阳市的7个中国驰名商标、14个省级著名商标得到社会的充分认可。龙潭、文新、蓝天等大型茶叶龙头企业，注重对企业品牌的精心培育，在河南全省18个地市以及全国主要城市，统一店面装修和布局，建立统一品牌形象店100多个、营销网点1000多个，固化企业品牌对消费者的吸引力和渗透力，使品牌特殊形象在消费者心中深深扎根。主导产品信阳毛尖的品牌价值继续被社会高度认可，2015年达到57.33亿元，位居全国第二。2014年，信阳毛尖茶制作技艺入选国家级非物质文化遗产名录。

信阳市的主要茶叶加工企业如表6所示。

表6 信阳市主要茶叶加工企业

名称	茶叶品牌
信阳龙潭茶叶有限公司	龙潭、五云
信阳市文新茶叶有限责任公司	文新
河南仰天雪绿茶叶有限公司	仰天雪绿
罗山县灵山茶业有限责任公司	仙灵
河南申林茶业有限公司	申林玉露
河南新林茶业有限公司	新林玉露
河南九华山茶叶有限公司	九华山
河南蓝天茶业有限公司	蓝天
河南信阳卢氏茶叶有限公司	红龙
信阳市广义茶叶有限责任公司	广义

资料来源：信阳市茶产业办公室。

（二）河南红茶

河南红茶研发发展晚，品质特点独特。2010年信阳红试制成功，2011年信阳红大规模生产。接着，桐柏红也相继研发成功走向市场。2012年12月，国家工商总局批准了“信阳红”的证明商标。五云、文新、九拓、灵山、佛灵山、光州、仰天雪绿、盘古溪、丹峰、山野茶等企业都有红茶生产。据业务部门统计，2015年，全省红茶产量为8548吨，产值达14.62亿元。

三 河南茶叶发展主要政策措施

茶叶是主产茶区的支柱产业，茶叶发展对当地经济社会发展意义重大，信阳、南阳两市政府都高度重视本地区茶产业的发展，专门制订茶产业发展规划，配套支持政策，加快茶产业的稳步发展。

（一）出台优惠政策

2015年，根据《河南省茶产业发展规划（2011～2020年）》的要求，信阳市政府专门出台了《信阳市茶叶品牌创建及市场开拓奖励办法》。信阳市政府每年拿出300万元专项资金，对信阳市茶叶品牌创建及市场开拓工作进行奖励，对获得国家驰名商标、省著名商标和中国名牌产品称号及积极开展宣传推介活动的企业予以奖励。2015年南阳市桐柏县委、县政府明确了茶叶品牌创建的奖励政策，县政府每年列支100万元，鼓励茶企业进行宣传广告、产品推介、参加节会、举办比赛、参加培训交流等活动，进一步提高桐柏茶叶品牌的知名度和影响力。同时，鼓励企业开展“三品一标”认证，对获得国家级权威机构绿色食品及有机食品与地理标志产品认证的、获得中国驰名商标和国家优质农产品称号的、获得QS及ISO质量体系认证的企业或产品分别进行奖励。淅川县则规定，对获得国家2A、3A、4A、5A级旅游景区的茶园进行奖励，对获奖的茶企业以及获得奖牌、认证的茶园给予奖励。西峡、内乡等茶叶主产县也都制定了相应的扶持政策。

（二）创新发展机制

河南茶企坚持走“公司+基地+农户”“合作社+基地+农户”的新路子，通过设立茶产业发展专项资金、整合项目资金、引入“回归工程”、招商引资、龙头带动等形式发展茶产业。发展机制不断创新，有效解决了制约茶产业发展的资金、土地等问题，使茶产业发展的路子越走越宽广。各地充分利用有关土地流转的政策，将荒山荒坡及杂灌林地集中流转给企业和大户，实现规模化发展，取得了明显成效。它们坚持新发展茶园尽量集中连片，茶区土地流转率达到80%以上。流转后发展新茶园，可以实现统一种植、统一管理、统一生产、统一经营，有效开展产业化经营，积极应对小生产大市场的风险，实现生产得好、卖得好、农户利益和企业利益兼顾的共赢。

（三）培育龙头企业

茶叶具有高度商品化的特性，龙头企业是销售的主渠道，解决龙头企业的升级、投融资、销售等问题是提高带动力的关键。河南省通过项目资金整合支持，协调金融部门贷款支持，培育“公司+农户”“合作社+农户”等模式，发展壮大了一批国家级和省级、市级茶叶龙头企业和茶叶专业合作社，增强了它们自我发展的内生大动力，帮助引导茶农从事标准化、规范化茶叶生产，扩大市场需求，实现合作化发展，带动茶叶产业经济的整体发展。

（四）强化质量安全

2013年，信阳市政府通过政府推动、企业联动，在茶企中全面开展茶叶产品质量可追溯体系示范推广，加强种植、管理、采摘、加工、储藏等全程茶叶质量安全管控。启动实施了对信阳毛尖茶采摘指数的预报及对外发布。摸清当地茶叶生产气象、土肥、水等状况，在主要产茶县区选择观测点进行实时观测，指导茶企茶农及时分批采摘春茶，使信阳毛尖产品得到有效保护，有效防止了仿制信阳毛尖的行为，切实维护了广大生产者和消费者的利益，经济效益社会效益十分显著。

四　河南茶叶发展主要关注问题

总体上看，经过多年的努力，以“信阳毛尖”“信阳红”等品牌为代表的河南茶的知名度和影响力不断提升，市场不断拓展，河南茶走出去的步伐更加坚实有力。基地建设规模化、集约化、生态化水平进一步提升，生产加工标准化、连续化、自动化水平明显增强，企业加速集群集聚发展，产业竞争力不断增强，进一步奠定了信阳毛尖在全国的重要地位。但是，从国内外产销形势看，茶产业既面临发展机遇，也面临发展挑战，面积快速扩大、产能即将释放对市场冲击很大的问题普遍存在，产品结构性矛盾和市场开拓不足的矛盾短期难以化解，传统茶叶产区和新兴茶叶产区发展不平衡、竞争激烈，企业适应市场调整产品结构、调整营销渠道、调整利益分配的压力不断增大。从河南来看，茶产业发展仍面临诸多困境。

一是茶叶消费市场变化剧烈，河南茶产业调整的步伐和企业应对的速度还不能完全与之相适应；二是茶叶市场竞争激烈，茶产品尚未形成足够的价格优势、成本优势和品牌优势；三是茶产业效益的提升进入平台期，单位面积茶园的产量、质量和效益提高缓慢；四是茶叶资源的利用率还很低，面向普通消费者的大宗茶叶品类开发不够丰富，市场占有率还有待提高；五是茶企业、茶行业对“互联网＋”的理解、运用还不充分，对新兴市场的适应性和反应不够；六是保障茶叶质量安全的配套措施需要完善，在茶树病虫害防治、茶叶质量可追溯等方面还未实现全覆盖；七是茶叶机械使用率不高，生产标准化程度较低，标准化加工厂配套建设亟须加强，劳动生产率低，生产成本逐年提高；八是茶叶龙头企业的培育还需重点加强；九是茶产业链条延伸不够，茶叶综合开发与深度利用不足，茶文化旅游开发尚处于起步阶段。

五　河南茶叶发展主要研究结论

（一）产品结构调整是加快转型升级的必要途径

近两年，茶叶市场出现了一些波动，茶叶的消费需求发生了变化。从这个意义上讲，茶叶需求端进行深度调整是茶产业发展的历史必然。随着人们对茶叶认识的深入，茶叶将会受到更多的欢迎，总体消费需求呈刚性增长的趋势将不会改变，但茶叶产销将不断回归理性。为此，必须利用互联网、大数据等新型资源手段，研究分析形势，寻求市场认可、消费者认可的产品结构，利用变化中的对等信息，开展茶产业供给侧改革，开展茶产品结构细分，生产面向潜力巨大的普通消费者的大宗茶叶产品，推出性价比高的、价格适中的茶叶分类品种，迎合广大消费者的需求。

（二）标准化生产是产业提升的目标

茶叶的标准化生产能有效促进茶叶的质量安全和品质稳定，还能提高生产效率、降低生产成本、提高资源利用率、提升产业效益，是实现河南省茶产业持续健康发展的正确道路。应继续开展国家标准、地方标准、企业标准的配套研究推广，制定适宜在河南省推广的基地建设、茶园管理、生产加工、产品包装、仓储物流、市场销售等各个环节的标准，以及可以落地的制度和监管措施，建立健全茶叶按标生产、按标销售、管理配套、监督到位的有效体系，实现全程标准化运行。

（三）建设品牌，开拓市场，发展壮大茶产业

进一步加强对“信阳毛尖”“信阳红”“桐柏玉叶”和“桐柏红”等公用品牌的维护，鼓励企业创建自主品牌，树立河南茶品牌形象。信阳市将继续对2016年度全市茶叶品牌建设和市场开拓工作进行表彰奖励。组织茶企业参加北京、厦门、郑州等地的茶博会、展销会、推介会以及中国茶业经济年会，坚持以巩固和扩大省内市场份额，积极抢占国内外市场份额为导向，对河南茶系列品牌进行价值评估，提出培育优先顺序，进一步提升不同层次品牌的应有影响力。

（四）延伸产业链条，壮大茶产业

河南省要以“信阳毛尖”“信阳红”“桐柏玉叶”“桐柏红”为主导，积极开展茶类多元化生产，增加夏秋茶的生产和利用，大力发展精、深加工产品，高附加值产品，多元化产品，不断延伸茶产业链条，提升茶叶产量和效益。大力开发茶文化旅游，努力研发具有信阳、南阳特色的茶文化旅游产品，提高茶文化旅游的知名度和影响力。与中茶所合作，支持浉河区打造“一茶一湖”新名片，以茶文化旅游带动经济社会发展。

参考文献

《河南省茶产业发展规划（2011～2020年）》。

B.11
广东茶产业发展研究报告

黄建璋　李新家　尹北晖　郑如钦　曹潘荣*

摘　要：　对广东省茶产业的生产加工情况进行了分析，展望了未来发展的新趋势，总结了广东茶产业发展存在的问题。

关键词：　广东　茶产业发展　茶产业问题

近年来，广东继续保持茶叶生产大省、销售和消费大省的基本地位。其间，茶叶产业结构不断优化升级，包括栽培、加工、深加工、茶业科技文化等产业以及茶叶市场建设等各方面。因此，广东省茶叶产品的质量和价格都有所提升。

一　广东省茶叶生产环节

（一）茶叶种植增加

近几年来，广东省茶叶生产平稳较快发展。据省统计局统计资料，2015年全省茶叶实际种植面积已达4.94万公顷，与2012年相比，同比增长89.95%；总产量为7.93万吨，同2012年相比增长25.67%（见表1）。按收获面积计单产达到116千克，平均提高21千克。全省无性系良种茶园面

* 黄建璋，广东省文化学会茶专委，秘书长；李新家，广东省岭南茶叶经济研究院，院长；尹北晖，广东体育学院，副院长；郑如钦，广东省农业厅种植处，调研员；曹潘荣，华南农业大学园艺学院，副院长。

积达到茶园总面积的80%以上，优新品种逐年增加，生产持续发展。茶类结构调整方面，以重点生产红茶转向以绿茶和乌龙茶为主。2015年度广东生产乌龙毛茶3.72万吨，增长23.43%，占茶叶生产总量的46.97%；绿毛茶3.03万吨，增长17.88%，占茶叶生产总量的38.26%；红毛茶0.47万吨，增长254.11%，占茶叶生产总量的5.93%；黄毛茶10吨，增长25%，占茶叶生产总量的0.01%；其他茶0.70万吨，增长20.14%，占茶叶生产总量的8.84%（见表2）。近年除乌龙茶比重稳定持平外，红绿茶占比皆发生改变，红茶比重增加，绿茶比重降低。与此同时，名优茶种和地方特色茶不断增加。

表1　2005～2015年广东省茶叶种植面积和产量

项目＼年份	2005	2006	2007	2008	2009	2010	2011	2012	2015	比2010增长(%)
年末实有面积（万公顷）	3.60	4.01	3.73	3.68	3.76	4.08	4.11	4.18	4.94	1.70
产量(万吨)	4.45	4.47	4.89	4.84	5.14	5.33	5.96	6.31	7.93	5.80

资料来源：广东省农业厅：《2015广东农业统计年报报告》。

表2　2015年广东省各类茶叶生产情况

项目	年末实有面积（万公顷）	总产量（万吨）	所占比例（%）	增长比例（%）
茶叶	4.94	7.92	100	—
红毛茶	—	0.47	5.93	254.11
绿毛茶	—	3.03	38.26	17.88
乌龙茶	—	3.72	46.97	23.43
黄茶	—	0.001	0.01	25.00
其他茶	—	0.70	8.84	20.14

资料来源：广东省农业厅：《2015广东农业统计年报报告》。

（二）生产区域特色明显

广东茶叶的生产，主要分布在广东省的东部、北部和西部以及珠三角茶叶流通区。其中，以单丛茶为主的特色乌龙茶主要在东部地区生产，产区主要是潮州、梅州、揭阳、汕尾等；“英红九号”等特色红茶主要产于广东北部地区，产区主要有清远、韶关；大叶绿茶和部分红茶、青茶则产于广东西部地区，主要有湛江、云浮等市；客家绿茶产区主要有梅州、河源、韶关等市。

（三）有机茶园面积增加

广东省无公害有机茶园，2015 年通过认证的企业有 31 家，总数达 49 家，认定面积超过 1.5 万公顷。

（四）茶类结构逐步调整

广东茶类以乌龙茶、绿茶、红茶为主。根据茶叶科技和市场需求的变化，2015 年度茶叶产品结构持续调整，其中绿毛茶占 38.25%，红毛茶占 5.97%，青茶（乌龙茶）占 46.89%。成品茶结构方面，红茶比例上升较大，绿茶比例下降，青茶平稳，普洱黑茶比例下降。

二　广东省茶叶加工业发展现状

（一）产业化生产和集约化经营保持良好发展势头

茶叶产业化生产和集约化经营不断发展。表现在以下几个方面：一是龙头企业带动。目前全省拥有国家级重点农业龙头企业（茶叶）1 家，省级重点农业龙头企业（茶叶）31 家，同时还培育了一批市级龙头企业。二是引进外商、外资办茶场（主要是台商、港商）。例如肇庆怀集引进香港老板、河源引进台湾老板在当地办茶场。三是进入茶产业的民营企业增加较快。近年新发展的茶园很大一部分是民营资本投资开发的，不少民营企业在其他领域赚到钱后投资办茶场（如湛江的廉江、清远的英德、韶关的仁化等），而且都实行规模化种植。这是一个突出的亮点。这种企业和农户共同发展的模式，使茶叶生产向规模化、集约化、产业化发展。另外，还有一些茶叶流通企业投资租赁或承包国营茶场，对原来的茶园进行改造，实现低成本扩张、从产品经营到品牌经营。

（二）生产企业或大户科技含量不断提高

茶叶优质高效生产适用技术在重点茶区得到普遍应用，主要是由于茶叶生产逐步向企业和生产大户集中，而茶叶生产企业、生产大户往往对技术的需求比较迫切，生产技术措施也比较到位。

（三）优质安全生产和品牌培育逐步得到重视

茶叶企业的质量安全意识不断增强，对于无公害茶产品以及茶叶的质量认证与品牌培育都高度重视。全省茶叶产品质量安全水平进一步提高。据不完全统计，目前有效期内的广东省无公害茶叶产地认证企业有49家，涉及茶园0.33万多公顷，茶叶产量约7000吨；绿色食品（茶叶）认证企业有30家，监测茶园面积0.22万公顷，批准产量3275吨；获得广东省名牌产品（农业类）称号的茶叶产品已达到78个；获得国家地理标志保护的产品有8个。①

三　广东省茶产业发展新趋势

在前几年发展的基础上，广东茶业发展新趋势逐渐显现，推动茶业发展进入新的阶段。一是生产目标上：更加重视均衡化发展，不再片面追求量的增加，这样使广东茶产业结构更加优化，产品更加优质安全。二是组织方式上：不断推进茶叶企业规模化生产经营。三是经营理念上：更加注重品牌创新和品牌文化建设。四是产业功能上：开发了保健、文化、旅游等多项功能。五是交易方式上：从传统茶叶市场，逐步向“互联网+茶叶”的“线上线下相结合的市场模式”拓展。

四　广东省茶产业发展存在的问题

近年广东省茶产业虽然保持了良好的发展态势，但仍然存在一些问题。

---

① 数据来源于广东省农业厅。

业内相关企业、科研文化机构及政府管理部门和行业协会均应重视，采取措施切实解决。

一是有的茶区品种单一，产品质量没有得到有效改善，茶叶生产中掺杂使假的现象依然存在，有些加工企业的产品安全卫生意识薄弱。二是部分绿茶、乌龙茶叶产区加工、深加工能力与种植规模不协调的问题没有解决，厂房陈旧，设备简陋，技术措施不到位，科技开发和科技成果应用滞后，影响成品茶质量和新品种、新品牌的开发。三是厂房陈旧、设备简陋，产业化、组织化程度较低，小型农户分散经营现象比较普遍，大中型茶叶企业极少。四是品牌建设和市场开发有待加强。广东茶叶品牌不少，但知名品牌不多，在流通领域一些商户短期行为明显，有市场经营模式创新、充分运用互联网提升茶叶市场水平的投资不多。五是茶叶的种植和加工成本逐年上升，市场对茶叶安全卫生方面的要求越来越高，茶叶产业在环境、科技等方面有待大的发展。六是相关行业协会发挥作用欠加强，在茶叶市场建设、行业自律、信息采集、品牌共享等方面作为不大。

参考资料和数据来源

1. 广东农业厅、省统计局。
2. 广东省文化学会茶文化研究专业委员会。
3. 广东农业大学。
4. 广东岭南茶叶经济研究院。
5. 黄建璋讲茶堂。

B.12

湖北茶产业发展研究报告

宗庆波*

摘　要：　对湖北茶产业的生产、流通和消费进行分析，认为湖北茶产业发展的主要问题包括供给侧结构问题凸显、发展理念滞后、现代化水平不高和质量安全问题突出等，相对应的政策举措包括调优茶类结构、以项目推动发展、培植龙头企业、打造茶叶品牌和构建安全长效机制等。

关键词：　湖北　茶产业发展　茶产业政策措施

2015年，在各级政府部门的重视和全省各大茶区茶界同人的共同努力下，湖北茶产业快速发展，茶产业已成为湖北山区最具有活力的绿色生态产业和农民增收、农业增效的支柱产业。

一　湖北省茶叶生产环节

（一）湖北省茶叶种植业情况

1. 产业规模位居前列

2015年，湖北茶叶不断发展，茶叶种植业达到新高度。茶园面积和产量增加，茶树品种呈现多样化趋势。湖北全省茶园总面积达32.41万公

* 宗庆波，湖北省农业厅果茶办公室推广研究员，湖北省茶叶学会会长。

顷，采摘面积达23.13万公顷，产量为28.1万吨，农业产值达到131.9亿元。与上年相比，总面积增加2.03万公顷，采摘面积增加1.24万公顷，产量增加3.1万吨，产值增加3.3亿元，分别增长6.7%、5.7%、12.4%、2.6%。

湖北省茶树品种资源比较丰富，目前，神农架、秦巴山、武陵山、大别山等茶区均发现有几百年生的古茶树。宜昌大叶种、鄂茶4号、鄂茶1号、鄂茶5号共4个良种被审（认）定为国家茶树良种；宜昌大叶种、鄂茶1号至鄂茶12号、金丰、金香等15个良种被审（认）定为湖北省级良种。福鼎大白茶的茶籽直播的群体品种和福鼎大白茶无性系良种是湖北全省现有栽培面积最大、各县市区分布最广的茶树品种；鄂茶1号、鄂茶10号、中茶108、金观音等无性系品种是目前全省主推主栽的茶树良种。湖北全省共推广鄂茶1号、鄂茶10号、中茶108、金观音、安吉白茶、槠叶齐等茶树优新品种100多万亩。据农业部门统计，2015年全省无性系良种茶园达252万亩，占总面积的55%，取得了长足进步。

2. 茶园建设有序发展

近年来，湖北省茶园标准化建设取得新进展。湖北省开始更加重视茶叶生态种植、病虫害绿色防控等种植模式和技术，在各级领导的高度重视和市场机制的倒逼下，对茶园质量安全的监管力度越来越大，茶叶"三品一标"认证的步伐加快，提高了茶叶的质量安全水平。目前湖北省20个县市区实施了农业部园艺作物标准茶园创建项目，建设标准茶园30多个。现有投产茶园均达到无公害茶园的生产要求，其中绿色食品茶认证面积达26500公顷，有机茶认证面积达14700公顷，有92家企业获得国内外有机茶认证，认证企业（合作社）数量跃居全国第二位，湖北省的茶叶质量安全水平得到大幅度提升。据农业部针对茶叶质量进行的多批次抽查结果，湖北省茶叶产品合格率近100%，得到了农业部的充分肯定。

3. 优势区域基本形成

自2010年以来，湖北省茶产业坚持统一规划、因地制宜，重点茶区实行规模化集约化发展，实现了地域上集聚、品种上主推、技术上集成，逐步建立了一批优势特色茶叶大县市、茶叶大乡镇，茶叶优势区域布局基本形成。相较于2010年，2015年湖北省茶园面积达0.67万公顷以上的大县已达17个，增加了4个，20万亩以上的大县已达7个，增加了3个。其中，恩施州的茶园面积超过2万公顷。已基本形成鄂东大别山名优茶区，鄂西武陵山及宜昌三峡富硒茶、宜红茶及乌龙茶区，鄂西北秦巴山武当道茶高香绿茶区，鄂南幕阜山青砖茶区和鄂中大洪山出口绿茶区共“五大优势茶区”。

（二）湖北省茶叶加工业情况

1. 茶类结构不断优化

湖北省茶类丰富，六大茶类均有种植和生产，产品结构进一步优化。2015年湖北省茶叶总产量280767吨，其中，绿茶201057吨，红茶33205吨，黑茶37656吨，乌龙茶3607吨，白茶1495吨，黄茶325吨，其他茶3422吨。红茶、青砖茶、乌龙茶三类茶占总量的比例由2010年的17%提升到2015年的26.5%，提升9.5个百分点，绿茶占总量的71.6%，黄茶和白茶等其他茶类占总量的1.9%。

2. 经营模式提档升级

最近几年来，湖北省逐渐加大了对新型经营主体的扶持力度，大力推广“龙头（合作社）+基地+农户”的产业化经营模式，茶叶产业化的步伐不断加快。到2015年底，湖北省茶叶省级重点产业化龙头企业达到63个，比2010年的22个增加41个，国家级龙头企业达到5个，比2010年的2个增加3个，茶叶企业年产值过亿元的由2010年的4家增加至10家，且有40家年产值超千万元的企业。通过ISO9001：2000国家质量体系认证的企业有56家。逐渐形成了“龙头+合作社+基地+农户”的产业化经营模式：以集种植、加工、经贸于一体作为主流经营模式，打造现代农业和现代工业化理念相结合的现代茶产业，加强清洁化生产线的引进和茶叶不落地生产加工，茶叶初加工、精加工和深加工企业实力不断增强，以萧氏集团、采花公司和武当道茶梅子贡品牌为龙头，加工实体机械设备更新换代和提档升级步伐加快。

二　湖北省茶叶流通环节

从目前来看，茶叶流通、商贸、文化、旅游、产业开发等多功能一体型模式成为湖北茶叶市场建设的主要方向，湖北逐渐成为我国中部地区最大的茶叶原料交易省份。

（一）产地销售生意兴隆

2015 年，春茶鲜叶收购价格稳中略降。鲜叶的价格各地不一，总体呈现先高后低走势。清明节前，芽茶收购价 80～110 元/千克，清明节后，1 芽 2 叶鲜叶收购价 10～20 元/千克，春茶后期机采鲜叶收购价 1～3 元/千克。鲜叶价格总体呈现稳中略降的趋势。春茶总量稳中略增，名优茶量值双减。虽然开园时间普遍比 2014 年提早一周以上，但到 4 月上中旬，湖北省各大茶区遭受了“明前”和“雨前”两次严重的低温、阴雨、霜冻灾害，对湖北省春茶带来不利影响，截至 2015 年 5 月 18 日，湖北全省春茶产量达到 10.08 万吨，产值 80.76 亿元，与上年同比分别增加 4106 吨、22811 万元，增长 4.25% 和 2.91%，其中名优茶产量 5.42 万吨，产值 55.32 亿元，分别减少 1517 吨、10735 万元，减幅 2.88% 和 1.90%。截至 10 月 10 日，湖北省夏秋茶产量达 16 万吨，同比增加 2 万吨，增长 14.3%，夏秋茶产值 54.24 亿元，同比增加 9 亿元，增长 20%。夏秋茶鲜叶价格与上年基本持平。青砖茶产品的老青茶原料价格提升，全年干毛茶均价为 51.5 元/千克。湖北省的绿茶总量基本稳定，青砖茶、红茶、乌龙茶的总量有所增加，多元化发展格局基本形成。

（二）线下市场稳定发展

湖北省共有 7 大茶叶专业市场。武汉市：汉口茶市、陆羽茶都、香港路茶市；宜昌市：宜昌三峡国际旅游茶城、宜昌采花茶城；黄冈市：英山大别山茶叶广场；恩施州：恩施硒都茶城。武汉市已成为中南地区最大的茶叶交易市场，通过市场零售和批发，年交易量达 12 万吨左右，年交易总额达到

45 亿元左右，吸引了河南、安徽、浙江、江苏等全国各地的茶叶经销商。宜昌三峡国际旅游茶城是宜昌茶区和武陵山茶区以及周边产茶县市区连接茶农、茶企和茶叶销区的重要纽带。每年春季，安徽、浙江、贵州、河南等外省的茶商络绎不绝，车水马龙，到此买茶进货。

（三）线上市场快速拓展

近年来，我国电子商务不断发展壮大。目前湖北省农产品已经建立了驻淘宝网旗舰店宜昌店、黄冈店、恩施店以及农业产业化平台“1 号店”等电子商务平台，萧氏、采花、恩施玉露、万生堂、英山云雾等品牌茶企都很重视在第三方平台上开设旗舰店，品牌茶企电商化成为湖北省品牌茶销售的新思路、新方向。

（四）打造建设“天下茶仓”

湖北省汉口北素有“天下茶仓”的美誉，近年来又投资建设了规模巨大的世界级茶产业平台，也称为“天下茶仓”。“天下茶仓”是由湖北珩生投资集团与武汉黄鹤楼茶叶公司共同投资兴建的，拥有全国最完善的海陆空铁四维交通网络，为国内和国际知名茶商提供仓储采购物流平台。

（五）积极开拓外贸市场

除了注重茶叶内销外，不少茶企正在积极开拓国际市场，2015 年获得自营出口权的企业数量比上年增加 5 家。

三　湖北省茶叶消费环节

（一）消费总体状况

1. 消费量与价格

据湖北省茶叶学会初步统计，2015 年湖北省省内茶叶消费数量为 62000

吨，其中红茶5500吨，绿茶50000吨，乌龙茶3000吨，黑茶2500吨，黄茶50吨，白茶50吨，其他代用茶900吨。省内茶叶消费数量中，用于茶叶深加工的主要是绿茶，数量约4000吨，直接饮用的茶叶数量约58000吨，省内消费额约74亿元，按总人口5850万人计，人均消费量约1千克/人，均价120元/千克。

2015年湖北省茶叶外销量为218767吨，产品以初制茶、原料毛茶、出口茶、当年砖茶为主导。省外消费额约57.9亿元，均价26.5元/千克左右。

2. 区域消费特点

（1）茶叶城乡消费差距大

因湖北是“茶圣”陆羽的故乡，千百年来，湖北一直保留着“客来喝茶”的习俗，拥有较大的茶叶消费群体。现阶段主要消费者集中在武汉、宜昌、恩施、襄阳、孝感、随州、黄冈、十堰等大中城市和所有茶叶生产地区。如武汉市、宜昌市、恩施州年人均消费量超过1千克。但在非茶叶生产区域的一些中小乡镇和农村地区，茶叶购买意愿较弱，消费量较少。

（2）茶叶消费多元化发展

从茶类来看，绿茶的生产和销售基本保持稳定发展。近年来，随着全国“茶叶品牌热”，茶叶保健功能和茶文化的宣传推广，各地茶叶实体专卖店、茶楼、茶馆等现代休闲商务场所的兴起，品牌绿茶、红茶、乌龙茶以及黑茶等已成为茶叶消费的亮点，市场行情继续看好。礼品茶由于其价位过高出现下降趋势，广大消费者越来越偏向于中档优质茶。湖北青砖茶包括边销茶由于产品结构进一步调整，整体价格有所提升，市场开拓加快；而方便、快捷的茶饮品、袋泡茶等受到年轻消费群体的欢迎，销量稳定增长。茶叶的卫生质量安全越来越受到广大消费群体的重视。

（3）国际贸易情况

据统计，2015年湖北省茶叶出口创历史新高，出口量首次突破万吨，出口货值首次突破亿美元。出口数量为12170吨，比上年8372吨增加3798吨，增幅45.4%；出口金额为10659万美元，比上年8892万美元增加1767万美元，增幅19.9%。其中绿茶9462吨、红茶2205吨、乌龙茶175吨、普洱茶 91 吨、花茶 169 吨、代用茶 68 吨。

出口地区按照出口量的顺序排前三的分为：中国香港 2670 吨、欧盟 2122 吨、摩洛哥 1760 吨，出口额排前三的分别为：中国香港 2249 万美元、越南 1920 万美元、马来西亚 1688 万美元。

（二）茶文化推广与第三产业融合发展

1. 茶旅游、茶馆业、茶艺、逐步兴起

近几年，随着全国生态旅游的发展，湖北茶旅游、茶馆业、茶艺逐步兴起，茶区旅游、绿色出行、健康消费成为新时尚。大别山英山茶旅热线、恩施宜昌土家族茶乡旅游热线、武当道茶茶旅热线等相继开通，拉近了城乡居民的距离。鄂西北“玉皇剑”杯茶王擂台赛及乡村文化旅游节、宜昌三峡茶文化艺术节等茶事系列活动吸引了四面八方的游客和茶叶消费者，一系列活动有助于湖北省茶叶知名度的提高。茶馆茶楼逐步成为广大居民休闲时光的重要选择。据调查，2015 年湖北省现有具有一定档次的茶馆、茶楼、茶访、茶吧计 2000 多家（不包括专业茶叶市场），武汉市有较高知名度的有黄鹤楼茶、总督府巴山夜雨、萧氏茗茶、采花茶苑、宜红、赵李桥、邓村绿茶、八马、天福茗茶、太极茶道等数十家。

当前湖北大多数茶馆茶楼都是综合经营，集茶叶品饮、休闲娱乐、餐饮、商务洽谈以及字画、书法等于一体，消费层次总体比较丰富，下至十几元，上至几百元，从普通茶叶至高档茶叶应有尽有，满足不同的消费群体。

2. 茶文化推广如火如荼

为弘扬荆楚茶文化，宣传茶品牌，推动茶产业经济发展，湖北省从 2013 年起，更加重视全省各地茶事活动的举办，如第六届、第七届、第八届中国武汉茶叶博览会暨茶文化节，2013 年中国湖北斗茶大赛暨重走“万里茶路”活动，中国英山第二十二届、第二十三届、第二十四届茶叶节，赤壁市全民饮茶日活动等。另外，湖北省以宜昌万生堂茶业有限公司为主开展了茶业创意产业实践，3 年时间，以和合传统文化为精髓，“万生堂”品牌成为湖北省茶文化创意产业发展的生力军，琳琅满目的各类茶叶包装和茶叶精品不断推向省内外市场，受到消费者的广泛好评和喜爱。

四 主要政策与措施

（一）着力调优茶类结构

“十二五”以来，湖北省提出茶叶“一主三辅”多元化开发战略思路，即巩固提高绿茶（一主），开发提升乌龙茶，大力发展青砖茶和宜红茶（三辅），改变了长期以来名优绿茶一枝独秀的局面。茶叶多元化开发，提早应对了近年来茶叶市场新变化带来的风险和挑战。一是开发了乌龙茶新产品。2010年以来连续三年，湖北省农业厅都把乌龙茶开发作为新亮点工作，咸丰县成长为湖北省乌龙茶生产第一大县。二是加快振兴、恢复、发展青砖茶和宜红茶。宜红茶是中国历史三大红茶之一，名扬四海，是湖北省传统的出口产品；湖北青砖茶历史悠久，自古以来就是边疆少数民族的生活必需品。湖北省坚持走绿茶、乌龙茶、宜红茶、黑茶多元化开发之路，调整优化了茶类结构，提高了湖北省夏秋茶资源的综合利用率，增加了农民收入，推动了茶叶由数量型向质量效益型转变。

（二）项目支持推动发展

“十二五”期间，各地抢抓政策机遇，湖北省茶产业发展环境和氛围显著改善。2011～2015年，湖北省在全省茶叶重点县市区，实施中央财政现代农业生产发展专项资金高效标准茶园建设项目。项目实施5年来，累计投入中央财政资金5亿多元，新建高标准良种茶园8.67万多公顷，改造低产茶园近6.67万公顷。农业部标准茶园创建项目单位共20多个，每个项目单位安排50万元基地建设资金；从2010年至2012年，湖北省政府、省财政厅每年安排1000万元专项资金，连续三年支持部分县市进行乌龙茶产业开发。省农业厅每年用于发展茶产业的专项资金达500万元左右，5年来，累计扶持壮大龙头企业和专业合作社等100多家。同时，各级政府发展茶产业热情高涨，恩施州、宜昌市、黄冈市、咸宁市分别制定了《恩施州全茶产业链发展规划》《宜昌市红茶产业发展规划》《黄冈市茶产业发展规划》和《咸宁市茶产业发展规划》。茶叶主产县市政府均配套资金加大了茶产业发展力度。这些项目的实施，为推动湖北省茶产业高速发展奠定了良好基础。

（三）大力培植龙头企业

招商引资、做强做大茶产业成为“十二五”期间湖北省茶产业大发展的重要动力。湖北采花茶业有限公司引进了宜昌国贸集团，国贸集团已投资5亿元，在五峰渔洋关征地9.8公顷建设五峰采花科技园，建设面积10万平方米，装备了全自动清洁化、智能化茶叶生产线，兴建了湖北茶博馆，占地面积达2000平方米。宜昌萧氏茶叶集团，解放思想，打破常规，大胆创新，引进了日本全程清洁化、连续化、智能化加工生产线，创建了鲜叶水洗生产设备，建立了现代化高标准茶叶加工厂，由传统农业向现代加工业的方向迈进。新建的中国茶产业高新科技工业园，占地20公顷。这两家茶企还被列入省委、省政府“四个一批”和省十大农业产业链给予重点扶持。赤壁市招商引资，组建了“川”字牌赵李桥、羊楼洞等10家各具特色的青砖茶生产加工茶叶企业，在赵李桥镇专门兴建了青砖茶工业园区。黄鹤楼、宜红、赵李桥、武当道茶、易生生物科技、鑫鼎长盛川、邓村绿茶、三品源、武陵山、恩施润邦、金果、伍家台、鑫农、翠泉、馨源、玉皇剑、汉家刘氏、福良山、悟道茶、英山云雾等一批龙头企业快速壮大，发展势头强劲。

（四）精心打造茶叶品牌

近年来，湖北省上下高度重视茶叶品牌的建设和打造工作，在大力实施鄂茶品牌发展战略工作中，通过“走出去、请进来”的品牌战略，组织茶叶企业积极开展各类会展活动、文化交流活动、产业论坛活动、技术培训活动等，最大限度地提升茶叶企业品牌内涵，进一步提高湖北茶叶品牌形象。

目前在湖北省茶类产品商标中，已有12个“中国驰名商标”，省著名商标37个，市级著名商标62个。湖北省已有13个茶企进入过中国茶叶行业百强行列。2014年，湖北茶企抱团到俄罗斯宣传，武汉黄鹤楼茶叶有限公司把汉口青砖茶赠给普京总统；2015年在赤壁市隆重举行了国际茶业大会，在武汉举办了“东方茶港”国际合作交流会；五峰、恩施、保康、谷城、英山、夷陵等多个县市被授予“全国茶叶生态示范县”“全国茶叶转型升级示范县”等称号，还有10多个县乡被评为“中国名茶之乡”；恩施玉露制作工艺、赵李桥砖茶制作技艺已入选第四批国家级非物质文化遗产名录，五峰县、赤壁市、汉口等地也正在积极申报“万里茶道源头”认证工作，这些都提高了湖北茶产业的影响力和茶叶品牌的知名度。

（五）构建安全长效机制

质量安全始终是消费者关注的焦点。为确保茶叶质量安全，到2015年，湖北省建立了五项质量管理制度：一是建立投入品管理制度。由当地政府主管部门统一招标、集中采购生产投入品，由经营主体统一分发给基地农户，同时，建立投入品台账管理档案。二是建立生产加工管理制度。由茶叶主管部门和新型经营主体根据当地茶叶品牌的质量要求，统一制定生产栽培和茶叶加工技术规范，通过技术培训落实到生产实践的具体环节中。三是建立产品检测与准出制度。企业自己对产品先进行自检，质量检测合格的产品才可上市销售。四是建立质量追溯制度。合格产品经过统一包装后上市销售。五是建立督办检查制度。主管部门定期或不定期对基地进行督办检查、加强管理，长期不间断地开展安全生产宣传和生产加工技术指导。

五　湖北省茶产业发展的突出问题

（一）供给侧结构问题凸显

全国现有78%的茶园投产，2015年干茶总产量为227.8万吨，还有近

66.67万公顷茶园没有采摘投产，如果不大力开拓国外市场，全部由国内消费，那么现有茶园全部投产后人均将占有2千克左右，需要国人每天消费茶叶5.5克。湖北省只有71.4%的茶园投产，干茶总产量已达28.1万吨，还有9.27万公顷茶园没有投产，全部投产后人均占有量将高达6.6千克，需要湖北省人每天消费17.95克才能消费完毕。目前存在茶园种植面积大且新发展面积速度过快、茶产品出现供大于求的现实问题，并且这种状况在未来几年都不会变化，如果不能有效拉动市场需求和严格控制面积扩张，供大于求的趋势势必将影响茶产业的健康可持续发展。因此，加快推进茶叶供给侧结构性改革时不我待且意义重大。

（二）发展理念亟待转变

从湖北全省来看，不少地方政府仍把大面积扩张发展新茶园规模作为工作重点，存在“重发展、轻管理、脱市场”的现象，或者把增加茶园面积作为精准扶贫的重要突破口，但缺乏对茶产业链条的宏观把握和对市场定位的深度研究。目前现有投产茶园亩均产值不过3800元，茶园产销不够高效；而对专用新品种、高效新模式、落地新技术、市场茶品牌打造等缺乏强有力的政策支撑。湖北省虽然近些年大力发展无性系良种茶园，促使无性系良种茶园面积占总面积的比例达到55%，取得了历史性成绩，但仍低于福建96%及全国的平均水平。品牌多乱杂的局面还没有得到根本扭转，现有茶叶品牌仅在本省有名，在外省没有叫响，没有市场竞争力，关键是没有一支在全国大中城市落地开店开拓市场的湖北茶叶营销大军，只有低水平同质化的省内恶性竞争。鄂茶品牌的知名度和市场竞争力远不及其他茶叶大省，还没有出现市场占有率高的湖北茶品牌。恩施玉露、宜红茶、青砖茶是湖北省具有深厚历史文化底蕴的“金字招牌”，迫切需要政策支持、拓展提升、重振雄风。

（三）质量安全刻不容缓

由于多年来环境污染，茶叶卫生质量安全问题短期内难以得到根本解决，不少茶区仍存在化学农药、化肥、除草剂市场管理不规范，农药标识不明，茶农科学种茶与绿色防治水平不高，生态环保意识不强等问题。“茶叶生产大省”还只是“茶叶出口小省”，需要大力实施“走出去”战略，与“一带一路”国家接轨，加强国际国内市场宣传推介。随着欧盟等国家绿色技术壁垒的严峻挑战，国内食品质量安全法对茶叶的质量要求越来越严格。要加快推广茶叶绿色生产新模式、新技术，建设安全出口示范基地，大力推行茶叶减肥、减药、提质、增效集成技术，把加快向有机、绿色食品方向发展作为今后的主攻方向，确保产品质量安全。

（四）现代化水平亟待升级

目前来看，我国城市化、老年化状况日益加剧，茶叶生产人工成本占生产成本的60%以上，茶园管理现代化、机械化，茶叶加工清洁化、智能化技术的推广应用势在必行，茶园机采、机剪、机耕、机防“四机”配套集成技术，茶叶绿色生产模式应大力推广。在湖北省规模企业有限、龙头企业综合实力普遍不强的情况下，茶叶精深加工开发滞后，与浙江等省和欧美日等国家（地区）差距很大，亟须改造提升，引进和创新新型的加工生产线，适应和满足高、中、低端不同的消费需求。政府应大力支持重点龙头企业向现代化转型升级。

参考文献

［1］关和平、张先超：《抢抓机遇夯实基础着力增强发展后劲——五峰土家族自治县实施“616”对口支援工程纪实》，《民族大家庭》2011年第4期。

［2］徐奕鼎：《论茶叶标准化种植基地建设》，《茶业通报》2007年第3期。

［3］许林：《湖北茶产业竞争力研究》，《科技与企业》2013年第13期。

［4］福建省赴浙江省茶叶考察组：《浙江省茶产业考察报告》，《福建茶叶》2004年第3期。

B.13
贵州茶产业发展研究报告

胡继承　雷睿勇　余海游　徐嘉民*

摘　要：　对贵州茶产业进行基本梳理，并展望了未来贵州茶产业发展目标，提出了相对应的发展思路，具体包括促进基地提质增效、促进加工产业升级、提升产业服务保障水平、完善茶叶服务体系以及建设茶叶品牌和渠道等方面。

关键词：　贵州　茶产业发展　茶产业政策

贵州是世界茶树原产地的核心区域之一。低纬度、高海拔、寡日照、多云雾、无污染是贵州发展茶产业的独特优势。2007 年，贵州省委省政府下决心振兴茶产业，印发了《关于加快贵州茶产业发展的若干意见》（黔党发〔2007〕6 号），揭开了贵州茶产业 10 年飞跃式发展的帷幕。2014 年初，省政府出台《贵州省茶产业提升三年行动计划（2014～2016 年）》（黔府办发〔2014〕19 号）（以下简称“三年行动计划”）以来，全省上下全力抓好各项政策措施的落实，整合资源，合力推动，茶产业实现了原料基地规模化，加工集群现代化、清洁化，全国知名品牌打造市场化，实现了贵州制造、贵州创造的飞跃式发展，茶产业已经成为凸显贵州省现代山地特色高效农业后

* 胡继承，贵州省农业委员会党组副书记、副主任，贵州省茶产业发展联席会议办公室常务副主任；雷睿勇，贵州省农村经济经营管理站副处长，贵州省茶产业发展联席会议办公室品牌市场组组长；余海游，贵州省农业对外经济合作中心助理翻译，贵州省茶产业发展联席会议办公室，品牌市场组工作人员；徐嘉民，贵州省绿茶品牌发展促进会秘书长。

发赶超的优势产业、山区脱贫攻坚的主导产业、具有较强市场竞争力的支柱产业和引领农户脱贫增收的富民产业。

一　贵州省茶叶基本情况

截至2016年底，贵州省茶园面积达696万亩（投产茶园499.1万亩），产量28.4万吨，产值299.8亿元，综合产值502.19亿元。在宏观经济下行、全国茶叶市场普遍不景气的大背景下，贵州坚持质量安全为基础和底线，全产业链推进，2016年贵州茶叶产量、销量均实现了20%以上的增长。

（一）茶叶基地建设规模化

基地建设上，一是以规模化和集中度为核心，推进茶园向主产县、核心乡镇、专业村集聚，打造产业带与产业走廊。贵州省拥有30万亩以上茶园的县有5个、20万~30万亩的县6个、10万~20万亩的县20个；万亩以上乡镇、村分别为233个、78个，5000~10000亩的乡镇177个、村292个。以铜仁、遵义等为主的武陵山区成为中国绿茶新的金三角。新建茶园大力推广无性系良种，贵州全省无性系茶园面积比重2016年达到90.5%，高于全国平均水平约40个百分点。另外，贵州省引导品牌企业与集中产区、规模茶场、茶叶合作社合作建设专属茶园，支持农户流转茶园集中管理。贵州省共有茶农137万户，茶叶专业合作社1424个，覆盖茶园面积18.57万公顷，占全省面积的40.2%，全省有15亩以上的茶叶专业大户、家庭农场4.85万户。企业自有茶园313.1万亩，农户自有茶园382.9万亩，其中企业加入合作社的茶园面积有138.7万亩，农户加入合作社的茶园面积有217万亩。茶园规模化与集中度的较好解决，是国内优强茶叶企业进入贵州的前提条件。

二是死守质量安全，做干净茶、放心茶，夯实茶产业的核心竞争力。2008年，贵州省对规划的400多万亩拟建茶园土壤取样检测了pH值和铅、镉、铜等7项重金属指标。贵州茶园禁用农药参照欧盟及日本标准，共禁用农药63种，比2016年底发布的新国标禁用15种多48种，在全国率先禁用水溶性农药及草甘膦。在全省40个茶叶主产县的179个万亩、145个5000～10000亩乡镇实行茶园用农药专营店（专柜）制度，从源头上强化对农药等投入品的监管。全面启动43个县级检测站、龙头企业检测室、重点市场和核心乡镇速测点的检测网络体系建设。贵州省内具备茶叶检测资质的检验机构达到15个。全面开展病虫害绿色防控。大力推广林中有茶、茶中有林的生态建园模式，大面积推广黄板、蓝板、杀虫灯以及生物农药。宋宝安院士团队在贵州推广释放天敌，控制茶园部分害虫，减少农药使用次数以及生物源和矿物源农药。每年开展茶树病虫害绿色防控面积100万亩以上。2016年建成绿色防控示范面积155.6万亩。湄潭、凤冈、雷山、思南4个县被国家质检总局认定为“国家级出口茶叶质量安全示范区”。在全国率先创建全程可追溯的贵州省茶叶质量安全云服务平台，已有60家企业上线。新华社中国经济信息社拟制定发布贵州茶叶安全指数。贵州生态安全、致力于做干净茶，是近年来国内出口规模企业及国际大型茶叶采购商云集贵州的重要条件。

三是以标准园建设为抓手，促进茶园提质增效。集成推广测土平衡施肥，病虫害统防统治，机械化管护与采摘技术。大力推广茶叶专用物资，在万亩乡镇全面推广茶园管护机械化综合配套技术，贵州省自主研发的茶园除草机已投入使用。推广瓮福、遵义利满丰茶叶专用肥，茅台集团拟生产茶叶专用肥。推动建设出口茶、有机茶、特色茶、茶资源综合开发利用等专用基地4.23万公顷。品牌企业在集中产区、规模茶场建设专属茶园，贵茶公司与21个县51个乡镇的68家企业合作建设“绿宝石”专属茶园0.93万公顷，其中10个贫困县12个乡镇共建0.23万公顷，带动贫困农户3300户；合作企业销售贵茶公司产品8000万元，自行销售产品2600万元。推动茶产业与旅游、农产品加工、沼气能源、林下养殖、茶园间套种、林木产业等深度融合，建成休闲观光茶园5.07万公顷，茶区猪沼茶、茶下养鸡（禽）、苗木种植等产业互动融合茶园4.65万公顷。贵州省茶园平均收益在6万元/公顷左右，高效茶园9万～12万元/公顷。此外，贵州全省50个贫困县中有26个茶叶主产县，934个贫困乡镇中有435个产茶乡镇（132个万亩乡镇），20个极贫乡镇中有8个茶叶乡镇，茶产业在山区脱贫攻坚中发挥了主导作用。

（二）茶叶加工集群标准化

茶叶加工上，一是强化招商引资，推动加工企业集群集聚，初步形成大中小并举的企业集群。贵州省现有注册茶叶加工企业及合作社3760家（企业2336家，合作社1424家），加工点2872个；其中国家级龙头企业9家、省级136家、市级316家；注册登记商标1246个；获对外贸易经营资格企业196家。引进盘江煤电、同济堂、天赐集团、新三农等工商民营资本投资茶产业，中粮茶业研发创新贵州基地落户石阡，英国太古集团已与思南县茶企合作，拟将其中国绿茶生产基地落户思南，联合利华已确定在遵义合作建设茶园0.67万公顷，福建正山堂茶业公司与普安县合作，“正山堂·普安红”产品已推向市场。成立贵茶公司、贵天下公司等大型茶叶公司；通过本土培养，推动组建了智慧黔茶联盟、梵净山、石阡苔茶、万峰报春等一批大型茶叶集团。贵州省茶叶类现代高效农业示范园区已有49个，占385个省级园区总数的12.7%。

二是抓加工厂布局。以中小企业为重点，合理布局了一大批初制加工厂；以企业集团或大企业为主，推动了精制规模化和拼配数据化。贵州现有茶叶初加工企业2345家，精加工企业264家，深加工企业16家，清洁化、自动化生产线1524条。通过QS认证企业480家，通过ISO9001质量管理体系认证企业120家。中茶所评价认为，贵州茶企规模化、机械化、清洁化、自动化水平已走在全国前列。

三是加快茶叶标准制修订，突出贵州茶的优势，树立中国绿茶新标杆。2014年来，贵州省质监局与省农委制（修）订了“都匀毛尖”“湄潭翠芽”“绿宝石”“遵义红”等10个品牌的27项地方标准和加工技术规程。以宣贯会议、技术培训、制茶斗茶赛等形式宣贯标准，确定贯标企业635家，制作实物标准样分发给贯标企业，实施按标生产、对标检验。推行新标准，倒逼企业调整了茶青原料结构，改进了加工技术工艺，推动了高温杀青，提高了茶叶香气，凸显了贵州茶特有的优秀品质，提高了性价比。

四是坚持以绿茶为主体，多茶类并举，打造大众好茶，提升产品性价比。注重提高大宗茶生产比重和茶青资源利用率，促进夏秋茶下树率提高。

2016年贵州省夏秋茶产量为17.2万吨，占全年总产量的60.4%，绿茶产量排名全国第二。夏秋茶下树率较好的遵义下树率达60%以上、铜仁市为50%，较差的毕节也有40%。产品品类由单一绿茶向多种茶类并存发展，并开发出袋泡茶、冷泡茶、超微茶粉、茶枕、茶食品、茶饮料、茶多酚、茶籽油等多种茶叶精加工和深加工产品，产业链逐渐延伸。

二　贵州省茶产业发展思路与目标

（一）发展思路

1. 大力实施黔茶品牌战略，确定打造重点品牌及主要区域公共品牌。通过重点品牌引领、公共品牌跟进的方式，构建黔茶品牌系列。聚焦“都匀毛尖”“湄潭翠芽”“绿宝石”“遵义红”等“三绿一红”重点品牌，大力扶持“梵净山茶”“凤冈锌硒茶”“石阡苔茶”“瀑布毛峰”等公共品牌。厘清重点品牌及区域公共品牌归属关系，规范运营管理方式方法，确保品牌品质、塑造并维护品牌形象、提升品牌价值。到2016年底，10个重点品牌和公共品牌覆盖茶园531.4万亩，总产量17.28万吨，品牌商标授权企业1089家，总产值198.8亿元。贵州省现有中国驰名商标6个、农产品地理标志保护产品19个，“贵州绿茶”农产品地理标志成为全国第一家以省为单位的茶叶地理标志。

2. “十三五”期末，贵州省将建成茶园面积46.67万公顷以上，其中投产茶园40万公顷，形成加工企业5000家以上，茶叶年产量40万吨，茶产业综合产值超过1000亿元，农民人均茶叶收入达到2000元。打造4个以上全国知名品牌，培育10个以上有一定知名度的品牌。把贵州省建成中国高品质绿茶原料中心和加工中心，绿色食品茶、有机茶的重要生产基地，重要的出口大宗绿茶的原料基地；建成在规模、品质、品牌上引领全国的茶叶强省。

3. 围绕目标市场，促进渠道落地。首先是拓展省外市场。支持企业到32个省（市）建立营运中心，开设旗舰店、形象店、专卖店、代销点等15109个，其中专卖店546个、店中店673个、专柜1060个、代销点12830

个。推动产品进入吴裕泰、沃尔玛等大型商超系统12741个点。贵州茶在华北、华东、华南等目标市场的份额日益扩大，在北京马连道等全国性批发市场的占比不断提升。其次为巩固提升了本地市场。在省内开设旗舰店、形象店、专卖店、专柜、代销点等11761个，其中专卖店2457个、店中店2119个、专柜1820个、代销点5365个；以大堂茶吧、客房、餐饮用茶等形式，进入462家星级酒店宾馆。再次是推进同界、跨界合作，资源共享，渠道共建。贵州茶叶进入老舍茶馆、上海茶叶公司、恒福茶具全国连锁系统、北京吴裕泰全国连锁系统、中烟系统、天福、茅台云商等国内重要茶叶、酒类销售渠道，初步形成互利共赢的良好合作机制。已在北京马连道，广州芳村，青岛李沧茶叶市场和天都锦茶城，济南广友茶城，上海大不同、大宁、丰庄、恒大、武夷、长青、新江湾、曹安智慧茶城，江苏溧阳，重庆南桥寺，安徽峨桥等全国性批发市场等处建立批发、销售网点，所占比重不断提升。贵州在全省已建产地茶青市场113个，中国茶城、太升茶城、都匀毛尖茶城等一批产地茶叶批发市场建设加快推进。又次是大力开拓绿茶出口市场，扩大出口份额。贵州绿茶出口主要通过本地企业自主出口、国际企业采购出口等方式，八个重点品牌产品目前已出口至多个欧盟国家、美国、新加坡、加拿大、泰国、越南、非洲、中东地区、俄罗斯、日本、东南亚等约30个国家和地区。绿宝石2016年海外订单180余吨，其中美国星巴克占了148吨；2015~2016年太古集团采购100吨贵州茶出口；联合利华自2015年以来已在黔东南生产采购茶叶200吨。贵州茶叶出口量大幅增加，根据贵州省检验检疫局数据，2016年1~7月，贵州省出口检验茶叶42批，共计496.7吨，创汇2035.4万美元，同比增长67.6%。三年来，贵州省出口检验茶叶创汇7000余万美元，出口额仅次于烟酒，排名第三。最后是推进茶叶电商全网覆盖。目前，在淘宝、天猫等电商平台销售贵州茶叶的店铺有1428家，销售单品近万个。湄潭、凤冈等茶区，建设茶园直供电子交易平台、网上商店，打造茶旅路线、主题餐厅、主题酒店、主题公园、专属茶园、品牌体验店等，线上线下联动，推动了茶产业与电商融合发展。

4. 立足生态优势和产业基础，坚持以发展高品质绿茶为重点，大力实施品牌带动战略，推进茶业供给侧结构改革与裂变发展，扩大增量，做大总量。以改种换植方式为主，适度发展新茶园，优化茶园布局，加强优质、生态、专用茶叶生产基地建设，推进茶叶主产县、产业带建设，提高茶叶基地规模化、标准化及生产安全水平。继续引导茶企向工业园区聚集，生产资源向龙头企业聚集，培育壮大一批龙头茶企，带动茶加工企业走聚集化发展道路。按照集团化、规模化、集约化发展要求，以技术创新为先导，大力调整和优化产品结构，进一步提升茶叶品质，推进茶叶初精制分离、拼配数据化。鼓励、支持和引导企业通过兼并重组、市场融资、连锁加盟等方式组建大型企业（集团），做大做强品牌企业；打造在国内外市场有较强竞争力的“黔茶”品牌。全产业链推进茶产业提升转型，加强茶叶综合开发利用，加快茶叶一二三产业深度融合，提升行业整体竞争力，努力使贵州省成为国内绿茶产业发展的强省。

5. 引进、选育、试验、示范和推广茶树良种，建设完善一批品比园、母本园。大力保护贵州古茶树资源，各个茶区的古茶树资源相继被发掘，得到合理保护和利用。通过国审良种 1 个，省级审定地方良种 4 个。加强茶产业人才队伍建设，2016 年共举行茶产业相关培训 2767 次，22.7 万人（次）参与。围绕茶叶新品种引进、开发、病虫害防治、加工生产中存在的一些共性、关键技术问题，开展项目攻关，加大成熟技术成果的推广应用力度，加强科技创新推广与成果转化。贵州省信息与计算机科学重点实验室在世界三大基因数据库中首次录入了贵州茶基因数据，容量占到了三大基因库中茶叶基因数据的 8%。建立完善了贵州茶文化生态博物馆及茶工业旧址、中国茶文化博览园（都匀）、天下第一壶茶文化公园等一批茶文化推广平台。组织专家学者挖掘整理、保护传承贵州茶文化历史资源和人文资源。成功申报了都匀毛尖茶手工加工工艺专利保护；都匀毛尖茶、云雾贡茶、湄潭翠芽茶等 9 项制作技艺被列入国家级非物质文化遗产目录。出版了《贵州茶产业发展报告（2016）》《真实的贵州茶》《贵州绿茶》《舌尖上的黔茶》《都匀毛尖》《凤茶掠影》《石阡苔茶文集》等一批茶产业茶文化书籍，拍摄了《贵州茶香》《村支书何殿伦》《带你飞跃茶海》等一批茶文化影视作品，大型电视连续剧《星火燎原之云雾街》正式开拍。相继在贵州电视台 5、6 频道分别开设《黔茶印象》《茶香贵州》栏目。2013 年以来举办了三届全省茶艺职业技能大赛，2016 年承办第三届全国茶艺职业技能竞赛，贵州代表队创造了佳绩。贵阳市茶店小学、清镇国际博雅实验小学等中小学设置了茶礼、茶道、茶俗等课程。协调金融扶持茶产业的措施，建立有效沟通机制，深化茶企与金融机构的合作，创新金融产品与融资模式，促进茶产业发展。分别与贵州省建行、省农行、省农村信用联社等金融机构沟通、磋商金融支持茶产业的措施，协调促成相关市县、茶业企业与相关金融机构的合作。推动茶叶保险工作，贵州省金融办、省财政厅、省农委等印发《贵州省 2015 年政策性农业保险工作实施方案》（黔府金发〔2015〕5 号），选择凤冈县作为茶叶试点县。2016 年农业部已立项支持贵阳市茶叶气象指数保险试点。2016 年，贵州省农村信用社通过“致富通”“黔微贷”等产品向茶农、茶企贷款，涉茶贷款余额达 5.7 亿元。国开行建立茶产业小额贷款融资模式，发放贷款 0.48 亿元。贵州省建行推出“助保贷”“黔园通”等金融产品，发放贷款 0.85 亿元。贵州省农行发放贷款 2.22 亿元。邮政银行发放贷款 0.28 亿元支持余庆县茶产业。黔茶联盟以“联贷联保”“保贷通”“互惠贷”等形式为成员解决非质押贷款 1.5 亿元。此外，贵州省发改委安排 4541 万元、贵州省财政厅拿出 1 亿元、贵州省经信委拿出 1150 万元、贵州省林业厅拿出 1032 万元、贵州省扶贫办拿出 4675.2 万元、贵州省农委拿出 7000 万元、贵州省商务厅组织企业参展等，支持茶产业发展。

（二）发展目标

1. 促进基地提质增效

整合交通、水利、发改、财政、建设、扶贫等部门的项目资金，补齐茶区水电路网等基础建设的短板。建设好采茶工休息室，配备茶区交通车，留住采工。继续大力推广瓮福、遵义粒满丰、金正大、开磷、茅台等公司生产的茶叶专用复合肥，降低专用肥的生产成本，改进推广方式，推动茶园用肥明显改观，大幅提高茶园单产，降低上游生产成本。推广锄草机、修剪机、施肥机、静电喷雾机和大宗茶采茶机的使用，降低以除草为重点的管护成本。整合林业部门绿化造林资源，种植茶园行道树、遮阴树，建立并完善“林中有茶、茶中有林”以及“乔、灌、草”一体的立体茶园生态系统。在茶旅一体化景区，配套完善茶旅游酒店、交通、文化娱乐、体育疗养等旅游基础设施。

对茶叶质量安全零容忍，建立黑名单制。发现一处，查处一处。加大绿色防控力度，继续推广黄板、蓝板以及太阳能杀虫灯，推进生物农药的大范围使用以及病虫害统防统治，将防控面积增加到13.33万公顷。以统防统治为重点，推广生物农药，降低绿色防控成本。坚持农药等生产资料的源头管理，在关键时间节点，开展用药专项治理，加大检验检测力度，实行检打联动。推进茶叶质量安全云服务平台建设，强化溯源管理。在茶叶贫困乡镇、贫困村，依托茶农合作社实施精准扶贫，以“三变”为抓手，通过土地流转托管、股权投资、务工收入、茶青销售等渠道，实现茶农脱贫致富。

2. 促进加工产业升级

鼓励支持茶区引进、培育、壮大茶叶加工企业、合作社规模，建设茶叶加工生产线，提高产能。争取“3个15万元”政策、各类小额信贷补助以及扶贫开发政策，加大对小微型企业的扶持，形成小微型企业铺天盖地的局面。

支持茶叶加工企业以清洁化、标准化、智能化为方向，改进加工机械的装备水平。推动贵州省各个层次开展以机械化、标准化为导向的夏秋茶斗茶赛，提升工艺水平、安全水平。提高全省茶叶企业的QS认证率，推动标签标识的合格率大幅上升。依托企业集团，以高性价比的主导产品为核心，联结一大批初制企业，在夏秋茶资源利用上多做文章。按照“同线同标同质”的要求，促进出口快速增长，力争将茶叶做成第二大出口农产品。

贯彻落实中央和省供给侧结构性改革精神，落实“三去一降一补”要求，围绕品牌、产业集聚、企业集团上下游企业、出口基地，选择基础好、产业链贯通、市场前景较好的集团代表贵茶联盟、贵天下集团、智慧黔茶联盟，产品代表凤冈毛峰、黎平香茶等，园区代表湄潭县核金龙茶旅核心区、石阡县龙塘茶叶园区、思南县张家寨，出口代表安顺御茶村公司作为对象，进行产业裂变发展。

加快宣传推介与市场开拓。支持茶区、地方政府以万人品茗等活动和参加当地茶博会为抓手，持续坚持对北京、上海、山东、广州、深圳等目标市场以及新增丝绸之路沿线城市，进行常态化宣传推介。省内在春茶上市、茶博会、生态文明会、茶人会等重大活动节点持续宣传贵州茶；在“五一”“十一”等节假日实现旅游景区品茗常态化。将省外的宣传推介与促进渠道落地紧密结合，支持茶区、地方政府、龙头企业抱团到目标市场以及丝绸之路沿线城市，建设各类贵州茶的营销窗口。争取对口帮扶城市的支持，促进营销渠道在帮扶城市落地。利用国安社区平台，推进贵州茶叶进入北京、上海等地的城市社区。嫁接省外贵州酒的经销渠道，推广复制“国酒茅台、国品黔茶”模式，推动酒渠道和茶叶共享。深化与省外贵州商会的合作，依托黔货出山，推广贵州茶叶。在全省范围内开展茶文化“六进”活动，推进茶叶全面进入景区、酒店、特色餐饮连锁店、高速公路沿线加油站服务区超市、社区超市、社区农产品市集等。打造一批富有产品优势、地域特色，民族文化浓郁的茶文化茶旅游项目，推进茶旅游和茶文化融合。

3. 提升产业服务保障

协调贵州省国土厅等部门，出台政策加快茶叶加工厂土地使用证办理程序，简化办理手续，降低办理费用，为茶叶企业融资创造条件。利用贵州省农村土地确权颁证的契机，推动茶园林权证的办理，推动林权证抵押担保贷款的实施，增强茶产业融资能力。发挥省、市、茶叶主产县各级农业投资担保公司的作用，加大对茶产业融资的支持。探索推广节本高效栽培技术，集成病虫害绿色防控新技术；筛选改进山地茶园管理、采摘机械，提高茶园管理机械化水平；推广夏秋茶提质增效多品类加工技术。

4. 茶叶品牌和渠道建设

一是大力实施黔茶品牌战略，聚焦“都匀毛尖”“湄潭翠芽”“绿宝石”“遵义红”等“三绿一红”重点品牌，大力扶持“梵净山茶”“凤冈锌硒茶”“石阡苔茶”“瀑布毛峰”等公共品牌。协调理顺公共品牌的产权关系，制定品牌管理及授权制度，使品牌运营走上规范化道路。“三绿一红”重点品牌及“梵净山茶”“凤冈锌硒茶”等10个品牌覆盖茶园39.86万公顷，总产量16.5万吨，总产值192亿元。

二是围绕品牌建设，开展多层次、多角度、多形式宣传推介，提升贵州茶的知名度。贵州省委宣传部牵头组建了一支宣传报道茶产业的新闻记者队伍，长期跟踪报道贵州茶产业，并在各大新闻媒体上办专刊、专栏、专版。在央视、贵州卫视等主流电视媒体进行广告宣传。在国内主要门户网站，《人民日报》《农民日报》《中国食品报》《中华合作时报》（茶周刊）等省外报纸报道贵州茶产业消息的文章日益增多。创办了“黔茶资讯”“贵州茶香”“茶YU”等微信公众平台。全省设立省内高速公路沿线广告牌406块，其他户外广告牌2205块，户内广告牌2111块，流动广告1470条。省级有关部门组织企业抱团参加国内目标市场的茶博会等重要茶事活动，在目标市场城市地标或人流量大的广场举办了万人品茗活动。2016年举办丝绸之路·黔茶飘香推介活动，到重庆、成都、西安、西宁、兰州等城市开展了贵州茶文化交流暨茶产业推介会和万人品茗活动。在省内举办了贵州茶博会、茶人会，在贵阳农交会中设立了茶叶专业馆。省内旅游景区“五一”“十一”品茗活动全面推进，推动了茶文化进机关、进学校、进军营、进企业、进社区、进乡村。各类茶事活动日益增多，总结推广“高水温、多投茶、快出汤，不洗茶”的贵州冲泡方法，引导全社会形成饮茶、爱茶、关心茶的良好氛围。

三是围绕目标市场，以嫁接渠道为主，促进渠道落地。

第三部分 前沿问题与热点探讨

Frontier Problems and Hot Discussion

B.14 “一带一路”与中国茶产业发展

吴芹瑶　陈俪元　管　曦*

摘　要：　对中国茶产业发展与“一带一路”国家战略的关系进行了分析，提出新形势下中国茶产业融入“一带一路”国家战略的必要性。中国茶叶融入“一带一路”的战略举措应注重国家战略文化先行，进行统筹规划、顶层设计，以国家战略作为品牌支撑，实现跨境电商互联互通。

关键词：　一带一路　乌龙茶　茶产业

* 吴芹瑶，福建农林大学经济学院博士生；陈俪元，福建农林大学经济学院本科生；管曦，福建农林大学经济学院副教授。

自古以来，茶叶就是“丝绸之路”贸易往来中最频繁、最重要的商品之一。“一带一路”沿线国家的人民也因茶和中华民族发展了深厚的友谊和多元文化的交流。中国茶叶因“一带一路”而盛誉广播，“一带一路”对世界茶文化的融合与发展发挥了至关重要的作用。2013 年 9 月和 10 月，习近平总书记分别在哈萨克斯坦与印度尼西亚提出了共同建设“丝绸之路经济带”和“21 世纪海上丝绸之路”的战略倡议，将“一带一路”上升到国家战略层面。当下，我们应该抓住“一带一路”这个伟大时代的宝贵机遇，重走丝路，复兴中国茶，重塑中国作为世界茶叶原产地和发源地的“大国风范”，重拾东方茶叶昔日的辉煌。

（一）中国茶叶要融入“一带一路”国家战略

中国茶叶融入“一带一路”国家战略，是实现中国茶产业发展的新机遇。要从市场、政策以及竞争优势等方面对中国茶叶融入“一带一路”战略进行分析。

1. “一带一路”国家是世界茶叶生产与消费的主体

（1）“一带一路”沿线有多个茶叶主产国和主要出口国

“一带一路”沿线的许多国家是世界主要产茶国，其产量占到了全球的 80% 以上。2014 年世界茶叶出口总量 182.5 万吨，其中斯里兰卡、中国、印度、越南和印度尼西亚五个“一带一路”沿线国家茶叶出口量分别达到 31.8 万吨、30.1 万吨、20.8 万吨、13 万吨和 6.8 万吨，其出口总量为当年世界茶叶出口总量的 56%。

（2）茶叶进口方面，“一带一路”沿线国家位居前列

“一带一路”沿线国家茶叶进口量位居世界前列。2014 年世界茶叶进口总量为 166.3 万吨，其中第一、第二大茶叶进口国均在“一带一路”沿线，分别是俄罗斯和巴基斯坦，其中俄罗斯 15.4 万吨，巴基斯坦 13.8 万吨。此外，许多沿线国家的茶叶进口量也较大。

（3）沿线国家人均消费可观

据茶叶第一资讯网数据显示，世界人均饮茶量为 2.625 磅。而“一带一

路”沿线国家土耳其、俄罗斯、摩洛哥等国的人均饮茶量分别为6.961磅、3.051磅、2.682磅，均在世界平均水平之上。可见，“一带一路”沿线国家人均茶叶消费量大，且茶叶消费市场的发展前景广阔。

2. 茶叶市场广阔

“一带一路”沿线共有65个国家和地区，涵盖全球3/5的人口，经济规模庞大，占世界经济规模的1/3，货物和服务出口占全世界的1/5，此外欧亚铁路网四通八达，茶叶运输十分便利。毫无疑问，“一带一路”沿线到面的整个区域是全球规模最大和最重要的茶叶生产和消费区域，其中蕴藏着巨大的饮茶人口红利。

3. 生产要素的竞争优势明显

在茶叶要素的配置中，中国在资金可得性、技术适用性、信息和管理先进性等方面具有相对优势，而非洲等“一带一路”沿线国家在人力富余性、土地优质性等方面具有相对优势，“一带一路”的实施可推动国家茶叶生产的全要素合作。

4. 优势互补

中国茶类丰富，茶叶产品多元化；非洲等其他“一带一路”沿线国家自然环境与生态条件好，茶叶品质和风味独具特点。融入“一带一路”，有利于各国产业优势发挥，共同提升茶叶效益。

（二）中国茶叶融入“一带一路”的路径

中国茶叶要想融入“一带一路”，就需要使中国茶叶走出去，将世界茶叶引进来，结合各方资源，推动中国茶叶与沿线国家相融合，促进中国茶产业发展。

1. 中国茶叶走出去

中国茶叶要想走出去，必须加大茶叶软硬件资本投入，建立国际茶叶的产品、价格、标准体系信息库，实现数据即时共享；利用大数据分析，实现精准营销、以销定产。生产和推荐“一带一路”沿线国家人民喜爱和欢迎的茶产品与服务。

（1）依托华人华资扩大品牌传播力

目前，全球约有6000万海外华人，居住在“一带一路”沿线国家的华侨共占60%左右。要充分调动海外华人的力量，让“一带一路”概念更加多元化，更好地与“一带一路”沿线国家的具体情况相结合，同时又保证中华文明的整体影响力。要依托当地海外华人、华资和华企，整合华人资源来扩大中国茶叶品牌的传播力，推广中国茶及中国茶文化。

（2）利用沿线国家资源提升综合竞争力

中国收集保存的茶叶种质资源有3000多份，育成350多种优良品种，是目前世界上保存茶树资源类型最多、遗传多样性水平最丰富的茶树种质资源平台，“一带一路”沿线产茶国也有许多富有特色的茶树品种，且生产成本较中国低，因此可充分利用国外有利资源，提升本国茶叶的综合竞争力。

2. 世界茶叶引进来

（1）丰富产品结构，满足大众需求

“一带一路”沿线国家茶叶产品的种类、品质风味、价格等级各具特点，这种差异性为适应国际茶叶市场多元化的需求提供了现实性。例如，非洲CTC红茶、低咖啡因茶、花草茶等以其独特品质、合理的性价比深受中国部分消费者喜爱，近年来在中国市场的贸易量稳步提升，具有较好的前景和开发潜力。同时，结合世界主要茶叶进口国和中国主要茶叶出口国情况，在让中国茶走出去的同时，也需要把世界茶引进来，如欧美地区的花果茶、拼配茶，中东和非洲地区加糖、加香料的大众茶饮等，以此来丰富中国的产品结构，满足中国消费者的消费需求，以茶叶来加强与“一带一路”沿线国家、地区的沟通与交流。

（2）推动产品创新提升市场竞争力

要加强与“一带一路”沿线国家的战略合作，创新丰富茶产品，拼配产生新产品。第一，由输送原料茶转变为输送拼配茶。满足世界人民不同的口感需求，欧美地区喜欢花果香的调制、拼配茶，中东和非洲地区喜欢加糖、加香料的大众茶饮，极具异域风情。第二，要延伸产业链，发展深加工，更多利用各自传统的工艺、科技、文化优势，开发创新适应双方市场消费特点的新产品、新包装、新组合，包括茶具、茶食品、深加工产品、文化创意产品等茶叶配套衍生产品。

（3）延伸产业链，拓展竞争业态

要扩大产业链，从国内市场延伸到国际产业链。通过在“一带一路”沿线国家举办形式多样的展销会、文化节、博览会、研讨会以及茶文化休闲旅游等活动，增强中国茶在小到“一带一路”沿线国家市场、大至国际市场上的影响力和主导地位，推进中国茶产业的国际化进程。

（三）中国茶叶融入“一带一路”的战略举措

国家实施“一带一路”战略是中国茶业发展壮大、茶产业做强的一次战略机遇。主要需从如下几点将中国茶叶融入“一带一路”的战略举措中。

1. 国家战略，文化先行

中国作为茶叶发源地，茶文化底蕴深厚，但国际茶叶消费者对中国茶叶的种类、品质、品饮方式了解不多；沿线国家都有独特的饮茶习俗，特别是非洲红茶的品质和性价比对中国市场也很有吸引力，但中国对其了解也不多；中国茶叶国际化，必须坚持茶文化先行，广泛推广中华茶文化，明晰各国茶产品和文化，加强各国茶文化的交流合作。

坚持中国茶文化国际传播长期发展的战略眼光和战略举措，为中国茶文化的国际传播和“一带一路”建设贡献应有之力。要将中国茶叶融入“一带一路”的战略举措中，就要将传统手段与现代手段相结合来传播中国茶文化。截至2011年8月底，各国已建立了353所孔子学院和473个孔子课堂，共计826所，分布在104个国家和地区。可借用孔子学院的影响力，助推中国茶叶走出去。同时，可开展茶文化夏令营活动，让沿“线”沿“带”国家青少年领略中国茶文化精髓，形成文化互动。充分发挥国内外合作院校的作用，在有条件的院校开设“一带一路”沿线国家茶文化培训课程，增加奖学金名额，扩大招收沿线国家留学生的规模，更好地推广茶文化。也可组织整合“一带一路”沿线国家的茶文化资料，编著一部“一带一路”沿线国家茶文化大全，融合沿线各国的茶文化历史，积极探索中国与世界在茶文化交往等方面的共通性。重点是在“一带一路”沿线国家中挖掘历史文化，找寻先古遗迹，以人带史，以史拉人，增强“一带一路”沿线国家人民对茶文化的认同感。

2. 统筹规划，顶层设计

不同国家之间的茶叶贸易竞争，一般以价格竞争、品质竞争、品牌竞争和文化竞争等综合能力竞争作为主打。以前是进行价格的竞争，各茶企结合自身的成本优势来单兵作战，而现在要统筹规划，进行顶层设计，在品牌竞争的同时，综合各自的优势，进行抱团出击。要建立全国联动机制，建设全国一体化、统一化的市场体系，构建全球茶业中心，服务市场。

3. 国家战略，品牌支撑

目前，我国茶叶品牌发展存在诸多问题，如有名茶无品牌、商家多品牌少、资源多整合少、行业混乱、品牌概念模糊、营销意识淡薄、机制不活、效益不高、企业科技含量少、产业集中度低、茶叶的单产量与利润低却又市场参与者众多、地域性茶品牌占据一方等问题。近年来，随着茶叶电子商务的蓬勃发展，茶叶电商平台缺乏执行标准和法律保障，导致品牌厂家和消费者利益都受到损害。同时，企业缺少对茶文化生活化的研究、推广与引领，茶文化的内涵挖掘、价值发现与品牌运用等还远远不够。因此，中国的茶产业与市场都要树立品牌意识，建立茶叶公共品牌，打出“世界茶叶，中国发源”“世界好茶，中国制造”的响亮口号。而推进中国茶国际化，需要在打造茶叶企业品牌方面下足功夫。政府可先帮扶一部分龙头茶企进入国际市场，形成强大的企业品牌辐射影响力，联动国内茶企进军国际市场。也可在互惠互利、合作共赢的基础上，有针对性地选择重点国际市场和合作伙伴，建立特色茶品牌营销点，打响中国茶品牌。

4. 跨境电商，互联互通

茶叶无国界，网络无边界。随着中国跨境电商交易额的逐年上升，要充分围绕茶业不同主体的实际需要，利用茶叶电子商务网络技术铺开“一带一路”沿线国家的线上市场，同时也要深入研究世界人民的饮茶习俗，拓展茶叶应用领域，创新个性化茶产品。线上与线下都要提供质量过硬、价格合理、适合“一带一路”沿线消费者口味的产品，做强中国茶叶品牌，做好信息服务产业，迎接茶业服务高端化的来临。

参考文献

［1］李金枝、汪平：《“万里茶道”从武夷山出发》，《东南快报》2014年11月21日。

［2］陈富桥、姜爱芹：《全球有机茶消费概况及中国的出口机遇》，《中国食物与营养》2012年第5期。

［3］陈富桥、姜仁华、姜爱芹、胡林英、陈磊：《“一带一路”战略背景下我国茶叶市场开拓策略与建议》，《中国茶叶加工》2016年第2期。

［4］蔡建国：《充分发挥华侨华人在“一带一路”战略中的力量》，《人民政协报》2015年6月11日第04版。

［5］艾瑞咨询：《2014年中国跨境网络购物用户研究》，中国电子商务研究中心，2014。

［6］陶德臣：《“一带一路”：中国茶走向世界的主渠道》，《农业考古》2015年第5期。

［7］王志民：《“一带一路”战略推进中的多重互动关系分析》，《中国高校社会科学》2015年第6期。

［8］周国富：《“一带一路”国家发展战略中的茶与茶文化》，《茶博览》2015年第7期。

［9］熊柏林：《中国茶要融入“一带一路”建设中去》，《茶世界》2014年第8期。

［10］方彩琴：《“一带一路”背景下中国茶文化的国际传播》，《福建茶叶》2015年第4期。

［11］徐国青：《论对接“一带一路”战略与做强中国茶产业》，《农业考古》2015年第5期。

B.15
2016年中国茶叶价格指数分析

陈灵诚　林　畅　邓　鸣　汤榕津　郑雅莉　朱海莹　洪雯雯　吴立平*

摘　要：　对中国绿茶、乌龙茶和花茶的价格指数和行情进行分析，对五类不同茶叶的价格指数进行了横向和纵向的比较分析。提出中国茶产业的发展应加快实施基地建设并夯实茶园基础，培育品牌并提升知名度，积极融入“一带一路”国家发展大战略等对策。

关键词：　价格指数　绿茶　乌龙茶　花茶

目前中国编制有价格指数的茶类主要是绿茶、乌龙茶和花茶，都由中国茶叶流通协会与产茶区当地政府联合编制而成。编制和发布价格指数能够延伸市场服务功能，是市场走向成熟的标志。通过分析茶叶价格指数的变动，可及时了解茶叶价格的变化情况，掌握市场茶叶价格的发展动态。茶叶价格指数分析能够为政府和行业部门提供及时的茶叶经济运行状况，为经销商及茶叶生产者提供一个完整及时的信息平台，有助于他们有效规避市场风险，降低盲目性，减少生产和交易成本，增加市场竞争力（伍萍，2013）。茶叶价格指数真实反映了茶叶价格的变化情况和发展趋势，增强了茶叶市场交易价格的透明度，可作为购买者的参考依据，引导购买者理性消费。茶叶价格指数的发布能够在一定程度上克服中国茶产业地域分布广泛、组织分散的问题，促进茶叶生

* 陈灵诚、林畅、邓鸣、郑雅莉、朱海莹、洪雯雯、吴立平，福建农林大学经济学院；汤榕津，福建农林大学园艺学院。

产行业协调发展，预防茶叶市场价格出现异常波动。同时，也有助于解决茶叶市场信息滞后和信息不对称等问题，是中国茶叶预警体系的重要组成部分。

一　绿茶价格指数与行情分析

由于中国茶叶长期以来以绿茶生产为主，因而绿茶不同品种的价格指数最为丰富，其中大佛龙井、松阳绿茶以及信阳毛尖分别编有价格指数。2010年由中国茶叶流通协会和新昌县人民政府联合编制并发布了大佛龙井价格指数，这是中国第一个绿茶价格指数。2011 年由中国茶叶流通协会和松阳县人民政府联合编制并发布了松阳绿茶价格指数，这是中国第三个单项茶类价格指数。2015年由中国茶叶流通协会和信阳人民政府联合编制并发布了信阳毛尖价格指数。

（一）大佛龙井价格指数

2011～2016 年大佛龙井价格指数稳步上升，在 2016 年达到最高值（见图 1）。新昌县政府每年 4 月都会举办“中国茶叶大会暨新昌大佛龙井茶文化节”活动。4 月正值春茶销售旺季，大批茶企和茶商从全国各地前来参加，交易市场非常火爆，高档龙井供不应求。大佛龙井的品牌知名度因此不断提升，辐射面越来越广，市场交易价格稳中有升。

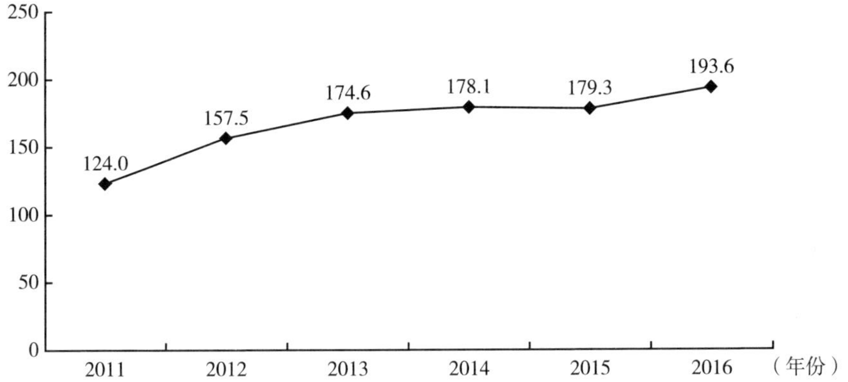

图 1　2011～2016 年大佛龙井价格指数（年度）

资料来源：中国茶叶流通协会。

由图2和表1可知，从各年度整体趋势来看，2013～2016年，大佛龙井价格指数的趋势基本保持一致。2011年和2012年大佛龙井价格指数的走势与其他年份略有不同，2011～2012年的最高值出现在3月，而2013～2016年的最高值则出现在2月。从2016年度每个月份的情况来看，由于2015年茶叶生产增产增收，2015年底茶叶库存明显增加，2016年1月茶商紧握春节前的销售机会，低价抛售库存茶叶，回笼资金。大佛龙井价格指数的峰值出现在2月。春节期间，冷空气接连不断来袭，大佛龙井上市时间较往年有所推迟，商家为抢占销售良机，从四川、贵州等地收购青叶运至本地加工后销售。本地的大佛龙井由于“倒春寒”的缘故，月底仍然没能够上市，交易市场上多为外地新茶。市场供不应求，交易价格出现反弹现象，价格指数急速走高。外地新茶的品质口感均不如本地大佛龙井，这使市场新茶交易量减少，2016年2月的交易价格指数略低于2015年同期。3月价格指数略有回落，但依然保持在较高价位。3月初，少量本地大佛龙井开始上市，但“倒春寒”造成茶树大范围冻伤冻死，茶叶因光照不足色泽大不如前，产量减少，交易市场依然供不应求，高价高品质的新茶非常抢手。3月之后价格指数急速回落。4月是春茶交易的高峰期，天气回暖，推迟上市的春茶在这个月全面大量上市，市场供不应求的状态得到解决，进入春茶销售

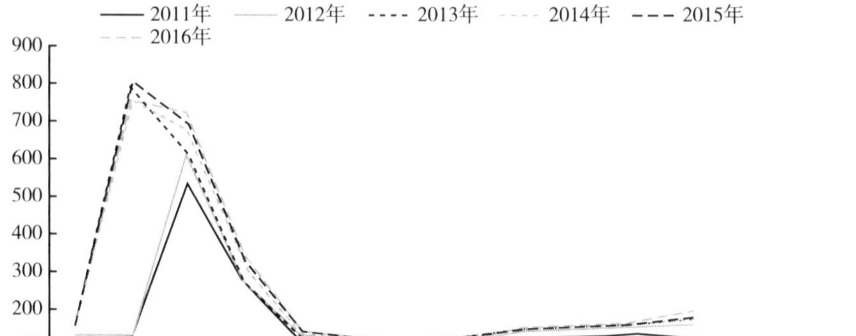

图2　2011～2016年大佛龙井价格指数（月度）

资料来源：中国茶叶流通协会。

旺季。5 月开始价格指数趋于平缓，小幅波动。9 月开始略微上升，此时台风频频登陆使雨水增加，这在一定程度上影响了茶农采摘茶叶，茶叶产量减少，且恰逢中秋佳节，节日效应也带动了市场交易。10 月，秋茶上市，进入交易旺季。随着“双 11”的到来，线上销售大幅增加，继续拉动价格指数上涨。

表 1　2011 ~ 2016 年大佛龙井价格指数

年份	1 月	2 月	3 月	4 月	5 月	6 月	7 月	8 月	9 月	10 月	11 月	12 月
2011	118.0	120.0	536.7	270.8	113.0	104.9	97.2	110.0	121.6	122.0	130.0	124.0
2012	125.0	125.0	618.8	272.0	126.1	107.6	102.7	116.6	140.2	144.6	154.7	157.5
2013	158.0	792.5	615.2	263.7	127.6	106.2	105.1	133.1	143.2	146.8	158.0	174.6
2014	163.0	750.0	677.1	309.6	142.9	119.5	108.3	126.6	141.9	150.0	160.0	178.1
2015	159.2	805.2	697.2	328.9	131.7	113.1	106.9	122.7	145.9	156.1	159.8	179.3
2016	160.4	763.1	719.5	345.1	144.9	122.2	109.4	124.0	151.6	162.1	166.6	193.6

资料来源：中国茶叶流通协会。

（二）松阳绿茶价格指数

由图 3 可知，2011 ~ 2016 年，除了 2012 年松阳绿茶的价格指数有所下滑之外，其余年份价格指数均处于上升阶段。2016 年同 2015 年相比，价格指数仅是略微上升，幅度极小，几乎持平。2016 年，松阳县以茶产业转型升级为主线，稳定面积，提升品质，打造品牌，拓展市场。全县茶园种植面积达 12.37 万亩，全年茶叶总产量达到 13520 吨，产值为 129700 万元。松阳银猴品牌价值在中国茶叶区域公用品牌价值评估发布会上再创新高。

由图 4 和表 2 可知，从各年度整体趋势来看，2011 ~ 2016 年，松阳绿茶价格指数的趋势基本保持一致，价格指数的峰值均出现在 2 月。从 2016 年度每个月份的情况来看，2 月松阳绿茶的价格指数急速上升，达到全年的最高值。受到年初极端气候的影响，2016 年松阳本地新茶上市的时间推迟到了 2 月中下旬，产量减少，且新上市的茶叶全部都是高档乌牛早，品质好价格高。干茶价格每千克最高达到 900 元，最低 700 元，普遍价格在每千克

750～800元。市场平均交易价格达到每千克776.1元。近几年，经过“松阳银猴茶叶节”等一系列活动的宣传推荐，松阳绿茶的市场知名度不断提升，新茶一上市全国各地的茶商就纷纷前来收购，市场非常火爆，促使松阳绿茶的价格指数在2月飞速上涨。3月气温回暖，春茶全面上市，乌牛早也大量上市，市场交易量远高于2015年同期，供给充足，价格指数回落。4月之后，价格指数逐渐趋于稳定，小幅波动，稳中有升。

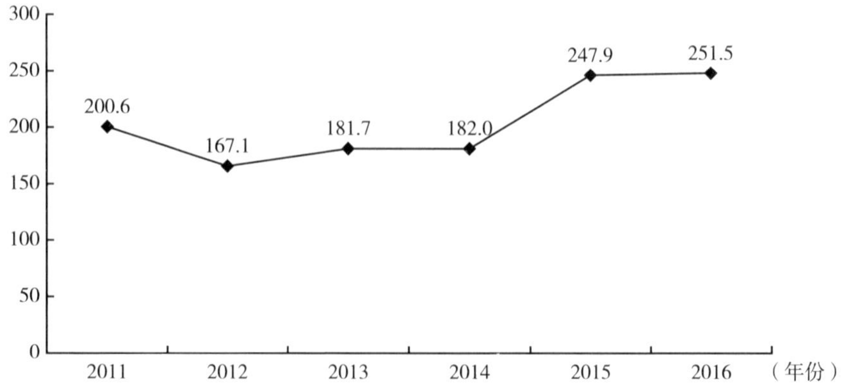

图3　2011～2016年松阳绿茶价格指数（年度）

资料来源：中国茶叶流通协会。

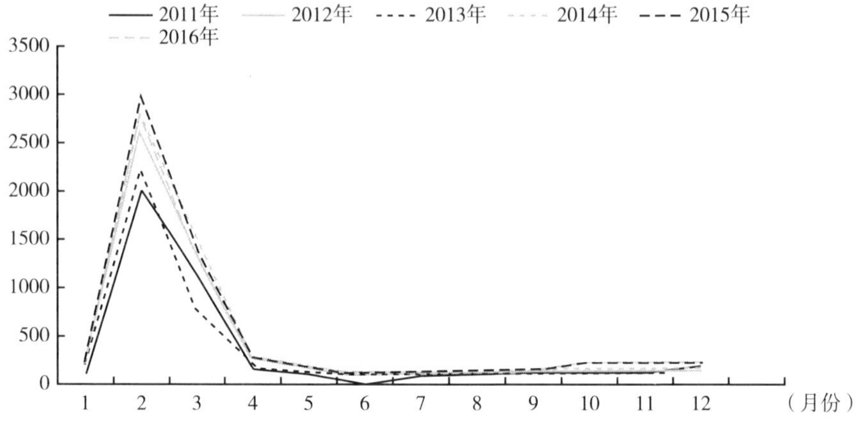

图4　2011～2016年松阳绿茶价格指数（月度）

资料来源：中国茶叶流通协会。

表 2　2011～2016 年松阳绿茶价格指数

年份	1 月	2 月	3 月	4 月	5 月	6 月	7 月	8 月	9 月	10 月	11 月	12 月
2011	126.4	2031.7	1132.0	164.8	118.6	108.8	105.4	116.6	129.7	135.2	142.1	200.6
2012	240.0	2619.1	1367.1	213.9	129.5	120.1	114.2	125.6	143.0	155.6	160.6	167.1
2013	219.1	2227.2	777.4	225.1	145.5	120.9	118.0	164.7	175.9	177.3	179.8	181.7
2014	221.3	2805.0	1455.7	271.3	181.4	139.2	134.6	142.2	146.5	176.6	178.0	182.0
2015	221.1	2979.9	1443.7	272.7	192.1	135.5	116.2	135.9	164.7	229.4	236.8	247.9
2016	251.3	2797.6	1380.4	283.3	197.9	139.5	134.5	147.1	172.7	241.5	246.7	251.5

资料来源：中国茶叶流通协会。

（三）信阳毛尖价格指数

2015 年 10 月，信阳毛尖价格指数正式发布。由图 5 和表 3 可知，从 2016 年度每个月份的情况来看，上半年，1～3 月是信阳毛尖价格指数较高的月份，2 月该指数达到全年最高值。春节是茶叶消费的高峰期，人们总会提前准备好年货和礼品茶，节日效应使信阳毛尖的市场交易量和交易价格均大幅度增长。市场需求旺盛，价格走高，茶商利用这个契机，通过各种途径加大促销力度，效果显著。1 月信阳毛尖平均单价达到每千克 1162 元。2 月，春节消费热度犹存，市场交易价格依然保持上升状态。同 1 月份相比，信阳毛尖的交易价格小幅上涨，每千克增加 33 元，达到了每千克 1198 元的历史高位。3 月，人们消费相对还算理性，仍然以中低档茶为主，但高档茶的需求量也在不断增加。4 月和 5 月信阳毛尖的价格指数回落，5 月是全年价格指数的最低点。4 月是信阳毛尖集中下市的季节，茶商通过各种促销方式及时清理库存茶叶，以便快速回笼资金。5 月，中档茶叶销量大幅下降，消费者转为消费单价较低的低档茶叶，低档茶叶交易量有所增加，市场价格下降。下半年，信阳毛尖价格指数稳步上升，在 9 月份出现一个峰值。9 月之后，价格指数持续回落。10 月，信阳毛尖价格指数的走势与 2015 年同期基本相同。

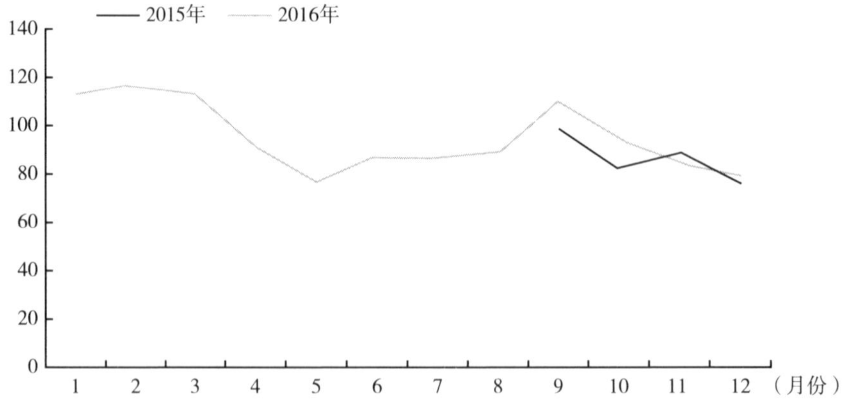

图5　2015～2016年信阳毛尖价格指数（月度）

资料来源：中国茶叶流通协会。

表3　2015～2016年信阳毛尖价格指数

年份	1月	2月	3月	4月	5月	6月	7月	8月	9月	10月	11月	12月
2015	—	—	—	—	—	—	—	—	100.00	82.18	88.84	75.76
2016	114.64	117.81	113.84	91.10	76.42	88.19	86.53	89.97	110.35	95.10	85.22	78.44

资料来源：中国茶叶流通协会。

（四）小结

大佛龙井和松阳绿茶价格指数在2月均出现了极大幅度的增长，远远超过了大众消费水平，此二者2015年、2016年的价格波动趋势与以往基本保持一致。信阳毛尖是2015年新编制并发布的价格指数，尚无法形成各年份间详细的比较。

二　乌龙茶价格指数与行情分析

乌龙茶中知名度较高的分别是安溪铁观音和武夷大红袍，由于大红袍主要是由肉桂和水仙拼配而成的，拼配的方式不同，价格偏差也较大，故乌龙茶目前仅仅推出安溪铁观音价格指数，于2009年开始由中国茶叶流通协会、海峡茶业交流协会和安溪县人民政府联合编制并发布，它是中国第一个单项茶叶价格指数。

由图6可知，2011～2016年安溪铁观音价格指数维持在105～155，跨度较小，相对稳定。2011～2013年，价格指数持续小幅下滑。2014年较2013年略有上升，上升幅度较小。2015年价格指数回落，是这六年中的最低值。2016年价格指数大幅度回升。“2016年中国品牌价值评价信息发布会”在北京举办，安溪铁观音继2015年荣获中国茶叶类品牌价值第一名后，2016年蝉联桂冠，品牌价值达到1424.38亿元，同比2015年的1401.38亿元净增长23亿元（《茶世界》，2017）。在茶叶市场竞争如此激烈的当今社会，安溪铁观音能够从众多茶类品牌中脱颖而出，创造出自己的品牌价值，是值得消费者信赖的。安溪县一直坚持开展各类形式多样的茶文化推广活动，不断夯实茶产业基础，持续推动茶叶生态改造，效果显著。

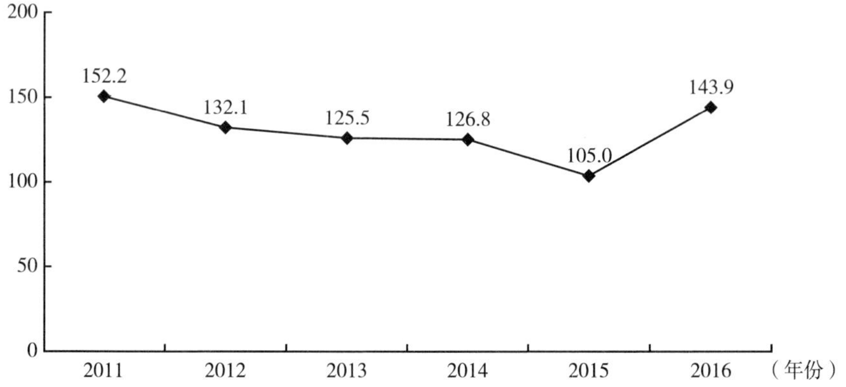

图6　2011～2016年安溪铁观音价格指数（年度）

资料来源：中国茶叶流通协会。

由图7和表4可知，从各年度整体趋势来看，2011～2016年，安溪铁观音价格指数的趋势基本保持一致，淡旺季走势基本相似。从2016年度每个月份的情况来看，年初茶叶交易市场相对平淡，上半年安溪铁观音价格指数的峰值出现在2月。2月恰逢中国传统的春节，茶叶已经成为人们置办年货或春节送礼中不可或缺的一味。根据阿里巴巴数据中心发布的“中国年货大数据报告”，猴年年货节最大的赢家是土特产，而在“热销土特产年货排行”中安溪铁观音排名第4位，线上交易非常火爆。2011~2016年，每个年度的2月，价格指数都会出现一个小高潮。2月之后价格指数持续下滑，4月是全年价格指数的最低点。4月是黄金桂、本山等早熟品种采摘、上市的季节，但是恰逢梅雨季节，安溪天气以多雨为主，这在很大程度上影响了乌龙茶的生产品质。同时，4月也是茶商抢购名优绿茶、普洱茶和红茶的最佳季节，市场上优质茶叶种类繁多，安溪乌龙茶的销量会受到影响。5月是上半年的另一个高峰期，龙涓、祥华、西坪、感德等铁观音传统优质产区多数在5月初开始采摘和初制。而以雨水为主的天气，加快了茶树叶子的老化，不利于茶叶的采摘以及后期的加工制作，不少茶农因此直接放弃了采摘茶叶，铁观音的产量会受到影响。前来安溪采购茶叶的茶客络绎不绝，产量的减少使铁观音的供给减少，价格略有提升。中高档毛茶的采购价保持在每500克180元以上，中低档毛茶的采购价在每500克百元以内，略微有所下降。下半年，在秋茶上市前期，炎热的七八月是暑期，祛暑败火茶成为茶叶交易市场的主流，受到消费者的青睐。在铁观音的主产区安溪县，铁观音陈茶（老铁）、苦茶、蜜茶等具有消暑功效的茶叶成为夏季的另类饮品（《茶世界》，2016）。但夏日炎炎，铁观音茶苗的管理成本会增加，人工采摘成本也会提高，且暑茶的销量不如春茶和秋茶，价格也偏低。9月秋茶开始上市，是茶叶交易的旺季，市场交易量迅速增加。2016年9月两个超强台风来袭，严重影响了茶叶的生长和采制，每天上市的新茶数量较往年减少，市场供不应求。至10月，秋茶全面上市，同时也进入安溪铁观音秋茶的最佳采摘期，价格指数达到年度最高值，茶叶交易市场呈现一片繁荣的景象。每年10月，几乎都是交易量、交易额以及单价最高的月份。之后价格指数回落。由于2017年的春节提前至1月，因此在2016年的12月，各地茶商就纷纷提前开始补货，消费者也提前开始采购年货和礼品茶，节日效应明显。这使12月的价格指数走高，也是2016年与其他年份相比，价格指数走势略微不同之处。

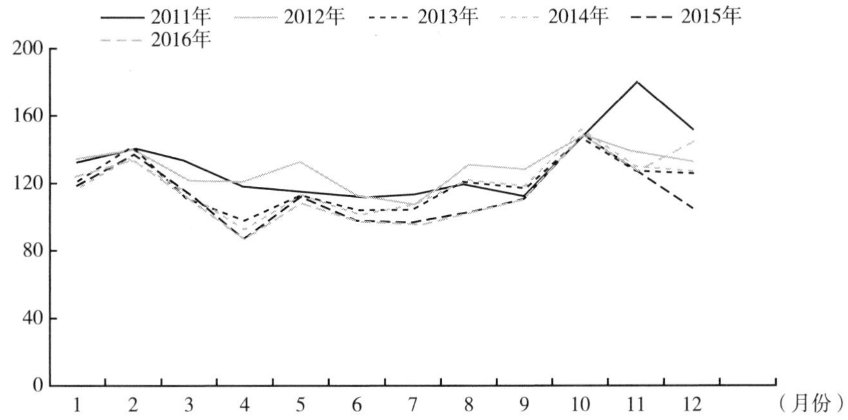

图 7　2011～2016 年安溪铁观音价格指数（月度）

资料来源：中国茶叶流通协会。

表 4　2011～2016 年安溪铁观音价格指数

年份	1 月	2 月	3 月	4 月	5 月	6 月	7 月	8 月	9 月	10 月	11 月	12 月
2011	133. 1	141. 0	133. 0	118. 0	114. 7	111. 5	113. 9	119. 5	112. 1	147. 0	179. 8	152. 2
2012	134. 3	139. 6	122. 7	121. 4	133. 1	113. 9	106. 3	131. 4	128. 3	147. 2	138. 1	132. 1
2013	121. 2	141. 2	109. 5	97. 4	112. 6	104. 8	104. 3	121. 2	116. 9	145. 7	127. 3	125. 5
2014	117. 3	136. 8	114. 5	92. 5	113. 9	101. 5	108. 2	122. 3	117. 5	151. 9	129. 9	126. 8
2015	119. 0	136. 7	114. 5	87. 7	112. 6	97. 8	97. 3	103. 9	112. 1	148. 3	126. 8	105. 0
2016	123. 4	134. 2	111. 5	86. 6	107. 6	98. 3	94. 7	101. 7	111. 7	148. 4	127. 5	143. 9

资料来源：中国茶叶流通协会。

三　花茶价格指数与行情分析

横县茉莉花茶价格指数是中国首个也是目前为止唯一一个再加工茶价格指数，于 2012 年由中国茶叶流通协会和横县人民政府联合编制并发布。

由图 8 可知，2011～2016 年横县茉莉花茶价格指数持续上下波动，且波动幅度较大。2016 年价格指数为 190. 72，同比 2015 年的 371. 13 下降了 180. 41。

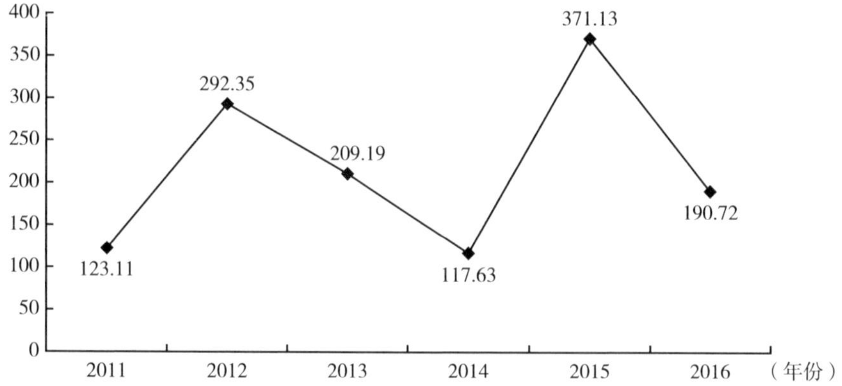

图8　2011～2016年横县茉莉花茶价格指数（年度）

资料来源：中国茶叶流通协会。

由图9和表5可知，从各年度整体趋势来看，2011～2016年横县茉莉花茶价格指数的走势差异较大。由于受到茉莉花花期的影响，横县茉莉花茶价格指数仅有4～10月的数据。2016年上半年，横县茉莉花茶价格指数基本处于持续下降的状态。4月底，横县茉莉花茶开始上市，上市的平均单价为每千克16元。天气温暖湿润，有助于茉莉花的生长，促使茉莉鲜花的产量大大提升，市场供需相对平衡。6月中下旬，横县多雨的天气在一定程

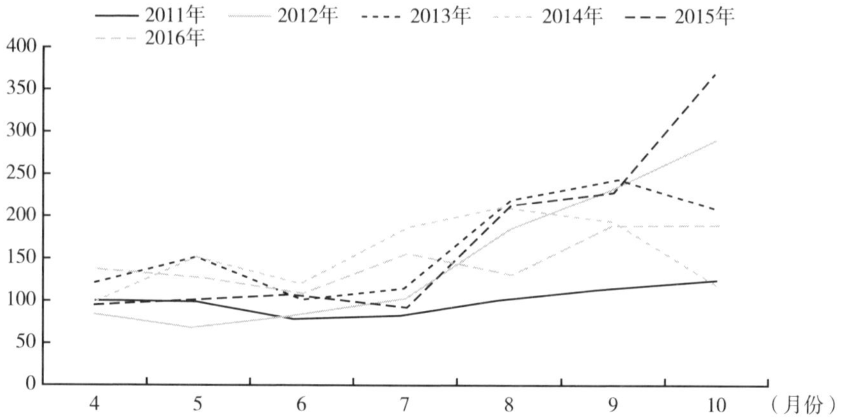

图9　2011～2016年横县茉莉花茶价格指数（月度）

资料来源：中国茶叶流通协会。

度上影响了茉莉花茶的价格，单价降至每千克 12.7 元。进入下半年，随着夏季的到来，交易市场逐渐活跃。8 月 21 ~24 日，2016 年（中国）横县茉莉花文化节在横县举办，这促使交易市场进入高峰期，价格指数稳步上升。10 月，价格指数达到全年最高值。受冷空气的影响，茉莉鲜花产量减少，许多加工商无法完成花茶加工，导致花茶价格被抬高。

表 5　2011 ~2016 年横县茉莉花茶价格指数

年份	4 月	5 月	6 月	7 月	8 月	9 月	10 月
2011	—	100.00	77.06	84.10	103.01	115.38	123.11
2012	83.59	67.53	80.76	103.78	186.25	233.16	292.35
2013	119.32	151.29	100.09	115.89	220.19	242.44	209.19
2014	98.80	154.64	121.13	185.57	209.67	193.3	117.63
2015	92.78	101.37	107.39	91.92	211.34	229.38	371.13
2016	137.80	128.87	109.10	156.35	129.70	189.86	190.72

资料来源：中国茶叶流通协会。

四　五类价格指数比较

从每个年度各月份的价格指数走势来看，大佛龙井及松阳绿茶的价格指数走势各年度基本相似。而安溪铁观音和横县茉莉花茶的走势各年度则有较大差异。就市场单价而言，中低档安溪铁观音每千克 360 元，大佛龙井每千克 400 元，松阳绿茶每千克 750 元左右，信阳毛尖每千克则高达上千元，而横县茉莉花茶为加工茶类，与其他 4 种茶相比，市场单价低廉，平均单价仅每千克二十几元。五类茶叶市场单价差异较大。由于受到茉莉花花期的影响，横县茉莉花茶价格指数仅有 4 ~10 月的数据。就其他 4 种茶而言，2 月的价格指数都处于高值。2 月通常是中国传统的春节，节日效应能够带动茶叶市场的消费。“明前茶，贵如金”，2 ~3 月恰逢“明前茶”上市，也是该时段绿茶价格指数走高的原因之一。10 月秋茶大量上市，是价格指数的另一个高点（主要是乌龙茶）。

五　对策及建议

（一）加快基地建设，夯实茶园基础

对于安溪铁观音而言，这两年价格的下降，一方面源自中央八项规定对于原有价格泡沫的挤出，使其价格回归常态；另一方面源自其他地区低标准、高农残的茶叶顶着安溪铁观音的牌子所造成的市场混乱，使其品牌公信力和价值下降。因此，其今后的发展方向应是加快自有基地建设，推进茶叶标准园建设，推广现代生态茶园生产技术，发挥示范带动作用。另还应充分发挥当地政府及行业协会的作用，保护安溪铁观音这一地理标志品牌。

（二）培育品牌，提升知名度

对于横县茉莉花茶而言，应培育茉莉花茶品牌，提高其自身的知名度，引导市场转向中、高端产品消费。横县茉莉花茶品牌企业应根据社会经济发展走势，生产中、高端产品，提升产品的包装质量，引导花茶消费者转向中、高端产品消费，提升生活品质，同时提高横县花茶品牌的影响力（《茶世界》，2016）。

（三）积极融入“一带一路”国家发展大战略

应积极融入“一带一路”国家发展大战略，努力拓展国内外市场，鼓励市级龙头企业联合各中小茶企，确立重点区域，建立专卖店、批发店、各大商场专柜，大力发展茶叶产品电子商务，建立区域性线上茶馆，拉动线上销售（贺鼎，2017）。

参考文献

［1］伍萍：《全国茶叶价格指数工作总结》，《茶世界》2013 年第 9 期。

［2］《2016 年 12 月中国茶业指数与行情分析》，《茶世界》2017 年第 1 期。
［3］《2016 年 7 月中国茶业指数与行情分析》，《茶世界》2016 年第 8 期。
［4］《横县——茉莉花茶产销形势调研报告（2016）》，《茶世界》2016 年第 9 期。
［5］贺鼎：《2016 年度重庆市茶产业发展调研报告》，《中国茶叶》2017 年第 3 期。

B.16
茶业电子商务发展研究报告

陈祖武　周　雄　范水生　张　佳*

摘　要：　近年来，我国电子商务产业发展迅速，茶叶产业垂直电子商务也随之高速发展，茶叶企业开始拥有独立的域名网站，O2O 模式、社会化电子商务、平台型电子商务也开始在茶产业中流行起来。目前，茶叶在电子商务产业中的交易规模虽不断增大，但仍有渗透率低、标准体系待完善、同质化竞争严重、运营模式单一、价格竞争激烈、信用体系尚待完善、网络市场混乱、消费者结构错位等诸多问题等待解决。未来的电商发展会以平台型电商产业为主导，社会化电商日趋壮大，消费者群体得到细分，品牌意识逐渐加强，线上线下相互融合，价格竞争转向品质竞争。

关键词：　茶产业　电子商务　社会化电子商务　平台型电子商务

一　茶业电子商务发展历程

20 世纪末 21 世纪初，茶业电子商务的发展最早是以独立域名网站的形式出现的，但当时只有少数的茶企和茶农开展此类活动。随着互联网的普及，越来越多的茶企和茶农开始架设网站，使与茶叶相关的网站数量急剧

* 陈祖武、周雄，福建农业职业技术学院经管学院讲师；范水生，福建农林大学安溪茶学院教授；张佳，福州职业技术学院商学院讲师。

上升，竞争十分激烈。由于这类网站在支付体系和信用体系等方面存在缺陷，因此大部分网站在发展过程中逐渐被市场淘汰，另外一小部分网站则转型为茶叶垂直类电子商务平台。最近 10 年来随着以阿里平台为代表的平台型电子商务的快速发展，并逐渐成为当前电子商务的主流，茶叶垂直类电子商务平台的发展明显受到挤压，其中的一部分平台慢慢向 O2O 模式调整，出现了 O2O 的模式。另外，早期的 BBS 和网站论坛是茶叶社会化电子商务的雏形，QQ 的大量普及，微博、微信和智能手机的广泛应用，使茶叶社会化电子商务得以快速发展。因此整个茶业电子商务的发展呈现了此消彼长、交替发展的态势。

（一）茶叶独立域名网站的发展

20 世纪 90 年代末，随着国内互联网的出现，部分茶企开始采用独立域名网站建设的形式开展电子商务。由于在当时互联网是个新生的事物，一些有着前沿意识、勇于创新的茶叶企业甚至一些茶农开始架设属于自己的网站，但是整体比例还是非常低的，而且这些已经创办网站的企业以进出口公司居多，估计这与它们本身所从事的业务以及所处的环境有关。由于国外的互联网发展相对比我们国内早，因此这些进出口茶企需要与国外对接，从而有机会接触互联网，甚至有些是因为业务所迫而率先开展互联网业务的。但是在这些网站中，多数网站只具有展示功能，基本只起到广告宣传的作用，功能比较简单，基本无法实现网上销售和网络支付。

随着互联网的发展，各种网络硬件和软件设施都得以改善，茶企中特别是那些龙头茶企中，开设网站进行电子商务营销的也逐渐增多。在那些建设有独立域名网站的茶叶企业中，多数是以贸易型为主导的企业，而且以出口外贸型的企业居多，多数生产型的茶叶企业要么没有架设自己的网站，要么把企业网站挂靠到第三方网络平台的二级域名上，整体发展还是比较滞后的。表 1 是 2008 年中国茶叶百强前 20 位企业的网站建设情况（黄晓峰、戴素贤，2000）。

表 1　2008 年中国茶叶百强企业独立域名网站建设情况（前 20 位）

序号	企业名称	域名
1	中国茶叶股份有限公司	www. teachina. com
2	浙江省茶叶集团有限公司	www. chinagreentea. com
3	云南大益茶业集团	www. dayitea. com
4	湖南省茶业有限公司	www. xiangtea. com
5	安徽茶叶进出口有限公司	www. ahcy. com
6	广东茶叶进出口有限公司	www. tea-guangdong. com
7	上海天坛国际贸易有限公司	www. tiantanint. com
8	北京张一元茶叶有限责任公司	www. zhangyiyuan. net
9	云南下关沱茶〔集团〕股份有限公司	www. xgtea. com
10	昆明七彩云南庆滓祥茶业股份有限公司	—
11	浙江华发茶业有限公司	www. wafatea. com
12	浙江省诸暨绿剑茶业有限公司	—
13	北京吴裕泰茶业股份有限公司	www. wuyutai. com
14	福建省安溪八马茶业有限公司	www. bamatea. com
15	福建省安溪铁观音集团有限公司	—
16	新昌县诚茂实业有限公司	—
17	四川省峨眉山竹叶青茶业有限公司	www. zhuyeqing-tea. com
18	宜昌萧氏茶叶集团有限公司	www. yctea. com
19	北京更香茶叶有限责任公司	www. gx-tea. com
20	福建茶叶进出口有限责任公司	www. fteast. com

资料来源：赵雯俊：《茶叶企业互联网商业模式研究》，湖南农业大学硕士学位论文，2009。

目前，建设独立域名网站开展电子商务营销活动已经得以普及，不仅是茶企，就连一些个人也开设了网站，并且依托百度和谷歌等搜索引擎推广自己的网站。但是由于当前架设网站门槛低，在互联网中茶叶网站数量庞大，利用百度输入“茶叶”两个字进行搜索，搜索到的网页数量多达八千多万个。因此那些实力较弱的茶叶网站，特别是个人网站，要么走个性化服务的道路，要么被市场淘汰，而实力相对雄厚的茶叶网站，则慢慢转型，走垂直化电子商务的道路，也同时促进了茶叶垂直类电子商务的发展。

（二）茶叶垂直电子商务的发展

垂直电子商务是指针对某一个行业或者在某一个细分市场中进行深挖经

营的一种电子商务模式。通常情况下，垂直类电子商务平台下的商品都是相同类别的或者相似的。茶叶垂直电子商务大都以茶叶经营为主，兼营一些与茶叶相关的衍生品，比如茶杯、茶壶、茶文化产品等。垂直类电子商务由于其经营的专业性和专注性，也会吸引一些特定的消费群体。

目前多数茶叶垂直电子商务网站不仅提供茶叶等产品，还提供与茶叶相关的一些信息服务，比如茶叶专业知识、饮茶文化、行业新闻和市场行情等信息，因此也经常被称为茶行业门户网站。最近几年国内也涌现了一批茶叶垂直电子商务网站，如中茶网、和茶网、买茶网等，具体的网站名称、经营内容及其经营特色见表2。

表2　我国主要的茶叶垂直电子商务网站及其经营内容与特色

名称	创办时间	经营内容与特色
买茶网	2007年	买茶网是一家大型的在线茶叶销售网站，主要销售安溪铁观音、西湖龙井、黄山毛峰、云南普洱茶、六安瓜片、太平猴魁、祁门红茶和台湾高山茶等各类茶叶，厂家直接供应，减少流通环节，让利于客户，价格低廉，保证货源质量
第一茶叶网	2008年	第一茶叶网的定位是“中国茶叶综合性门户网站”，为茶资讯之海洋、茶商务之CBD、茶销售之超市、茶人之沙龙，以实现“资讯+商务”服务的双赢
尚茶网	2008年	为广大茶友提供优质的茶叶及茶具，茶农直接供货保证了更直接、更正宗的货源，公司老板为地道茶农
茶城网	2008年	茶城网是普洱的信息网站，里面包括在普洱的吃住玩介绍，普洱新闻，普洱酒店住宿查询，普洱房产、汽车广告，普洱茶的频道，普洱的特色，普洱的风景等内容，为来普洱游玩和找工作的人们提供服务
中国茗茶网	2008年	网站创始人立足茶叶传统市场，借力于互联网无限空间，力争将茶事业推向更高的层次，满足更多上网人士的需求
和茶网	2010年	和茶网产品已经涵盖七大类：绿茶、乌龙茶、红茶、白茶、黑茶、黄茶，以及特色养生茶、花草茶等特色加工茶类，网站对其进行有机整合，整合全国各个名优茶产地的优质茶产品，面向全球客户进行销售
一道茶网	2010年	中国综合性茶行业门户网站，以弘扬茶叶文化、普及茶业知识为主。提供茶业行情及茶业供求信息，包括茶业新闻与茶业资讯、茶业批发、茶业招商加盟、茶业商城、茶业论坛等茶行业内容
中国茶网	2010年	综合利用网络资讯、手机短信、电子期刊等线上媒介，结合线下茶类展会、茶类期刊杂志社、茶类协会与学会、科研院所、学术机构，立体传播茶叶行业信息和文化知识；通过论坛与会员互动，交流茶道，感悟生活

续表

名称	创办时间	经营内容与特色
买买茶	2010年	国内唯一一家真正的全产业链线上茶叶B2C电商平台,与百余家知名茶企品牌合作,拥有红茶、绿茶、白茶、乌龙茶、黑茶等各大品类,数百个单品,是国内最大的茶企业综合营销解决方案的提供商,实现线上、线下全产业链运作的茶行业集团公司
茶多网	2010年	相较于B2B、B2C等主流商业模式,茶多网创新性地采用"F2C"(从农民直接到消费者)的商业模式。"2"一语双关,一是茶农与消费者之间的介词,二是代表茶多网两大特色服务。提供第三方权威的茶叶价格指导服务和茶叶质量检测服务
好茶网	2011年	平台致力于提供品牌优质、生态健康、价格实惠的好茶产品。茶叶覆盖西湖龙井、洞庭碧螺春、黄山毛峰、庐山云雾、六安瓜片、君山银针、信阳毛尖、武夷岩茶、安溪铁观音、祁门红茶等中国名茶。其口号是"精选中国好茶",倡导好茶文化,每天一杯好茶,体验一种放松的心情
中国普洱茶网	2011年	位于中国最大的普洱茶经营市场云南康乐茶文化城内,由中国信用财富网提供信用监督,保证诚信,同时也是云南康乐茶文化城的官方网站。目前已经成为普洱茶行业每日访问量最多和服务能力最强的网站之一,主要为云南康乐茶文化城的商家、云南普洱茶厂家提供报价、批发、销售、品牌推广等方面的服务
大茶网	2013年	大茶网专注于创造简单、快捷的涉茶类购物体验,推动中国茶产业的壮大与国际推广,填补国内茶业市场空白,整合散乱的商户资源,提供电商平台进行线上线下互动体验式营销,让商品渠道统一化、标准化。以茶行业为核心,涵盖物流、终端、茶类网络系统、茶附属品、茶文化、行业咨询平台等项目,开展加盟体系、终端一站式管理、产品开发设计与销售等服务

资料来源：本研究整理。

到目前为止，茶叶垂直电子商务的发展不容乐观，来自易观的数据显示，在茶叶B2C网上零售市场中，以天猫、京东等为代表的综合性平台占据了90%的市场份额，而垂直类平台只有10%的份额（赵雯俊，2009）。在严峻的市场竞争面前，这些垂直类茶叶电商，要么被市场淘汰，比如茶叶垂直类电商巨头"也买茶"因经营压力，停止营业；要么选择转型，寻找新的突破口，比如大茶网、茶搜搜和MTea等逐渐开展O2O服务，因而也推动了茶叶O2O模式电子商务的发展。

（三）茶叶 O2O 模式电子商务的发展

O2O 即 Online To Offline，而 O2O 模式经常被称为线上线下模式，即在线上搜寻客户，吸引粉丝，线下体验，提供服务。上文笔者提到，在严峻的市场竞争面前，不少茶叶垂直电商平台为了避免被市场淘汰，开始试水开展线上线下联合营销的方式。比如大茶网，采用连锁加盟的方式在全国十几个省开设了五百多家体验店，茶搜搜也在全国各地布局了数量众多的线下体验店，MTea 则采用“体验店 + 线上 + 上门服务”的方式开展 O2O 电子商务，也开设了多家线下体验店，并聘请了大量的线下服务人员上门为客户提供服务。

当前 O2O 模式具有如下优势：一是消费者不仅可以享受到线上的价格优惠，还可以到线下体验店进行体验，减少了信息不对称给消费者带来的伤害，从而在一定程度上提高了客户转化率。二是线下体验店不仅是体验店，还是仓储和物流配送中心，提高了快递的配送速度，也提高了客户的满意度。

虽然 O2O 模式具有一定的优势，但是也存在不少问题，如运营成本的问题，开设线下体验店就需要租赁店铺，同时需要配备一定的专业人员，无论是房租还是员工工资都加大了运营成本。因此目前多数茶叶 O2O 电子商务商家的盈利情况并不乐观。当然作为一个崭新的模式，其需要在摸索中前进，需要一定时间的积累和检验，更需要整个社会的理解和支持。

（四）茶叶平台型电子商务的发展

茶叶平台型电子商务的应用在 20 世纪末已经开始出现，由于当时国内的平台型电子商务最初是以那些中小企业为服务对象的，实现的是企业与企业之间的对接，这些平台以阿里巴巴、慧聪、中国制造网、环球资源网等为代表，因此茶叶平台型电子商务最初主要应用于一些茶企依托电商平台开展进出口业务。

随着互联网的发展，网民数量急剧增多，出现了以个人网络交易为服务对象的电子商务平台，其中以淘宝最为著名。这些电子商务平台因其集聚效应、便利效应和信用担保等优势（亿邦动力网，2012），吸引了众多的茶企和茶农入驻，同时也吸引了大量的茶叶消费者光顾，目前已经成为茶叶电子商务的一个主流，并占据了绝大部分的市场份额。以阿里研究院发布的《2015 茶叶电商微报告》为例，2013 年阿里零售平台销售茶叶 41 亿元，2014 年茶叶销售额为 69 亿元，2015 年共卖出了 88 亿元的茶叶，相对于 2014 年增长了 27.5%，相比 2013 年则增长超过一倍。

（五）茶叶社会化电子商务的发展

社会化电商模式是融合了社交媒体和电子商务形成的一种新的商业模式。社会化电子商务模式在茶叶中的应用，最早可以追溯到 21 世纪初的 BBS 和一些社交论坛，部分有一定互联网应用能力的茶农率先在国内一些著名的论坛上采用所谓的“灌水”和“顶帖”等方式开展论坛营销。另外随着 QQ 等聊天工具的出现，一些茶农充分利用这些聊天工具的便捷性，在全国各地开展了 QQ 营销。近期随着社交化平台的发展，特别是微博、微信和以智能手机为代表的智能终端的快速发展，更多茶农涉入目前社会上所提到的“微商”，电子商务正在向社会化商务阶段过渡（付媛，2013），并有可能成为一种趋势。社会化电子商务对于企业而言既是个机遇，也是个严峻的挑战（Liang et al.，2012）。随着社会化电商的进一步发展，涌现出各种各样的微商城。

二　茶业电子商务发展现状

（一）交易规模不断增大，渗透率有待提升

我国网民规模非常大，截至 2015 年 12 月，我国网民数量为 6.88 亿人。由于方便快捷，网络购物日趋成为网民的主要消费方式，甚至成为一种生活方式，有过网络购物经历的网民多达 4.13 亿人，网民已经成为消费的一个

中坚力量。在这种背景下，我国的茶叶电子商务交易规模也在不断增大。据中国电子商务研究中心数据，2010 年茶叶电商 B2C 市场交易额为 12 亿元，2011 年达到 22 亿元，2012 年更是突破 39 亿元，2013 年接近 85 亿元，2014 年为 113 亿元，2015 年增长的速度稍微放缓，市场规模近 120 亿元。茶叶电子商务虽然取得了较快的发展，但是整体渗透率还是偏低的。据报告，截至 2015 年 12 月，网民网购使用率为 60.0%（张冕、鲁耀斌，2014）。另外根据国家茶叶产业技术体系产业经济研究室数据，茶叶的电子商务流通约占整个行业流通的 20%，与其他行业相比，其电子商务渗透率还是相对偏低的，估计与茶叶消费的现场体验性要求较高有关，多数消费者还是选择到实体门店购买，茶叶的电商渗透率还有待提升。

（二）标准体系建设滞后，同质化竞争严重

当前茶叶标准体系的建设虽然已经取得了一定的成效，但由于我国是产茶大国，茶类齐全，品种繁多，各种茶叶的外形、色泽、香气和滋味差别很大，品质特征复杂，即使同一品种内不同时间、不同地点、不同加工方式的茶叶也有很大差异，目前很难完全用仪器检测各种茶叶的质量和等级，因此标准众多，制定一套合适的标准体系和分级体系是一大难题。另外消费者在消费时需要通过感官对茶的“形、色、香、味”进行评定，人工评测主观性强，增加了消费者识别的难度，因此即使是同一类茶叶，也很容易被不同的人鉴定为不同的等级。

（三）运营模式相对单一，价格竞争激烈

随着电子商务的发展，越来越多的茶企和茶农开始涉入茶业电子商务，但是多数茶农茶企电子商务运营模式相对单一，首先，在电商模式的选择上比较集中，多数经营者选择第三方平台开展业务，而且以阿里体系的天猫和淘宝居多。随着微博微信的发展，特别是微商和自媒体等形式的发展，众多茶农茶企已经介入社会化电子商务模式中。其次，茶农茶企在营销模式上也是简单地相互模仿，比如采用刷单刷信誉或者购买关键词广告之类的手段，在营销手段上缺乏创新性与新颖性，而且由于缺乏专业的茶叶知识和服务能

力，在服务内容上也相对单薄。另外多数茶企茶农由于没有形成独特的竞争优势和商业模式，同时也缺乏品牌意识，没有品牌的支撑和核心竞争力，在网络上只能依靠造概念和价格战两个方式参与市场竞争。在流量为王的互联网时代，茶企常通过降低茶叶价格以期换取更高曝光率，从而获取更高的流量和销售额，因此也导致了价格竞争十分激烈。根据阿里巴巴数据，2015年平台“双11”销售的茶叶，单价100元/千克以下的多达七成以上。

（四）信用体系尚待完善，网络市场混乱

信用是商业贸易的基础，在电子商务中尤其重要，各商家的信用指标已经成为消费者网络购物时的主要参考标准。虽然我国的电子商务已经取得较大发展，各大电子商务平台都架设了自己的信用评价体系，但是整个信用体系的建设还是相对滞后的，这些信用体系基本是各个平台所独自拥有的，无法实现共享。另外这些信用体系存在一定的漏洞，不少商家利用这些信用体系的漏洞，采用刷单、刷信誉的方式，提升自身店铺的信誉，给整个信用体系建设带来一定的困扰，降低了信用体系的说服力。另外茶叶的标准众多，茶叶品质无法进行标准量化，也难以实行严格的质量等级划分，因此即便是同样一种茶，也经常出现同质不同价的现象，增大了消费者的识别难度。在信用体系不完善的情况下，有些不良商家就采用“骗一个是一个”的短期机会主义行为，以次充好、以假乱真，采取用非原产地茶叶来冒充原产地茶叶、用新茶冒充老陈茶以及恶意抬高或降低价格等做法，使茶叶消费市场鱼目混珠，真假难分，严重扰乱了茶叶市场的正常秩序，不仅欺骗了消费者，也损坏了茶叶消费的口碑，造成消费者对茶叶电商市场失去信心。

（五）用户群体有所增加，消费者结构错位

随着茶叶电子商务的快速发展，茶叶网络消费群体有所增加，但是存在结构错位的问题。据阿里研究院发布的《2015茶叶电商微报告》数据，在网络上购买茶叶的消费者群体中，18～29岁的占43.25%，30～40岁的占18.32%，两者合计占到61.57%，他们在网上购买茶叶的主要目的是送礼。

但茶叶消费的主力军，特别是饮茶的主力人群是中老年人，而中老年人由于年龄和教育等各方面原因，对网络不熟悉，缺乏网络购物经验，另外也对网络上所购买茶叶的质量不放心，在网上购买的茶叶数量很少。另外同样根据淘宝数据，在茶叶网络消费中，新手和初级茶叶消费者占据了70%多，因此导致了一个用户错位现象：喝茶的不网购，网购的不喝茶。

（六）产品定位相对低端，用户体验度欠佳

价格相对低廉是茶叶电子商务的一个特点，但这也在一定程度上导致了茶叶产品定位相对低端。当前主流的平台型电子商务中，产品横向排列，一个页面基本能够呈现几十个商家，消费者无论是搜索还是比价都更加简单。但由于缺乏品牌的支撑和核心竞争力，广大茶企怕失去客户，都不敢把价格定得过高，甚至有些采用低价引流和回头客战略的商家所定的价格都低于成本价了。价格的降低也带来了产品定位的下降。但是随着生活水平的提高，消费者对茶叶的品质要求也越来越高，其茶叶消费讲究色、香、味俱全。而在电子商务市场上，仅从商家提供的图片和一些文字描述，无法直观准确地判断茶叶的品质，这为商家的机会主义行为提供了条件，低廉的价格也无法让商家提供高质的服务，因此消费者的线上消费体验难免欠佳。

（七）网络品牌快速崛起，品牌建设仍旧滞后

网络的特点就是开放性、自由性和低门槛。在电子商务发展初期，多数传统茶叶企业对电子商务重视程度都不够，这为一些新兴的茶叶网络企业发展提供了很好的机会，也造就了一批新兴茶叶网络品牌的崛起，如艺福堂、中闽茶业、新购茶业、森舟茶叶等。这些新兴茶叶网络品牌充分利用其先进的网络营销理念和营销手段，凭借过硬的茶叶质量，获得了多数茶叶消费者的认可（中国互联网络信息中心，2017），并伴随着互联网的红利期茁壮成长起来。但整体而言茶叶网络市场仍然处于“有品种，无品牌”的状态，企业品牌建设仍旧滞后。据浙江大学CARD中国农业品牌研究中心与阿里研究院联合发布的《2016年农业品牌网络声誉研究报告》的数据，在“农业

区域公用品牌网络声誉50强”中，茶叶类品牌占得近半壁江山，而且在前10强中，茶叶占据六席，分别是云南普洱茶、浙江西湖龙井、福鼎白茶、安吉白茶、信阳毛尖、坦洋工夫。但在“农业企业品牌网络声誉50强”上榜品牌中，休闲零食类品牌占到了30个，茶叶品牌则只有5个，分别是吴裕泰、张一元、天福号、大益和艺福堂。从这些数据可看出茶叶企业品牌的发展与茶叶公共区域品牌很不相称，企业品牌仍旧滞后。

三 茶业电子商务的发展趋势

（一）消费群体细分步伐加快

随着电子商务的发展以及人们物质生活水平的提高，茶叶电子商务消费群体逐渐增加，首先体现为非专业级的大众消费者的增加，近年来柑普、普洱丹珠、高端熟茶等茶叶的大放异彩就是非专业类消费群体逐渐增加的一个例证。另外随着“买方市场”的到来，消费者很难再满足于以往单一、大众、毫无个性的服务和商品，他们变得不再将就，而是勇于将自身内心的需求表达出来。整个茶叶市场也正在进入一个高度细分的消费时代，茶叶消费已经由过去固化的中老年人消费向更为细分的市场拓展，比如年轻市场、女性市场等。

（二）企业品牌诉求得以加强

茶叶企业品牌建设远远落后于市场，已经成为制约我国茶产业发展的一大障碍。随着消费的升级，消费者对茶叶品牌消费的需求逐渐增强，国内消费者逐渐由购买散茶向购买品牌茶叶转变，品牌建设符合广大消费者特别是那些年轻消费者的消费需求。品牌消费具有信任作用，茶叶消费具有信息不对称的特点，传统市场如此，电子商务市场更是明显，因此信任非常重要。品牌能向消费者传递一种信息，表明它们是值得信赖的，能提高消费者的信任度和消费意愿。品牌消费还具有示范和引领作用，能向消费者传递品牌文化和消费主张。当前的年轻人，在观念与意愿上，注重品牌及品牌文化，在茶叶消费上，有购买意愿，但更倾向于消费有品牌基础与品质保证的茶叶。茶叶企业品牌不仅可以满足消费者的需求，还可以利用品牌的文化主张，引领消费者。广大茶企可借助区域公共品牌的影响力和知名度，寻找产品的独特性，打造个性化的卖点，加大宣传力度，提高产品知名度，加快自身品牌的树立和影响力的扩大，实现品牌的精准定位和差异化诉求。

（三）平台型电子商务仍是主导

茶叶电子商务经过多年的发展，虽然已经呈现了多种商务模式，但在未来的一段时间内，平台型电子商务模式仍将主导整个网络零售市场，并占据市场的绝大多数份额。报告显示，2015 年，中国网络零售市场的集中度进一步提高，平台型电子商务主导了网络市场，其中阿里系和京东占据了中国网络零售 90% 以上的市场份额（葛福江，2016），茶叶电子商务市场也是如此。究其原因，消费者在挑选各种商务模式和购物网站时主要考虑各种模式和购物网站的特质以及自身的需求等因素。其中平台型电子商务因为集聚效应、便捷和第三方担保机制，吸引了众多消费者。淘宝起步较早，以价格实惠被广大网购消费者所熟知；据调查有 28.2% 的网购消费者经常光顾淘宝。天猫以品类丰富等优势受到网购消费者的欢迎，占据了 23.1% 的市场份额；京东因物流配送快速可靠，并提供灵活多样的支付方式，备受消费者关注，9.6% 的消费者对其青睐有加（中国互联网络信息中心，2016）。而在将来，以阿里体系和京东体系为主的平台型电子商务由于拥有庞大的用户及商家基数，在网络效应下，在茶叶电子商务领域仍将占据主导地位。

（四）社会化电子商务日趋壮大

随着社交媒体的逐渐发展，社交化电子商务（即社会化电子商务）迎来了新的发展机遇，消费者对社交化电子商务购物的认可度日益提升。数据显示，2015 年社交网购用户多达 1.45 亿人，比 2014 年增加了 2330 万人，年增长率 19.1%；社交网购在网购用户中的使用率由 33.8% 提升到 35.2%，年增长率为4.1%；网购用户人均年度社交化网购金额为2134元，较2014年提升918元，增长幅度为75.5%；人均年度社交化网购次数为7.2次，较2014年提升1.2次；在有过网上购物经历的社交网民人群中，约35.3%的社交网民乐于分享购物信息，与上年同期相比增加了10个百分点以上（中国互联网络信息中心，2016）。社会化电子商务的发展主要是基于社交应用，而社交应用的基础在于人与人之间的关系和交互，这样的关系可能是亲戚、朋友、同事、同学等亲近关系，也可能是兴趣爱好相同或经历类似的感情共鸣关系，还可能是有信任感的意见领袖带动的关系。茶叶是一种社交活动中常见的道具，茶叶企业通过这些关系中的部分人推荐或分享传播购物信息，将带动整个社交圈子里的人对企业和产品的认知和信任，最终转化为销售。茶叶社会化电子商务的发展将日趋重要。

（五）线上线下商务模式融合加速

电子商务的发展虽然使消费者的购物更加便利，但随着流量红利的逐渐消逝，网络消费增量客户的获取也越来越难，流量的成本急速上升，茶叶电子商务消费也存在各种诸如信息不对称、体验度较差等问题，纯粹电子商务模式也受到很多挑战。随着人们生活水平的不断提高，消费者对茶叶消费也提出了更多更高的要求，人们在消费茶叶的过程中，不再满足于物质方面的需求，他们需要更多的心理和情感方面的体验。茶文化是否与个人本身的精神追求相契合，是否能让顾客获得更好的消费体验，这些都是影响消费者茶叶消费的因素，这些问题无法在线上给予实现。因此线上线下融合，将线上同线下的资源完美整合并且加以利用，不仅能打破时间和空间的限制，而且能使人们接受茶文化的熏陶，感悟到茶文化的广博、精深，增加消费体验，由此可以实现网络店铺同实体店、网络同实物之间完美的衔接。

（六）价格竞争向品质竞争转变

在电子商务环境下，茶叶产品同质化严重，而同质化容易导致商家之间的竞争以低价为主要手段。合理的价格竞争有利于行业的发展，但过度的价格竞争不仅直接影响农户收入，而且容易导致疲劳促销、疲劳消费，使市场环境变得恶劣，出现“劣币驱逐良币”的现象。另外从消费者角度看，随着消费者生活水平的提高，在消费者购物决策的影响因素中，商品的品质已经超过价格。据调查，在网络购物中有45.6%的消费者注重品质，40.9%的消费者看中价格，商品质量比价格更能影响消费者的消费意愿（中国互联网络信息中心，2016）。在当前流量获取成本越来越高的情况下，以过低的价格进行竞争不仅会破坏市场，而且不被消费者所认可，因此提高茶叶产品质量，回归品质竞争，依托口碑等推动商品的销售，获取合理收益，逐渐成为一种趋势。

参考文献

[1] 黄晓峰、戴素贤：《茶叶企业发展与电子商务》，《广东茶业》2000年第3期。

[2] 赵雯俊：《茶叶企业互联网商业模式研究》，湖南农业大学硕士学位论文，2009。

[3] 亿邦动力网：《茶叶电商三大难题待解垂直平台已无机会》，http：//www.ebrun.com/20121218/63664.shtml。

[4] 付媛：《平台型电子商务集聚机制研究》，西北大学博士学位论文，2013。

[5] Liang T. P., Ho Y. T., Li Y. W., et al., "What Drives Social Commerce: The Role of Social Support and Relationship Quality," *International Journal of Electronic Commerce*, 2012, 16 (2): 69 - 90.

[6] 张冕、鲁耀斌：《文化认同对社会化商务用户行为的影响研究》，《华东经济管理》2014年第5期。

[7] 中国互联网络信息中心：《第39次中国互联网络发展状况统计报告》，2017年1月。

[8] 葛福江：《网购时代下茶叶的电商化的发展策略研究》，《福建茶叶》2016年第6期。

[9] 中国互联网络信息中心：《2015年中国网络购物市场研究报告》，2016年6月。

B.17

中国茶产业标准化浅析

管　曦*

摘　要：对标准化和茶产业标准化的相关概念进行梳理，在此基础上分析了中国茶产业发展与标准化的内在关系，对今后如何进一步推动茶产业标准化提出了有针对性的政策建议。

关键词：茶产业　标准化　茶产业标准化

近年来我国的茶产业先后出现了一些较为突出的产品卫生品质问题，先是立顿在中国销售的红茶、绿茶、茉莉花茶和铁观音袋泡茶，被检出17种农药残留，随后则是国际环保组织对国内多家知名茶企茶叶产品的检验检测出农残超标。随着人们生活水平的提升和健康消费意识的增强，茶叶农残是否超标逐渐成为消费者选择茶叶的重要依据，并直接影响到茶叶的消费。为了应对茶叶的农残和重金属超标，作为主要加工主体的茶叶企业，纷纷提出茶叶（业）标准化的对策建议，以通过生产加工标准化操作来实现茶叶品质的提升和保证。但是对于什么是标准化，茶产业如何实施标准化，新时期我国的茶产业需要怎样的标准化，现有的研究都较少涉及。本文拟从标准化的概念入手，结合我国茶产业自身的特点，来详细分析中国茶产业的标准化问题。

一　什么是标准化和茶产业标准化

国际标准化组织（ISO）对标准的定义是："一种或一系列具有强制性

* 管曦，福建农林大学经济学院副教授。

要求或指导性功能，内容含有细节技术要求和有关技术方案的文件，其目的是让相关的产品或者服务达到一定的安全标准或者进入市场的要求。”对标准的定义进行延伸，可以看出标准化是一种制定规则的活动，目的是在一定的范围内获得最佳秩序，以对实际的或潜在的问题制定共同的和重复使用的规则。这基本上与我国国标 GB/T20000.1－2002 对标准化的定义相一致。一般来说，标准化的意义在于改进产品、过程和服务的适用性，防止贸易壁垒，促进技术合作。茶产业标准化，就是运用“统一、简化、协调、选优”的标准化原理，对茶叶生产的产前、产中、产后全过程，通过制定和实施标准，促进先进实用茶叶科技成果和经验的推广运用，确保茶叶的质量和安全，促进茶叶的生产和贸易，从而取得最佳的经济效益、社会效益和生态效益，以达到提高茶叶生产水平和竞争力为目的的一系列活动过程。

在国民经济的各个领域中，凡具有多次重复使用特征和需要制定标准的具体产品，以及各种定额、规划、要求、方法、概念等，都可作为标准化的对象。在茶产业中标准化对象一般可分为两大类：一类是标准化的具体对象，即需要制定标准的具体事物，如茶叶产品（如 GB/T 18650－2008 龙井茶）、茶叶加工过程（如 GB/T 24615－2009 紧压茶生产加工技术规范）等；另一类是标准化总体对象，即各种具体对象的总和所构成的整体，通过它可以研究各种具体对象的共同属性、本质和普遍规律，如农药最大残留限量（NY 1500.55.1－2009 除虫脲茶叶）、茶叶感官评审（GB/T 23776－2009 茶叶感官评审方法）等。茶产业标准，既包括整个茶产业共同的宏观标准，也包括各区域或茶类产品的微观标准。宏观标准侧重于茶产业共性层面，从整体上保障我国茶产业的健康发展，同时也为微观标准的实施奠定基础。微观标准从个体层面推动我国茶产业的良性竞争，并为宏观标准的动态调整提供依据，是偏向于茶产业个性层面的标准。当然，茶产业标准化对象的分类并不具有绝对性，而是一个相对的概念，如绿茶的相关标准相对于整个茶产业来说，是微观层面的标准，但与龙井、毛峰等区域绿茶标准相比，又是宏观层面的标准。因此在讨论茶叶标准化的过程中，首先必须了解标准化的对象是谁，是共性层面的还是个性层面的，能否从不同茶叶产品中提炼出共性的东西来制定标准，又是否需要考虑个性层面标准的差异性，这都是标准化过程中需要考虑的问题。

二　中国茶产业的发展和标准化

从以上茶产业标准化的内涵来看，我国茶产业的标准化既包括共性层面的宏观标准化，也包括个性层面的微观标准化。从我国茶产业的发展来看，中华人民共和国成立初期我国的茶产业主要侧重于宏观标准的制定，逐步制定了茶叶的文字标准和实物标准（毛茶和精茶标准），确定了茶叶产品的规格。1953 年首次颁布了外销红茶、绿茶的加工标准样，1976 年后对茶叶机械、茶叶品质规格、茶叶包装、茶叶检验方法等标准进行了不断的修订，1985 年正式颁布了中华人民共和国成立以来的第一个茶叶国家标准：GB5009 · 57 – 85《茶叶卫生标准分析方法》。

但是进入 21 世纪，我国茶产业的微观产品标准不断增加，不仅先后颁布制定了“无公害茶叶”“有机茶”“袋泡茶”“茶饮料”等国家标准，还对我国不同产区的各类名茶制定了相应的标准。仅以 2008 年为例，该年先后通过了“龙井茶”“洞庭碧螺春茶”“黄山毛峰茶”“太平猴魁茶”“武夷岩茶”等 11 个地理标志产品标准。微观茶叶产品的标准化，有助于为不同地区之间的茶叶竞争提供保护，提供地区茶产业良性竞争的有效激励。事实上，正是不同地区不同茶类之间的激烈竞争，成为我国茶产业近年来快速发展、技术快速进步的重要推动力。正是竞争，使我国的茶叶产品结构不断优化，乌龙茶、红茶和普洱茶所占份额不断上升，绿茶也逐渐由追求数量向提升质量转变。绿茶原有的一枝独大局面，在新时期演变为内部不同区域和不同产品间的竞争，如安徽与浙江、黄山毛峰与西湖龙井的竞争。同时绿茶还要面临其他茶类的竞争，如红茶中的金骏眉、乌龙茶中的武夷岩茶等，而相关微观标准的制定进一步推动了这种竞争。在竞争中获胜成为区域名牌，就能够通过制定相应的标准来强化自身特点，形成差异化的地区优势，这在我国茶叶消费日趋品牌化、名优化的今天，对于茶叶生产者来说具有重要的实践意义。

因此，综合来看，宏观标准的制定为茶产业的健康有序发展奠定基础，而微观标准的制定则成为优化我国茶产业产品结构、区域分布的重要推动力。

三　新时期我国茶产业如何实施标准化

随着近期茶叶农残问题的多次出现，消费者和生产加工企业对茶树农药残留标准日益关注，也出现了要进一步制定严格标准、规范茶叶生产加工的呼声。值得注意的是，对于中国茶产业的标准化，很多人援引其他产茶国（如肯尼亚）或国外茶叶品牌（如立顿）的例子，来说明我国茶产业中可以实施严格统一的标准化。但事实上，这些分析忽略了一个重要的现实，即我国是一个多茶类的茶叶大国，不同于印度、斯里兰卡和肯尼亚的以红茶生产为主。我国拥有历史悠久的六大茶类，绿茶和特种茶是我国在国际茶叶市场上深受消费者欢迎的重要茶叶，这也就决定了要对我国纷繁复杂的多种茶类和多个品牌进行较为缜密的标准化，形成规范化的茶叶生产、加工、内含物测定和色香味形，仍然具有一定的难度，相应的成本也较大。仅以乌龙茶为例，究竟是制定出一个统一的乌龙茶加工标准，还是考虑福建、广东和台湾的地区差异，制定不同品种或区域品牌的标准？或是在福建内部再进一步考虑闽北乌龙（武夷岩茶）和闽南乌龙（安溪铁观音）？或是更进一步在安溪铁观音这一闽南乌龙茶中再制定清香型和浓香型茶叶的标准？从现有的茶产业标准化发展趋势来看，似乎有越来越细化的趋势。但是标准越是细化，制定的难度就越大，成本就越高，而且其约束力及范围也就越小。

因此，关于新时期我国茶产业标准该如何实施，笔者认为应从以下几方面来考虑。

（一）应该着重于宏观标准的制定

从我国茶产业近期出现的问题来看，主要是一些如农残和重金属超标等共性问题，这些问题的出现超越了茶叶产品的差异性，并不是单一茶叶产品和茶类的问题。因此，新时期的茶叶标准化重点应该放在对整个茶产业的宏观标准的制定和执行上，进一步严格规范茶叶产品的农药残留量和重金属标准量，制定所有茶叶生产加工都要遵循的卫生标准，并要求所有的茶叶产品都要遵循这一标准，以保证茶叶的卫生品质。

（二）动态地看待微观标准的制定

我国茶产业近年来出现了不少区域茶叶品牌，而基于原产地保护或是地理标志产品的茶叶标准也相继出台了不少，微观茶叶标准的颁布固化了茶叶的品质和加工过程，在一定时间内满足了消费者的需求。但是作为茶产业发展的主要拉动力，消费者需求随时间推移不断变化，因此茶叶的微观标准必须按照消费者需求进行动态的部分调整，如茶叶产品的色香味形等，可以考虑随着消费者的需求变化来调整，但对于茶叶的品质、卫生、内含物测定等，则要始终坚持统一的标准。

（三）茶叶标准化宜少不宜多、宜大不宜小

正如本文第二部分的分析所示，我国茶产业的发展，不同茶区、不同茶类、不同品种间的良性竞争是重要的推动力，而这种良性竞争是建立在较少外在约束、满足消费者需求的基础上的。茶叶标准越多，对于竞争的约束就越多，就越难以及时根据消费者需求来转变生产，而由消费者需求来主导市场，进而引导茶叶市场、产品、结构的调整，是我国茶产业未来发展的主要方向。因此，茶产业的标准化，宜少不宜多、宜大不宜小，宜只对茶产业的共性问题和消费者密切关注的一些领域（如农残）加快标准化建设，而对具体茶叶产品的色香味形等，尽量不要用标准化来干涉，而应交由市场来决定。

B.18 制茶技艺之“灵”：工匠文化的建构与工匠精神的传承

张海岚　周　萍*

摘　要：　中国拥有不少顶级的工匠，也形成了工匠制度，但缺少制度背后的文化支撑，这是“工匠精神”缺乏的关键原因。要想构建“工匠文化”、传承“工匠精神”，需要建设支撑茶制作技艺精神的物质文化、行为文化，建设茶界工匠精神的体制文化，建设支撑工匠精神的价值观文化。茶叶制造业工匠精神的内核可表现为：工艺流程抢救性传承、制茶环节经验性传承、机械制茶创新性传承。要想使茶叶制造业工匠精神的内核传承下去，应当完善政策法规、尊重传承人、大力开展乡土教育。

关键词：　工匠文化　工匠精神　制茶

一　无工匠文化何以支撑工匠精神

何为工匠？《周礼·考工记》中说道：“知者创物，巧者述之守之，世谓之工。百工之事，皆圣人之作也。烁金以为刃，凝土以为器，作车以行陆，作舟以行水，此皆圣人之所作也。”① 由此看来，中国最早的工匠代表

* 张海岚，华东师范大学民俗研究所博士；周萍，九三学社社员，厦门大学生态学博士。

① 《周礼》，中华书局，2008。

是伏羲，是神农，是黄帝，是炎帝，是尧是舜，他们是发明家，又是工匠，是祖先，更是圣人，是有功于民的人，更是历代崇拜的对象。

在中国几千年的科学发展和物质文明中，从不缺乏有创造性和创新性的匠人。纵观几千年的发展，工匠精神无外乎几个核心关键词：敬业、求精、创新。从农业到纺织业到建筑到交通工具到金属冶炼到各门各类的制作技艺再到科学技术，也正是有这样一代代匠人的出现，中国的物质文化才能长期在世界上处于领先地位，形成独特的完备而庞杂的体系。其实中国向来不缺少顶级匠人，而且在百工内部也形成了工匠制度，但是中国自古以来缺少的是制度背后的文化支撑，制度背后相互作用的文化，才是我们当前缺乏“工匠精神”的深层次原因。例如，中国传统文化里，从孔子开始，就提倡“学而优则仕”，有了学问就要去做官了，到了战国商鞅变法时期，极度提倡农业的作用，把可以独立生计的“工和商”排在需要依赖社会资源的“士、农”之后。在漫长的封建时代，创造出无数物质文化辉煌和高峰的匠人们大多没有留下姓名，他们只是“工”，所用为“奇淫巧技”，一直到当代，有多少人提倡青年人去做一个扎实工作一辈子的“工匠”呢？当下的职业技术学校，更是没有能力考取高中或者大学的学生的“无奈选择”。但是在欧美国家，崇尚的是“人人做工匠”的文化，在这种制度中，工匠不仅可以通过自己的技艺获得较高的收入和社会地位，更能够享受到自己的产品在手作技艺中升华的快感。但是在中国“学而优则仕”的文化里，工匠精神普遍缺失的根源是没有工匠文化体系作为支撑，也缺乏对工匠精神的鼓励，要重新建构文化体系，需要国家、社会、企业等多方面的努力。只有工匠文化被全社会所认可和承认，敬业、求精、创新的工匠精神才会被社会接受。

二　非遗保护：茶产业中“工匠文化”的建构契机

2003 年，成为保护非物质文化遗产公约国后，中国积极履行公约国责任，在国内兴起了非物质文化遗产保护运动，制茶工艺作为手工艺类代表也被纳入非遗保护体系，这是因为中国制茶历史悠久，传统手工制茶工艺繁复精细，从采摘到杀青，从揉捻到炒制，每一环节都需要手工完成。有的茶种的制作技艺中甚至包括十几个制作步骤，而且步步都要精益求精、专业严谨。从茶叶栽培种植技术到茶叶制作技艺再到茶艺、销售技能，都涉及“技”，整个产业从上游到下游，从产地到市场，都是一个切切实实地与“工”和“匠”发生密切关联的行业。在2006年、2008年和2011年公布的国家级非物质文化遗产名录中，已经有多项茶制作技艺入选国家级非物质文化遗产。

制茶工艺之所以会被纳入非遗体系，是因为以下几个原因。

1. 历史原因造成茶叶制作技艺断代问题突出

茶叶制作技艺属于手工类，在民国时期的战乱和中华人民共和国成立后的“文革”时期，很多茶类的传统工艺或者已经被篡改或者已经失传，比如笔者在田野调研中发现，“碧螺春的古法工艺是要出锅冷揉后再入锅搓团，但是“文革”时期整个东山镇每个村子的茶农都只能集中在各个村子的公共庙宇空间制茶，因为场地限制，所以出锅冷揉的步骤就逐渐省略为一次在锅中成形，但是这严重影响了碧螺春的香气”。[①] 在云南西双版纳的易武进行田野调研时也发现，普洱茶的七子饼制作技艺在中华人民共和国成立前因为战争等原因在当地就逐渐失传了，后来还是台湾客商拿着之前出口的老茶回到易武要求采购普洱饼茶，当地才开始努力恢复普洱七子饼的制作技艺。但是由于年久失传，所以至今，恢复的生茶技艺也与传统七子饼的制作技艺在细节上略有差异。

2. 手作制茶与机械制茶之间矛盾凸显

在民国时期其实已经出现机械化制茶，但是当时茶叶作为出口外销换外汇的主力商品，追求制作效率和制作数量是最重要的。进入现代以来，随着生活水平的提高，越来越多的茶叶消费者开始注意区分“手作”和“机作”

① 访谈人：张海岚，被访谈人：素四，被访谈人身份：民间制茶人，地点：江苏省苏州市东山，访谈时间：2017年5月1日。

的概念。在当代，机械化制茶有利于生产效率和生产质量的恒定，但是手作更容易满足茶产品的个性化需求和专业消费者的心理预期，而且机器的杀青极有可能导致杀青不均匀，直接影响后续的茶叶品质。所以随着消费升级，“手作”茶越来越受到高端消费市场的追捧，而在全民追求科技进步的今天，茶行业中的“机械”成为一个不可回避的问题。

3. 后续传承人匮乏

茶叶的制作技艺，工序比较多，为了一道茶要花费很多功夫，收益却较少。因此，有些茶制作技艺很少有传承人，技艺正在逐渐消失。茶制作从古到今，都是对技艺有着较高要求的行业，从历史发展的不同阶段去看，当茶叶产品供不应求时，茶制作技艺便能自发得到传承。但是在当今社会，因为年轻人面临着更多的就业机会，所以传承茶叶制作技艺，既不是自发，更不是自觉，而是处于被动状态。

笔者在田野调研中，接触过很多“茶二代”，他们的父辈多是茶农出身，凭借自身的制茶技艺在市场经济中获得了较高的回报，但是茶二代们认为做茶是辛苦活，他们更愿意把时间和精力花在品牌宣传和门店营销上。很多做茶的师傅都已经是年过半百的老人，尤其是在岩茶这种制作工艺复杂、制作周期较长的茶类中。“他们觉得制茶太苦了，现在是商品社会，茶店也就是做做茶叶批发的生意，谁还自己动手做啊。”① 所以绝大部分制茶工艺其实正面临技艺失传的尴尬境地，一方面是手作茶市场的崛起，另一方面是“现在的年轻人吃不起苦，不舍得把手放在那个高温度的锅里，我们每年茶叶（做）下来（手）都是一层厚厚的老茧，现在的年轻人炒龙井都戴手套了”。②

2016 年中国茶叶产量 241 万吨，增产 7.4%。2015 年中国绿茶产量

---

① 访谈人：张海岚，被访谈人：方仲侠，被访谈人身份：茶店经营者，地点：福建省武夷山市，访谈时间：2016 年 6 月 16 日。

② 访谈人：张海岚，被访谈人：樊生华，被访谈人身份：国家级非物质文化遗产西湖龙井茶制作技艺传承人，地点：浙江省杭州市西湖区樊生华茶庄，访谈时间：2015 年 3 月 25 日。

达 143.8 万吨，出口量达 27.2 万吨，内销量为 93.28 万吨。[①] 对于很多产茶省市县来说，茶叶已经成为脱贫致富的支柱产业。但是这并不意味着茶园管理水平和茶叶制作技艺和茶叶品质的提升，相反，在一些地区，茶园粗放型管理、茶叶粗制滥造甚至假冒伪劣现象层出不穷，也就是说，虽然茶叶行业看起来“蒸蒸日上”，但是内部并没有因此形成“工匠文化”。

非遗的申报和保护工作正是目前调整这种风气的“良剂”，也是建构茶叶行业工匠文化所必备的。利用非遗项目的评选和非遗传承人的甄选以及非遗传承精神的宣传，应从以下几个方面入手在茶制作行业内建构工匠文化体系。

1. 建设支撑茶制作技艺精神的物质文化

对于制茶行业来讲，建设物质文化的关键在于恢复原有制茶技艺和加快市场化取向的改革，严格规范化生产环节和销售引导环节。要力图打破茶叶的原产地格局。比如普洱茶近年来受到资本的追捧，但普洱茶的制作技艺几乎无人提及，所有销售领域追捧的都是山头文化，这样并无益于工匠精神的形成。这样过分强调原产地属性而不突出工艺，最终会导致茶叶制作技艺的进一步缺位。

2. 建设支撑茶制作技艺精神的行为文化

就重造制茶人的工匠精神来说，一是要鼓励制茶人敬业爱业，技艺传承要彻底，二是要鼓励消费者的“挑剔”行为。国人“马马虎虎”过得去就行的消费行为，其实是变相纵容制造商的不作为，八角亭茶厂茶叶审评大师邓祖良说：“我们是做毛料采购的，每天就是往返于茶厂与山里，去找好的合适的毛茶，采购毛茶时，每一个环节都不能出错，甚至连茶叶运到茶厂时的运输环境都要把控好，不能存在一点异味。”[②] 只有讲究，才会有精神，如果“将就”，“工匠精神”中最核心的“讲究”，也就是空中楼

① 《茶叶种植面积不断扩大，我国茶叶市场供大于求》，《农村百事通》2014 年第 14 期。

② 《时代在变，茶人的工匠精神不变，专注做一个“事儿逼”》，http：//www.sohu.com/a/22474280_115203。

阁了。[①] 因此，使茶技艺源远流长、经久不衰的强大动力在于广大人民群众自觉地加入茶技艺的传承中，并将茶技艺融于日常生活。

3. 建设茶界工匠精神的体制文化

非遗、老字号品牌、注册商标本身都是产品质量保障的招牌，政府必须严格地监管市场竞争者，惩罚造假、侵犯知识产权等不法行为。如武夷山正山堂的“金骏眉”，很多非核心产区的红茶，只要按照芽头标准制作，都统称为金骏眉，导致金骏眉市场秩序严重混乱，制假者往往也能获得较高利润。如果茶叶市场中，假货制造与销售得不到应有的处罚，那么没有人会愿意去精益求精，结果就是毁了整个行业。

4. 建设支撑工匠精神的价值观文化

非遗传承人的认定让制茶人有了榜样和模仿对象。非遗传承人要有高超的技艺、敬业的德行、探索的精神和强大的动手能力，这些非遗传承人可以被看作茶叶制作业的杰出“工匠”。和普通工人不一样的是，他们在以此技艺谋生意之外，更多的体验来自工作的成就感和快乐感。郑清池，其父亲曾是永春佛手历届茶王，他不仅跟随父亲学习制茶，更是利用改革开放到马来西亚探亲的机会，与当地华侨合作大力推广永春佛手茶，使佛手茶闻名海内外，远销东南亚。郑师傅的女儿改造家里 20 世纪 70 年代的老宅，为同龄人营造了一个年轻时尚而又怀旧的喝茶环境，通过举办读书会等形式让茶文化根植于乡土民间。其小学三年级的外孙女更是发表作文《外公，我的榜样》，讲述外公认真做茶对自己的影响：我们从小做人做事都要认真。茶已深深影响了下一代小茶人的人生观与价值观。

因此，在茶行业中，应该更多地宣传非遗项目和非遗传承人，让非遗的活态传承更多地深入茶叶制造中，积极营造支撑工匠精神的工匠文化氛围，这有利于在整个茶行业中建立“工匠标杆”。

---

① 《时代在变，茶人的工匠精神不变，专注做一个“事儿逼”》，http：//www.sohu.com/a/22474280_115203。

三　茶叶制造业的工匠精神内核及其传承策略

（一）茶叶制造业的工匠精神内核

工匠精神不应该只是一句口号，它应存在于每一个制茶人的身体实践和精神诉求中。工匠在一定的精神指导下工作，在改造客观世界的过程中获取新的认识，如此从认识到实践、从实践到认识，循环往复，以至无穷，不仅在制造上不断精进，而且在认识上不断升华。其工匠精神的内核首先为对“精致文化”的认同，由此延伸出通过对叶子的处理流程的优化和细节的把控，完成完美的茶叶产品制造，并从中不断领悟和创新，最终达到物我两忘、天人合一的精神境界。具体说来，表现为如下三个方面。

1. 工艺流程抢救性传承

白琳工夫曾是闽红三大工夫茶之一，在20世纪80年代一度是福建省出口创汇的主要茶品，而今因市场各种名茶的炒作慢慢淡出市场。蔡良绥作为福建农大茶学专业科班出身的经营者，祖上曾靠白琳工夫发家置业，如今回到家乡，他说就算再没有市场也要每年坚持做一批白琳工夫茶，毕竟红茶是出口主要产品，等市场复苏再来抢救这门制作技艺就来不及了。何况总有那么些老茶客还惦记这个味儿的。公司采用先进自动化设备，承担了省科技厅《白琳工夫标准化生产示范项目》。

2. 制茶环节经验性传承

在清香型闽南乌龙盛行的当下，师从邓观金老先生的张兴裕仍坚守传统工艺，重发酵，重摇青，坚持头三遍摇青手摇，最后一遍小竹笼短桶摇青，坚持炭火烘焙72小时，以求所出茶品做熟做透不伤胃。他从不收青，为保障茶叶品质，从源头茶园管理抓起，不求产量不乱修剪，保持水仙小乔木树种的植株间距，以保证茶树的通风光照和虫害防治。

3. 机械制茶创新性传承

陈宝振系福安茶校出身，到国营茶厂做学徒起就听老前辈说白茶不好做，最怕南风天。勤学好问的陈师傅，经过多年摸索钻研自主研发了“旋转式红外萎凋室”，目前已获得国家实用新型专利。该项发明利用旋转轨道让晾青架上的茶青能均匀地实现走水通风，室内排风系统与进风系统对开，屋顶采用红外线灯照射，仿太阳光均衡加温，保障萎凋房里的温湿度，从而保护茶青酶活物质，以利于后期存放转化。

（二）茶叶制造业工匠精神传承策略

1. 完善政策法规，给予传承人以技术尊重

高慧玲等人认为，茶技艺传承人的权利主体是家族的传承人，在保护的过程中，应该充分尊重技艺传承人的意见，将传统的茶技艺和改良过的茶技艺进行区分，培养传承人。[①] 同时，要完善相关法律法规，对茶技艺传承人进行保护和弘扬，提高他们传承和创新的积极性。茶技艺的传承人不是一个固定的个人或者群体，因此，在确定代表性传承人时需要健全的法律法规对其进行认定。认定后，还要实施相关的资助制度，对传承人培养和传承行为进行认定，并根据指标来确定对获得传承资格的传承人的培养补助。

2. 开展乡土教育，搭建传承体系

可将茶制作技艺作为乡土教育的内容，在注重建设乡土教育的层级体系外，采用建设相关物态景观，比如茶叶博物馆、制茶体验馆等加强在地民众的体验感和文化认同感。举办地方性的茶业交流会，包括制茶大赛等，鼓励年轻人加入制茶队伍。还可充分利用政府扶持政策，培育茶产业市场。

综上所述，传承茶叶制作技艺的工匠精神首先要建构有利于精神传承的

① 高慧玲、秦莹、李昶罕：《非遗视角下的技艺传承人培养与知识产权保护——以云南省为例》，《云南农业大学学报》（社会科学版）2015 年第 9（1）期。

工匠文化氛围，在此氛围基础上，要通过总结茶叶制造业工匠精神的内涵，通过政策保障和教育体系的配套完善，最终完成茶叶制造业工匠精神的塑造和传承。

案例启示——《茶叶工匠后继人才培养计划》

传承人的传承资助机制

国家和部分地区都已出台相关配套政策，相信能给传承人信心与力量去坚守，去口口相传地做好传帮带。

生产与培训相结合的传授机制

在这方面，武夷山茶业同业公会做得很好，公会会长刘国英本人是福建农林大学茶学系科班出身，做得一手好茶。但从不吝啬自己的才学，常常组织公会里的茶农学习种植、加工、审评技术，并每年组织“海峡两岸民间斗茶赛”，让更多的茶叶爱好者可以大众评委的身份喝到所有的参赛茶。在现场还有“民间评茶师”海选活动，大大带动了年轻一代喝茶的热情。这些都是值得推荐与学习参考的。

专业职业学校规范教育与民间机构技艺传承相结合的机制

2016 年我国职业教育活动周的主题为“弘扬工匠精神，打造技能强国”，这是国家的需求，也是时代的呼唤。2017 年 1 月，中共中央办公厅、国务院办公厅印发了《关于实施中华优秀传统文化传承发展工程的意见》，其中指出，传统文化当前的重点任务是深入阐发文化精髓，并进一步强调，（要）把中华优秀传统文化全方位融入思想道德教育、文化知识教育、艺术体育教育、社会实践教育各环节，贯穿于启蒙教育、基础教育、职业教育、高等教育、继续教育各领域。

自 2017 年 3 月起，茶叶点评网就与多家茶学院校互动，开展“非遗进校园”系列活动。如在华东师范大学开展的“民俗与茶俗”讲座，以“非遗保护——传承发展的生动实践”为主题，通过丰富多彩的展览展演、经验交流和互动体验活动，充分展现中国非遗保护实践的丰硕成果；在福建艺术职业学院开展的“非遗进校园——茉莉茶香”活动，邀请了福州茉莉花茶传承人到现场讲解茉莉花茶的制作技艺，配上了当时申遗的 VCR 背景，茶叶点评网更是组织多种花茶茶样供大家现场审评学习。像茶叶点评网这样坚持做公益、做知识传播的第三方民间机构，我们应该给予更多的鼓励与支持。

推进社区普及宣传

这方面福建广播电视大学茶学专业一直在践行着，他们通过各种形式的社区活动积极开展茶文化的宣传普及。

建设生产与传习场所

武夷山黄村茗川世府茶叶专业合作社就是通过举办“制茶能手大赛”开展生产与传习工作的。唯有发挥精益求精的精神才能制作出一泡好茶。

结语：工匠精神，在一杯茶汤中寻找越来越好的可能

所谓工匠精神，其核心是：不仅仅把工作当作赚钱的工具，而是树立一种对工作执着，对所做的事情和其生产的产品精益求精、精雕细琢的精神。[①] 表现在制茶领域，就是对每一道制作工序、每一个批次的茶叶，都在完成技艺的基础上再多耗费心力，以质量和品质赢得行业的赞誉和消费者的信赖。

长久以来，正是缺乏对精品的坚持、追求和积累，才让中国茶叶制作长期徘徊在低水平，这种精神的缺乏也让高品质的茶叶变得“好茶难求”。所以在消费升级的今天，在消费者对茶叶提出更高品质要求的时代，塑造茶业行业的工匠精神，是未来茶企和茶人生存、发展的必经之路！综上所述，制茶领域工匠精神的形成，需要从已在岗工人的职业精神培养开始，再到各级职业教育体系的改革，到整个社会对于精益求精的荣誉体系的激励以及对在地文化土壤的培育，多种力量结合，才有希望助推《中国制造 2025》计划的实施。

---

① 原芳：《绘画需要写意精神绘画何尝不需要匠人精神》，《公关世界》2015 年第 5 期。

B.19

中国品牌茶业发展报告

谢向英　杨 珊*

摘　要：　对中国茶产业品牌成长现状进行梳理，总结了中国茶产业品牌发展的主要问题，并结合茶产业发展展望未来中国品牌茶业发展的趋势和走向，认为中国茶业的品牌发展将与“互联网+”和“一带一路”战略结合，更加精细化和品牌化，并引入资本元素。

关键词：　茶业品牌　茶产业问题　品牌发展

世界农业发展的演进历程证明：品牌农业是传统农业转向现代农业的重要标志。它是农业市场化发展的媒介与落脚点，对于农业结构的优化与农业市场竞争力的提升，对于农业增效、农民增收与农村发展都具有重要的作用。盖因此，我国政府将品牌农业建设作为参与全球农业竞争的国家战略、实现农业“调结构、转方式”的重要抓手以及推动农业供给侧改革的重要途径。而落实到茶业——中国传统的特色优势产业，相较于国内农业的其他行业，茶业的商业化基因早具，一定程度上推动了其在与市场接轨的过程中产业化运营表现优异。而品牌，则可以被认为是这一过程落实的重要因素。中国品牌茶业发展正当时。

* 谢向英、杨珊，福建农林大学管理学院，中国乌龙茶产业协同创新中心。

一　中国品牌茶业成长现状

依托于中国茶业的产业积淀，其品牌化路径主要由茶企业品牌打造与茶区域品牌建设双轨道构成。

（一）2015年中国茶业发展的基本面

从世界茶叶经济层面看，根据国际茶叶委员会的统计，2015 年全球茶叶种植面积达452 万公顷，茶叶产量为527.6 万吨，全球茶叶消费量则为499.9 万吨。其中，中国的茶叶种植面积最大，2015 年为279.1 万公顷，占全球茶叶种植面积的61.7%；茶叶产量亦位居世界第一，为224.9 万吨，占世界茶叶产量的42.6%，领跑全球茶产业；年茶叶出口量为32.5 万吨，位居世界第二，但出口金额排名则位居世界第一，为13.82 亿美元；从消费量来看，2015 年茶叶消费量最大的国家也是中国，为181.2 万吨（参见表1～表5）。①

表1　2015 年世界茶叶种植面积前十名国家

单位：万公顷

中国	印度	肯尼亚	斯里兰卡	越南	印尼	缅甸	土耳其	阿根廷	日本
279.1	56.7	20.9	18.8	12.5	11.9	7.9	7.8	4.1	3.9

资料来源：国际茶委会。

表2　2015 年世界茶叶产量前十名国家

单位：万吨

中国	印度	肯尼亚	斯里兰卡	土耳其	越南	印尼	阿根廷	日本	孟加拉
224.9	120.9	39.9	32.9	25.9	17.0	12.9	8.3	7.6	6.6

资料来源：国际茶委会。

① 数据来源：国际茶委会。

表 3　2015 年世界茶叶出口量前十名国家

单位：万吨

肯尼亚	中国	斯里兰卡	印度	越南	阿根廷	印尼	乌干达	坦桑尼亚	马拉维
44.35	32.5	30.13	22.52	13.35	7.80	6.19	5.48	3.32	3.09

资料来源：国际茶委会。

表 4　2015 年世界茶叶出口金额前十名国家

单位：亿美元

中国	肯尼亚	斯里兰卡	印度	越南	印尼	阿根廷	日本	乌干达	卢旺达
13.82	13.68	13.03	6.59	2.27	1.26	1.03	0.86	0.77	0.73

资料来源：国际茶委会。

表 5　2015 年世界茶叶消费量前十名国家

单位：万吨

中国	印度	土耳其	俄罗斯	巴基斯坦	美国	英国	日本	独联体	埃及
181.2	94.8	25.3	15.5	15.3	13.0	11.4	10.8	9.2	8.6

资料来源：国际茶委会。

而从国内茶产业发展层面看，进入 2015 年，全国茶叶种植面积小幅扩大，茶叶产量小幅增加，产值提升，结构优化，生产水平和效益均有所提高，茶叶质量获得更严谨调控，质量安全水平稳步提升；但同时，在中国茶叶产值 20 年持续增长的大背景下，各地保持茶业健康持续发展的压力增大——伴随国际茶叶产销供大于求的经济现实，中国茶业必须加紧推进供给侧改革。

详细盘点，2015 年中国茶园总面积为 4316 万亩，干毛茶产量 227.8 万吨，干毛茶产值 1519.2 亿元。上述数据比 2014 年均有小幅提升，显示中国茶业在生产方面仍延续了持续增长势头。但需要强调的是，全国茶叶单产水平稳中有升——按茶园面积计算，2015 年中国茶叶平均亩产 52.77 千克，比上年提高 2.26 千克；亩产值为 3519.6 元，比上年增长 8%。

内销方面，2015 年全国茶叶销售总量为 176 万吨，增幅约为 10%；全年精制茶行业主营收入约为 1869.4 亿元，增速为 12%。销售市场不断拓展，北方地区快速成长；消费群体虽然仍旧以 30 岁以上男性人群为主，但受茶叶产品多样化开发与茶叶销售渠道拓展影响（如茶叶电商发展及茶产业跨界运营），更多的女性群体和青年消费者开始尝试消费茶叶，2015 年茶叶消费格局开始悄然发生变化。

外销方面，2015 年中国绿茶出口量为 27. 2 万吨，占出口总量的 83. 7%；其出口额 10. 1 亿美元，占出口总额的 72. 7%。红茶出口 2. 8 万吨，占出口总量的 8. 7%；其出口额 2. 1 亿美元，占出口总额的 15%。此外，中国乌龙茶出口 1. 5 万吨，占比为 4. 7%；花茶出口 0. 6045 万吨，占比为 1. 9%；普洱茶出口 0. 3284 万吨，占比为 1%（见图 1）。尤其需要强调的是，2015 年由于"一带一路"倡议的国际影响，中国与"一带一路"沿线国家、东盟和中东欧的茶叶贸易规模强势增长。其中，对"一带一路"沿线国家出口茶叶 8. 2 万吨，同比增长 15. 2%；对东盟地区出口茶叶 1. 3 万吨，同比增长 41. 4%；对中东欧国家出口茶叶 4364 吨，同比增长 44. 9%。[①]

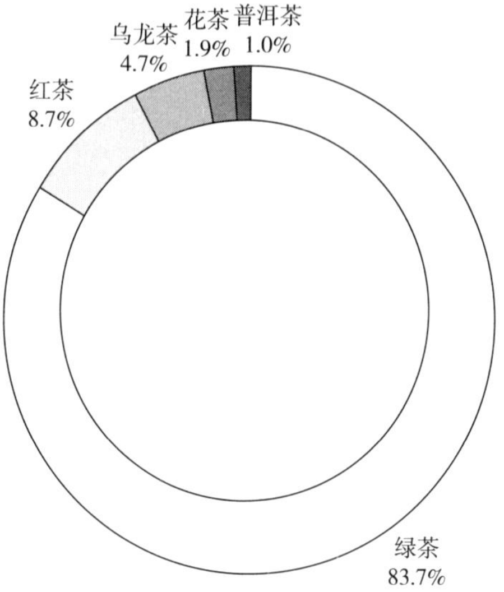

图 1　2015 年中国茶叶出口茶类结构

资料来源：中国茶叶流通协会。

① 王庆：《2016 中国茶叶行业发展报告》，中国茶叶流通协会，2016。

总体而言，中国作为世界上最大的茶叶生产国与消费国，在世界茶叶经济中扮演着重要的角色。并且，随着中国“一带一路”国际倡议的推行，中国茶叶的世界影响还将显现出更加光明的前景。2015 年中国茶业的发展数据显示：作为传统特色优势产业，茶业在今天的中国农业发展中仍然占据着重要地位，是名副其实的“三农”产业。但从 18 个产茶省（区、市）的茶业发展来看，依靠茶叶种植与茶园扩展的外部规模化来实现茶业效益的提升仍旧是中国各区域发展茶业的常规思路（如湖北、贵州、四川大力发展茶业，2015 年茶园面积均增加明显，分别达到 466 万亩、689.1 万亩与 481.6 万亩）。相对于中国茶业内销市场与外销市场的艰难拓展，茶叶种植与茶叶生产的持续扩张带来了市场竞争的巨大压力。尽管从数据上说中国的茶叶人均消费还有很大的提升空间（2015 年我国人均茶叶消费 1.1 千克，日均饮茶 3 克，与土耳其、英国等茶叶消费大国之间差距较大），但在同质化产品和需求面前，如何迎合与深挖茶叶消费市场是中国茶业持续健康发展的关键。而品牌，作为茶业与市场的商业介质，将在此过程中发挥日益凸显的重要作用。

（二）中国品牌茶业成长

应当说，现代意义上的中国品牌茶业成长始于 1951 年“中茶”注册成为新中国第一枚茶叶商标之时。到今天，我国已有 6.7 万家茶企，其中规模以上茶企业 1600 多家，国家级农业产业化重点龙头企业 37 家。这些茶企业是推动中国茶业发展的中坚力量，也是创新驱动我国茶产业供给侧改革的中流砥柱。然而，中国茶企业虽然数量众多，但基本都是依托各茶区集群生存的，区域特征明显，真正在国内外具有重要影响力的企业和品牌极少。就连“中茶”，亦在 2015 年改为“中粮茶业”，其品牌影响力还需观察。尽管如此，中国茶叶企业仍在不断努力，多方探索，积极创建并培育茶叶品牌，以期在“品牌”引领下成功实现中国茶产业的现代商业模式转换。

来自中国知网，以“茶叶品牌”为主题的搜索结果显示，最早提出构建中国茶叶品牌的是学者丁俊之在《国际经贸探索》1994 年第 10 期发表的

《大力发展中国袋泡茶出口》。此后关于中国茶叶的“品牌化”讨论在2004年达到107篇；而在2006年之后受我国政府对农业品牌化发展的战略意义认知与政策推动的影响，每年关于中国“茶叶品牌”的主题研究呈现出快速增长态势（见图2）。对所有这些文献的整理显示，理论界认为中国品牌茶业成长的基本路径有二：一是茶叶企业产品品牌建设；二是围绕本区域特色茶叶资源与人文优势，展开茶叶区域品牌建设。在此基础上，许多地区基于茶业经济发展的进展与实践需要，开始致力于推动基于茶叶区域品牌的企业品牌市场拓展行为，也就是俗称的“双品牌”或“母子品牌”建设与推广。

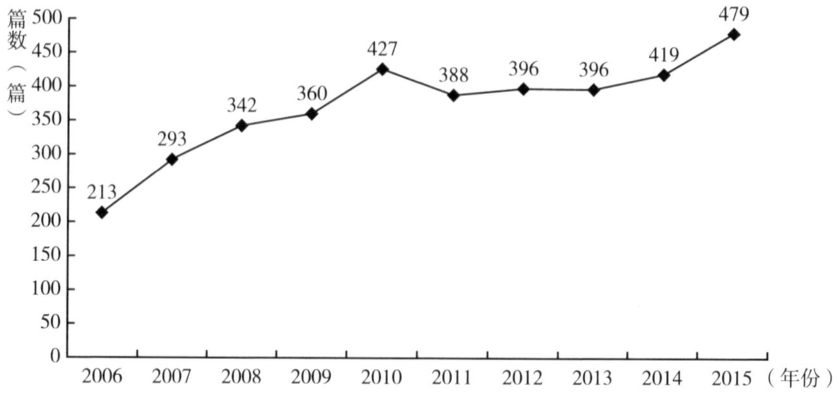

图2　中国知网以“茶叶品牌”为主题的文献研究时间分布

资料来源：中国知网。

1. 茶叶企业产品品牌建设

（1）中国茶叶企业产品品牌构建特征

从广泛意义上讲，对品牌的界定以大卫·艾格的“品牌就是产品、符号、企业与消费者的联结和沟通，品牌是一个全方位的架构，牵涉到消费者与品牌沟通的方方面面”① 的定义最受认可。依据中国茶叶企业的实践，可

① 大卫·艾格：《品牌经验法则——如何建立强势品牌》，沈云聪译，内蒙古人民出版社，1999。

以认为依托本企业的核心产品特色，借助所属茶类与地方的茶文化资源，进行商标注册与品牌推广是当下中国茶企业主要产品品牌的构建模式。在此过程中，中国茶叶企业主要呈现出下述特征。

第一，产品品牌定位强调茶类特色。如福建安溪岐山魏荫名茶有限公司系铁观音始祖魏荫第九代传人、国家非物质文化遗产乌龙茶铁观音制作技艺代表性传承人魏月德创办。其在 1992 年为公司注册茶叶商标“魏荫”，是安溪县私人注册茶叶品牌第一人。“魏荫”品牌的内涵构成与品牌推广都强调该公司铁观音茶叶制作的传统手工、传统工序特色，突出体现自身安溪铁观音茶叶代表的角色。同样，“中国茉莉花茶传承品牌”企业福建春伦茶业集团有限公司则在其经营理念中明确提出致力于福州茉莉花茶的研究、开发、保护和传承，倾心打造民族品牌。①

第二，产品品牌文化注重秉承与传承所属茶类的茶文化。如安徽六安瓜片茶业股份有限公司的主力品牌“徽六”就强调传承千百余年历史的六安瓜片工艺特色并弘扬六安瓜片的历史茶文化精髓。② 而誉响全国的西湖龙井茶叶代表品牌“贡牌”则在其品牌故事中专门提到 2008 年贡牌专门投入百万元在龙井村建设了 200 平方米的西湖龙井手工炒制中心，聘请区内高级炒茶技师，每年投入资金支持西湖乡政府组织全乡茶农开展一年一度的炒茶比赛，活态传承西湖龙井炒茶手法。③

第三，产品品牌内涵突出健康、生态理念。中国作为茶叶的原产国，自古以来就有“神农尝百草”的传说，茶叶的健康养生效用很早即扎根于中国大众心中。而随着茶业的市场化发展，茶叶企业为赢得消费者青睐，结合现代市场消费大众心理，在品牌内涵中多突出品牌茶叶的健康及生态理念。如福鼎白茶代表品牌“品品香”在其品牌释义中明确说明白茶不揉不炒、自然萎凋的制作方式更接近原生态，符合现代社会推崇的亲近自然、回归本真的生活方式。因此，“品品香”系列产品立足自然、健康、品味的理念，

---

① 福建春伦茶业集团有限公司官网。

② 安徽六安瓜片茶业股份有限公司官网。

③ 杭州西湖龙井茶叶有限公司官网。

力求满足人们对健康的需求，同时强调茶静心养性，是现代时尚健康品饮之道的引领者。①

第四，产品品牌推广基于“信任”关系打造，多依赖“熟人推介”的口碑营销模式。这一特征实际上与茶叶的消费方式相关。众所周知，与一般意义上的产品消费不同，茶叶的选购通常强调体验，在购买者进行品饮实践后才会产生相应的消费决策。而对于茶叶品质的鉴别，有鉴于我国深厚的茶文化的影响，经营者与消费者之间存在较大程度的信息不对称，由此导致茶叶的现实消费在很大程度上依赖于供需双方“信任”关系的建立和消费者对“熟人”意见的参考。再加上中国茶叶经营者规模实力小而散，难以承受持续进行多渠道品牌推广的费用。综此，口碑营销模式在中国茶叶产品品牌推广中占据着十分重要的地位。

（2）中国茶叶企业产品品牌建设成效

茶叶企业的产品品牌塑造与市场推广是茶叶经营者走向市场的必然选择。在茶叶的市场化过程中，品牌帮助茶叶企业实现了与消费者的产品信息沟通，减少了企业的市场推介成本，在此基础上，更是在提高茶叶产品的质量安全水平、提升茶叶生产经营效益和市场竞争力、优化茶叶产业结构方面发挥了引领作用。对于中国茶叶企业产品品牌建设的成效总结，本报告主要参考浙江大学 CARD 中国农业品牌研究中心联合中国农业科学院茶叶研究所、《中国茶叶》杂志和中国茶叶网等业界权威机构连续五年（2011～2015）对中国茶叶企业产品品牌所做的专项公益研究结果，结合中国茶叶流通协会的年度茶叶行业发展报告进行总结。

经过资料整理，可以认为中国茶叶企业产品品牌的建设成效主要包括下述内容。

第一，茶叶企业产品品牌价值逐年提升，整体发展势头良好。

尽管 CARD 2011～2015 年每年最终评估的品牌样本都在 170 个左右。但评价品牌的平均价值呈现出持续上升的势头——从 2011 年的 1.26 亿元发

① 福建品品香茶业有限公司官网。

展至2015年的1.66亿元，涨幅达到31.7%（见图3）。只是需要注意的是，在每年的茶叶企业产品品牌价值评估中，超过10亿元的品牌只有1～2个；超过5亿元的品牌不超过参评品牌的10%；1亿元以下品牌占多数席位。2015年品牌价值评估在10亿元以上的仅有“吴裕泰”；品牌价值评估为5亿～10亿元的为10个，占比为5.62%；1亿～5亿元的有效评估品牌为84个，占比为47.19%；品牌价值低于1亿元的有效评估品牌为83个，占全部评估品牌的46.63%（见图4）。数据表明，虽然中国茶叶企业产品品牌处于不断成长的进程中，但多数茶叶企业产品品牌仍处于弱小阶段，品牌价值还有相当大的上升空间。

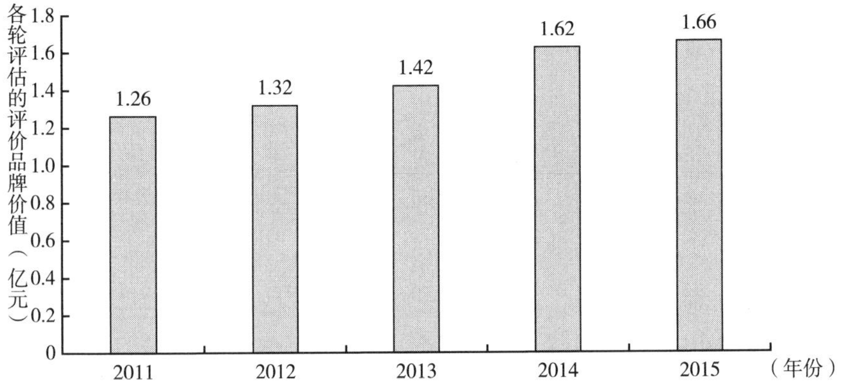

图3　2011～2015年各轮评估的评价品牌价值

资料来源：2011～2015年《中国茶叶企业产品品牌价值评估报告》。

第二，茶叶企业产品品牌辐射面扩展，市场影响力不断提升。

从中国茶叶企业的实践来看，其对接市场主要有设置专营渠道、加盟连锁、授权经营（区域代理）等形式。在此过程中，茶叶产品品牌的市场辐射也不断随之突破区域界限，实现更大范围的市场影响。2015年参评CARD茶叶产品品牌的65%以上销售区域突破10个以上省份；25%的企业市场覆盖5～10个省份。同时，2015年茶叶电商的发展使传统茶叶企业的品牌辐射面开始扩展到网络上。2015年在淘宝或其他平台上开辟网络销售

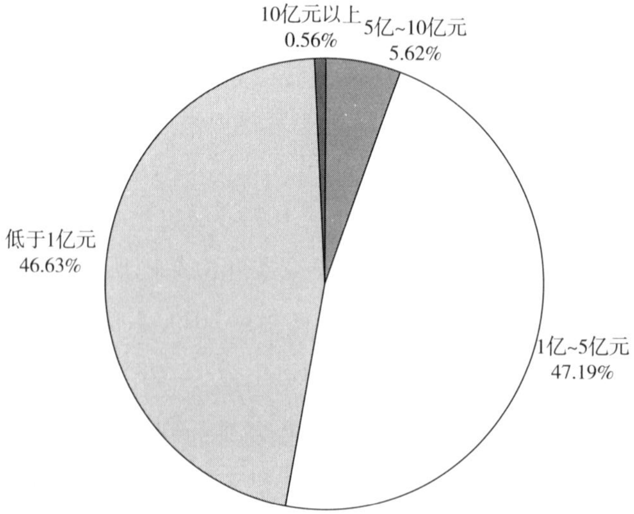

图 4　2015 年茶叶企业产品品牌价值分布

资料来源：《2015 中国茶叶企业产品品牌价值评估报告》。

渠道的参评茶叶产品品牌占比达到 90%。[①] 而根据阿里研究院的报告，2015 年阿里销售平台共卖出 88 亿元的茶叶。在此过程中，传统茶叶品牌开始迅速渗入电商领域，占据网络销售平台：大益茶叶占据 2015 年“双 11”茶叶网络销售的首位，全国网络销售排名前 20 位的品牌茶企中，传统品牌茶企占据 11 席，超过茶叶品牌电商的半壁江山（参见表 6）。[②] 茶叶企业产品品牌的影响力已从线下扩展到线上。

表 6　2015 年 12 月淘宝天猫茶叶热销品牌

排名	1	2	3	4	5	6	7	8	9	10
品牌	茶滋味	大益	中闽一品	艺福堂	醉然香	宇川	铁观音	立顿	中茶	醉优

资料来源：中商情报网，http：//www. askci. com/news/data/2016/01/12/152637ujup. shtml。

① 浙江大学 CARD 中国农业品牌研究中心中国茶叶品牌价值评估课题组：《2015 年中国茶叶企业产品品牌价值评估报告》，《中国茶叶》2015 年第 6 期。

② 陈亮：《2015 茶叶电商微报告》，阿里研究院，2016 年 3 月 29 日。

第三，茶叶企业产品品牌获利能力提升，品牌收益持续上升。

在中国茶叶企业的不断努力下，其品牌获利能力不断提升，品牌收益持续上升。CARD 的茶叶企业产品品牌价值连续五年的评估结果显示，被评品牌平均收益在 2011 年为 811 万元，随后各年度依次为 898 万元、930 万元、1071 万元，直至 2015 年的 1079 万元。[①] 如果要依据单位茶叶销量品牌收益的大小（即每销售 1 千克茶叶由品牌所带来的收益）来比较茶叶的品牌溢价增值能力，则 CARD 测算 2011 年有效品牌的平均单位销量品牌收益为 59. 97 元/千克，2012 年为 72. 98 元/千克，2013 年为 91. 67 元/千克，2014 年为 127. 07 元/千克，2015 年达到最高峰，为 153. 94 元/千克（见图 5）。显然，品牌对于茶叶产品市场销售利润的提升作用日益增大。从理论上说，茶叶品牌的收益持续提升，反映了这一企业无形资产的增值获利能力，也客观论证了品牌化对于茶叶经营实体的重要作用，从而强化了茶叶企业的品牌意识。这对中国茶业全面进入品牌时代意义非常。

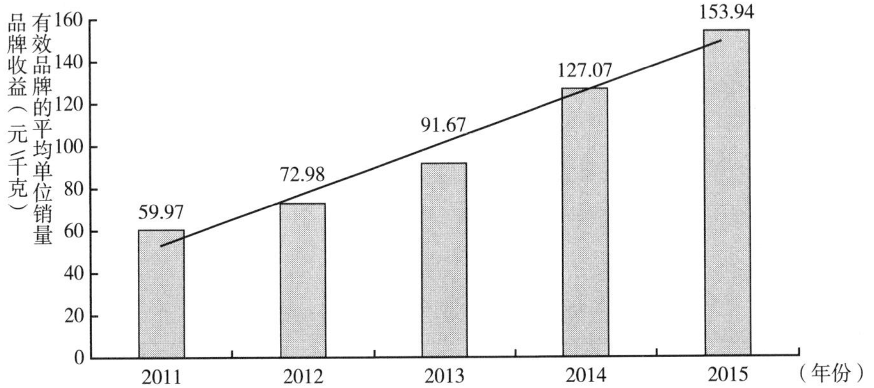

图 5　CARD 历年有效评估茶叶企业产品品牌的平均单位销量品牌收益比较

资料来源：《2015 中国茶叶企业产品品牌价值评估报告》。

---

① 浙江大学 CARD 中国农业品牌研究中心中国茶叶品牌价值评估课题组：《2015 年中国茶叶企业产品品牌价值评估报告》，《中国茶叶》2015 年第 6 期。

第四，茶叶企业产品品牌化运营反向推动了茶叶产品质量安全工作，助推了中国传统茶业的现代商业模式转化。

由于中国茶叶品牌的构建大多以健康生态为其核心理念，茶叶企业尤为关注茶叶产品的绿色生态特性。2015 年中国无公害茶园面积有 2771.8 万亩，占比为 64.22%；无性系良种茶园面积 2436.9 万亩，占比达到 56.6%；有机茶园面积 267.5 万亩，占比为 6.2%。2015 年 11 月，国家质量监督检验检疫总局发布了《质检总局关于公布 2015 年国家级出口食品农产品质量安全示范区名单的公告》，批准的 236 个示范区中含有茶叶产品的达 18 个。显然，中国茶叶的质量安全工作在各方面努力下日益完善。①

同时，中国茶叶企业基于品牌推广的需要，在茶叶产品的商业化进程中不断推陈出新，以精细化运作提升茶叶企业的市场竞争能力。如当前茶叶企业的品牌传播很多就借助互联网、新媒体来实现与消费者的双向沟通，有效提升了消费者对品牌的认知度与忠诚度。以吴裕泰中国为例，北京吴裕泰茶业股份有限公司的官方微博，每天发送一则涵盖茶知识和茶感悟的“老吴说茶”，结合吴裕泰茶叶销售进行关于茶叶知识与茶文化等话题的沟通，有效助推吴裕泰品牌的影响力。再有，2015 年中国茶叶电商发展形势喜人，茶叶线上销售与线下营销同步推广，一定程度上有效缓解了传统茶企业资金不足、品牌运作能力有限的关键性问题，也为茶叶企业的现代商业运营改造提供了路径。

此外，品牌运营的需要也带动了茶叶企业的产业化经营方略的变化——福州茉莉花茶产业联盟、川茶联盟、中国黄茶产业联盟的先后成立为中国茶叶企业以竞合发展的方式整合产业资源、优化茶业市场化进程带来了新思路。

2. 茶叶区域公用品牌建设

（1）中国茶叶区域公用品牌建设基本模式

农业的产业化和市场化发展加剧了农产品的市场竞争，而农产品生产的

---

① 王庆：《2016 中国茶叶行业发展报告》，中国茶叶流通协会，2016。

资源依赖性使农产品具有原产地属性，因此从市场营销的角度而言，利用原产地打造农产品区域品牌完全可行。加之中国农业经济仍旧以小农模式为主流，农业企业规模小，经营分散，品牌化经营的实力不足。在多种因素共同作用下，农业区域品牌建设自然成为各地区推动本区域特色农业发展的主要途径。茶业亦同。

需要强调的是，与茶叶企业产品品牌不同，茶叶区域公用品牌指的是特定区域内相关机构、企业、农户等所共有的，在茶叶生产地域范围、品种品质管理、品牌使用许可、品牌行销与传播等方面具有共同的诉求与行动，以联合提高区域内外消费者的评价，使茶叶产品与区域形象共同发展的品牌。① 由于茶叶品质的自然资源禀赋依赖以及中国延续千年的区域茶文化发展，中国茶叶区域公用品牌建设主要依托地理标志构建。正因此，我国近年来茶叶区域品牌建设发展迅速的基本事实可以通过各地区争相争取地理标志证明商标（集体商标）注册或地理标志保护产品登记以及农业部的地理标志农产品登记来体现。仅以福建省为例，截至2015年12月31日，福建茶叶共注册47个地理标志证明商标。② 这些地理标志证明商标通过品牌化建设为福建的区域特色茶业发展做出了巨大贡献。如为复兴福州茉莉花茶产业，相关政府部门与茶叶行业协会联手，分别在2008年注册了福州茉莉花茶地理标志证明商标，在2009年进行了地理标志保护产品与农业部农产品地理标志登记；此外，2011年，国际茶叶委员会授予福州“世界茉莉花茶发源地”的称号（这是世界上首次公认一种茶类的发源地）；2012年，国际茶叶委员会授予福州茉莉花茶“世界名茶”称号；2013年，福州茉莉花种植与茶文化系统被农业部列为中国重要农业文化遗产；2014年，福州茉莉花与茶文化系统被联合国粮农组织（FAO）列为全球重要农业文化遗产；同年，福州茉莉花茶窨制工艺被文化部列入国家级非物质文化遗产代表性项目名录；2015年3月，全国茶叶标准化技术委员会花茶工作组在福州成立，

---

① 中国茶叶区域公用品牌价值评估课题组：《2010中国茶叶区域公用品牌价值评估报告》，《中国茶叶》2010年第5期。

② 福建省商标协会官网。

主体负责花茶国家标准的制定和修订。很显然，上述作为有效累积了福州茉莉花茶区域品牌资源，直接带动了福州茉莉花茶影响力的扩展。

通过资料盘点与现实观察，本报告将中国茶叶区域公用品牌的建设行为整理出五种基本构建模式。

第一，市场导向型——安溪铁观音。在“安溪铁观音”地理标志品牌成长的初级阶段，主要由政府助力，安溪县政府以“茶业富民”战略围绕“安溪铁观音”地理标志品牌建设实现地理标志品牌与茶产业的协同发展；在地理标志成长的中高级阶段，企业主要参与地理标志品牌的建设，积极申请地理标志的运用，提升自身的科技水平，壮大自身实力进而实现产品的推广和市场的开拓。然而，“安溪铁观音”地理标志品牌成长的关键助力因素是市场，在市场引导下，安溪铁观音首先专注品牌建设，实施著名的“2112”工程与“茶叶产业化推进工程”，对市场进行探索分析，关注产业组织建设，合理规划产业规模，大力扶持茶叶企业发展，提高产品质量和技术水平，实现品牌建设与市场价值的融合。当然，“安溪铁观音”地理标志品牌建设也取得了不错的成效，2011～2014 年一直位于中国茶叶区域公用品牌价值排行榜第二位，2015 年跃居第一位，2011～2015 年品牌价值呈现逐年增长的趋势（见图 6）。

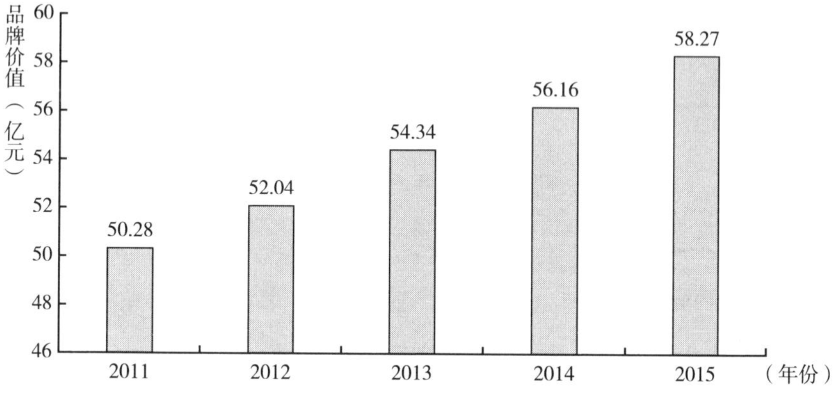

图 6　2011～2015 年安溪铁观音品牌价值

资料来源：2011～2015 年《中国茶叶区域公用品牌价值评估报告》。

第二，内部共享型——西湖龙井。基于西湖龙井的管理模式（政府对“西湖龙井”起统筹监督的作用，协会拥有“西湖龙井”品牌的所有权，管理机构主要采取防伪标、证明商标以及专卖店等品牌共享手段与茶农、茶企等实现“西湖龙井”品牌的共享），我们将“内部共享”作为西湖龙井地理标志品牌成长的关键驱动因素。各利益相关主体围绕“内部共享”展开产业推进：政府构建执法体系，完善茶叶管理机构和地理标志保护制度，推进西湖龙井地理标志品牌成长；企业则响应政府号召，以身作则，积极带动其他相关主体发展，维护西湖龙井品牌公信力，推进西湖龙井地理标志品牌成长。西湖龙井历经上千年的发展，形成了一定的美誉度和信誉度，品牌价值优势明显。2011～2015 年，《中国茶叶区域公用品牌价值评估报告》显示西湖龙井区域品牌价值处于增长的趋势，并一直处于茶叶区域公用品牌价值排行榜的第一位，2015 年稍有下降，降到第二位（见图 7）。

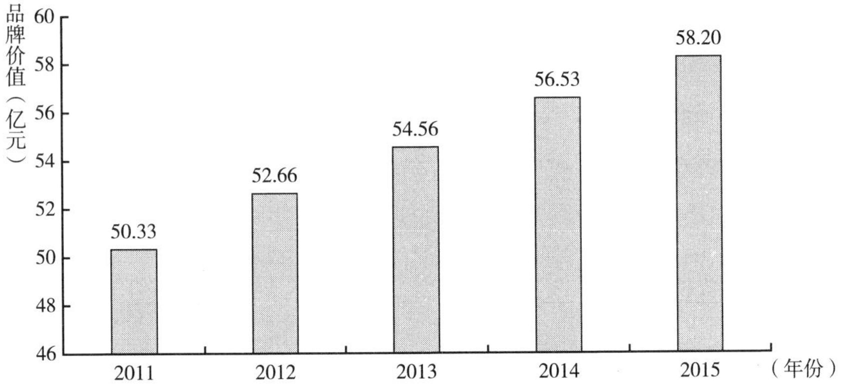

图 7　2011～2015 年西湖龙井品牌价值

资料来源：2011～2015 年《中国茶叶区域公用品牌价值评估报告》。

第三，科技创新型——福鼎白茶。基于福鼎白茶的产品特性与市场需求，将“科技”作为地理标志品牌成长的关键驱动要素，是福鼎白茶地理标志品牌建设的成功之处。2011～2015 年的《中国茶叶区域公用品牌价值评估报告》显示，福鼎白茶区域品牌价值处于增长的趋势中，并一直处于茶叶区域公用品牌价值排行榜的第五或第六位（见图 8）。福鼎白茶通过创办诸多白茶产业科研中心，与中国茶叶研究所等科研机构以及福建农林大学等高等院校合作，提升“福鼎白茶”品牌的科技内涵，优化茶叶种植、生产和加工等环节的培育技术，引领福鼎白茶地理标志品牌成长。基于此，福鼎白茶地理标志品牌建设展开成长之旅。一方面，政府通过强化组织领导、推行标准化生产、申报福鼎白茶地理标志产品保护等品牌战略推动福鼎白茶地理标志品牌成长；另一方面，企业通过积极配合政府政策、运用现代化的经营手段践行茶叶产业的多元化发展等，推动福鼎白茶地理标志品牌成长。

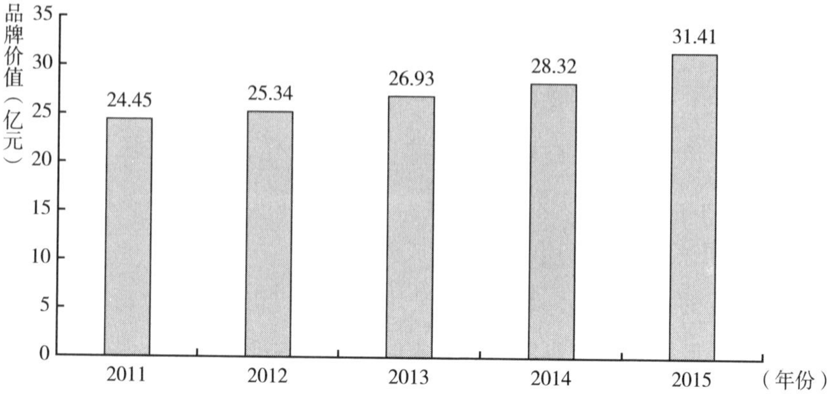

图 8　2011～2015 年福鼎白茶品牌价值

资料来源：2011～2015 年《中国茶叶区域公用品牌价值评估报告》。

第四，健康养生型——普洱茶。普洱茶主要产于云南省的西双版纳、临沧以及普洱等地区，土地优渥、无污染，品质特优。因此，相关部门基于普洱茶优越的生长环境将“健康养生”作为驱动普洱茶地理标志品牌成长的关键因素，展开普洱茶地理标志品牌的市场建设活动，规范茶园开发，加大监管力度，在地理标志宣传与推广中坚持以健康、生态为理念，紧抓质量安全。在这一过程中，各利益相关主体围绕“健康养生”概念推动普洱茶地理标志品牌成长。政府制定相关政策，大力保护自然资源的多样性和生态性，推进生态茶园的改造和生态茶业标准化管理，同时构筑地理标志品牌伞下的企业品牌族群，推动普洱茶地理标志品牌成长。企业积极参与普洱茶地理标志品牌建设，重视地理标志品牌价值，提高生态健康意识，生产健康、绿色的产品，推动普洱茶地理标志品牌的成长。

第五，主体联动型——福安坦洋工夫。国内红茶消费势头上升，福安“坦洋工夫”抓住机遇，以利益关联主体的紧密联动和相互促动提高组织绩效和推广效率，在中国红茶市场上为自己赢得了一席之地，并鉴于福安“坦洋工夫”的后发优势，认为带动福安“坦洋工夫”地理标志品牌成长的关键驱动因素是政府、茶叶协会以及企业的紧密联动和相互促动。政府通过加大财政投入、加强地理标志品牌的宣传和市场监管，并提供政策保障以推动福安“坦洋工夫”的成长；茶叶协会以自身为主体，协调各方面的关系，共同管理福安“坦洋工夫”地理标志品牌的建设；企业则通过积极参与福安“坦洋工夫”地理标志品牌建设，不断提升自身实力，推进“坦洋工夫”地理标志品牌成长。各利益相关主体之间分工协作，相互关联，强化福安“坦洋工夫”的品牌竞争实力，实现了“坦洋工夫”品牌的市场增值。

（2）中国茶叶区域公用品牌建设成就

中国茶业的实践证明，茶叶区域公用品牌的构建对于地方特色茶叶关联资源的整合、区域茶叶产业集群的形成以及集群内部茶叶企业品牌族群的发育成长具有非常明显的效用。但本报告也认为，茶叶区域公用品牌的构建绝不仅限于提升地方茶叶产业竞争力的效用，而是具有更为广泛的社会意义。例如福建的武夷大红袍、福州茉莉花茶、福鼎白茶的制作技艺入选国家非物质文化遗产名录；安溪大力推动茶庄园建设，发展有机茶叶产品，体现了茶人对区域品牌所蕴含的自然资源禀赋条件的重视与保护；此外，多茶区努力打造“中国白茶之乡”“中国茶叶之乡”等地区形象，力图吸纳投资、壮大产业、扩展茶叶市场、延伸茶产业链、发展茶文化旅游等。总体而言，本报告认为茶叶区域品牌建设对中国茶产业发展意义重大，成效显著。由此，本报告同样主要参考浙江大学 CARD 中国农业品牌研究中心联合中国农业科学院茶叶研究所、《中国茶叶》杂志和中国茶叶网等业界权威机构连续六年（2010～2015 年）对中国茶叶区域公用品牌所做的专项公益研究结果，结合中国茶叶流通协会的年度茶叶行业发展报告进行总结。

第一，茶叶区域公用品牌价值稳定增长，品牌收益持续上升。

品牌价值和品牌收益是品牌成长的重要标志，从中国茶叶区域品牌近五年品牌价值和品牌收益取得的成效来看，中国茶叶区域公用品牌整体发展势头良好。《2015 中国茶叶区域公用品牌价值评估报告》显示，2010～2015 年中国茶叶区域品牌的品牌价值和品牌收益呈现增长的态势并趋向稳定（见图 9），2010 年平均品牌价值为 8.18 亿元，2015 年平均品牌价值达到 13.5 亿元，比 2010 年增长了 65.04%；2010～2015 年平均品牌收益基本呈现增长趋势，2013 年略有下降，但总体来说，2010 年平均品牌收益为 6943.00 万元，2015 年平均品牌收益为 8454.24 万元，比 2010 年增长了 21.77%。

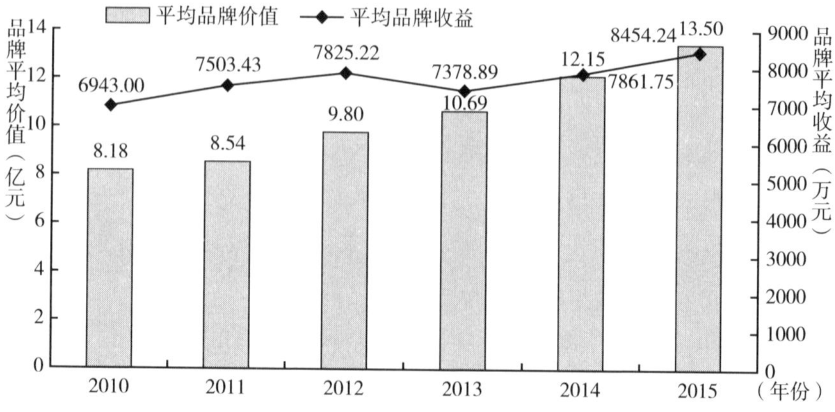

图 9　2010～2015 年平均品牌价值和平均品牌收益

资料来源：2010～2015 年《中国茶叶区域公用品牌价值评估报告》。

第二，茶叶区域品牌建设注重长远性与系统性，推动了各区域茶业加强战略规划工作。

CARD 对中国茶叶区域公用品牌价值评估的持续性课题调查显示，几乎所有参评地区的茶叶产业都制定了完整和成熟的发展规划，形成茶叶产业发展报告，明确了茶叶产业发展的现状和存在的主要问题，进而提出了发展方向和发展措施。如安溪县茶叶产业考察报告、普洱茶行业市场需求与投资规划分析报告、大红袍品牌带动茶产业发展纪实等，在考虑地域特征的基础上对资源进行合理配置、统筹规划，以发展的眼光进行品牌战略管理，增强品牌战略的实用性，以期实现区域品牌的长远发展。

第三，“品牌伞”效用发挥，茶叶区域公用品牌能有效带动区域内茶叶品牌族群成长。

Iversen 和 Hem（2008）提出区域品牌可以像制造商品牌一样，作为伞品牌为伞下产品或品牌提供质量信誉和担保。[①] 据此，本报告认为，茶叶区域公用品牌建设对于区域内的产品和产业发展起到了保护与背书的作用。前述已经说明，正是中国茶叶经营主体规模实力弱小，难以承担品牌构建与推广的运营成本，带来了各区域迫切发展区域公用品牌的需要。实践证实，正是茶叶区域公用品牌的树立与宣传推广，使各区域茶叶产品的市场声誉得到提升和普及，带动了本区域茶叶产品市场价格的上涨与销售份额的扩大。而茶叶产品市场竞争力的提升，进而茶叶企业的兴盛又为区域茶业的发展壮大奠定了产业基础。例如福建安溪铁观音，其地理标志品牌建设与推广使安溪由国家级贫困县成功变身为全国产茶第一县。而安溪铁观音的声名鹊起带动了安溪茶企品牌族群的发展，后者又反过来强化了安溪铁观音的市场影响力，推动其成为中国最早的地理标志“驰名商标”。

2015 年中国茶叶区域公用品牌价值排行榜前十名见表 7。

表 7　2015 年中国茶叶区域公用品牌价值排行榜前十名

排名	茶叶区域公用品牌	品牌价值(亿元)
1	安溪铁观音	58.27
2	西湖龙井	58.2
3	信阳毛尖	55.73
4	普洱茶	55.66
5	福鼎白茶	31.41
6	大佛龙井	29.2

① Nina M. Iversen and Left E. Hem, “Provenance Associations as Core Values of Place Umbrella Brands: A Framework of Characteristics,” *European Journal of Marketing*, 2008, 42 (5/6): 603 - 626.

续表

排名	茶叶区域公用品牌	品牌价值(亿元)
7	安吉白茶	29.1
8	福州茉莉花茶	26.77
9	武夷山大红袍	24.61
10	祁门红茶	24.26

资料来源：浙江大学 CARD 中国农业品牌研究中心中国茶叶区域公用品牌价值评估课题组：《2015 中国茶叶区域公用品牌价值评估报告》，《中国茶叶》2015 年第 6 期。

第四，品牌整合发展，实现区域品牌高效建设和经济利益快速增长的双赢局面。

区域品牌整合发展主要体现在资源、技术和产业整合三个方面。在茶业中，东茶西移是茶叶区域品牌资源整合的一个重要体现，如贵州地区借鉴江浙名优茶发展经验，引导茶产业集群化发展，茶产业发展规模迅速扩大，茶园面积从 2010 年的 18.9 万公顷发展到 2015 年的 45.9 万公顷，跃居全国第一位。① 技术整合主要指结合现代信息技术，应用物联网技术，实现“管、控、营”一体化（如安徽黄山使用物联网技术对茶园病虫害进行实时监测，从而减少运营资本），同时实现精深加工技术整合。据统计，2015 年，中国茶叶总产量 227.76 万吨，年总产值 1519.12 亿元，② 茶叶深加工采用了不到总产量 6.58% 的中低档茶叶，创造了 506.37 亿元的产值。③ 茶文化旅游是茶产业融合最主要的方式，如黄山借助“太平猴魁”“黄山毛峰”等历史名茶，依托黄山自然风景区打造茶文化旅游专线；武夷山下梅村依托“万里茶道”起点的优势，开发展茶文化旅游；春伦以茉莉花茶为载体，以茶文化为核心打造春伦茉莉花茶文化创意产业园，形成茶文化旅游资源，迎合了市场发展需求，带动区域经济的快速发展。

第五，茶叶电商发展迅速，带动茶叶区域品牌建设开始进入数字化阶段。

---

① 资料来源：多彩贵州网，http://news.163.com/16/0509/04/BMJMHP3U00014Q4P.html。
② 资料来源：《2016 中国茶叶行业发展报告》。
③ 资料来源：济南时报，http://news.163.com/16/1216/14/C8DO5LG300014Q4P.html。

阿里研究院关于茶叶电商年度发展的数据统计显示：2012 年“双 11”茶叶类目的销售额达到 3264.6307 万元，2013 年“双 11”茶叶类目的销售额达到 9249.1056 万元，比 2012 年增长了 283%；而 2015 年阿里平台茶叶销售额达 88 亿元，比 2013 年增长了一倍。这些数据显示出传统茶叶销售在逐步向电商发展，茶叶区域品牌建设也进入了数字化发展阶段。CARD 的《2014 中国茶叶区域公用品牌价值评估报告》显示，参评的 95 个区域品牌中接近一半已建立统一的电商平台，未建立统一电商平台的区域品牌在网络上做广告和通过网络进行销售的比例分别达到 87.37% 和 81.05%，中国茶叶区域品牌建设数字化势头正显。

二 中国品牌茶业发展的主要问题

中国品牌茶业的发展对中国茶业的现代化转化进程起到了关键性的催化作用。但不可否认的是，尽管“七万家茶企不敌一家立顿”的说法有失偏颇，中国茶叶品牌总体还是处于“弱小散”状态，茶叶品牌的影响力与竞争力还有待进一步提升。在基于品牌的传统茶业现代商业模式转型过程中，考虑到茶叶品牌化实践中的具体问题，中国的品牌茶业还有很大的提升空间。

（一）茶品质受限于农副产品特性，茶品牌的市场信誉稳定性不够

无论是中国茶叶企业的产品品牌还是中国茶叶的区域公用品牌，其品牌符号所指代的对象通常是传统茶叶产品。这与中国茶业当下以传统茶叶产品供应为主流的发展状况是对应的。但在此种情况下，从品牌角度而言，各类型茶叶品牌所指代的茶叶产品在保证茶叶品牌的市场声誉方面具有先天的不足。众所周知，品牌兴盛于工业品时代，品质标准化是其市场运营的基础。然而茶叶作为中国代表性的农副产品，在其品质形成过程中具有先天的障碍：首先茶叶生产的季节性、地域性导致即使同类茶叶，也很难保持较为均衡的品质特性，这可以从当前充斥市场的茶叶“山寨”现象获得印证；而鉴于中国传统茶叶加工过程中人工技艺的重要地位，制茶

者技术的可靠性与茶叶生产的标准化对于茶叶品质的形成意义重大，但当下中国茶业中无论是作为初级加工者的茶农还是茶叶企业中的技师，其技术水平的差异，以及对茶叶标准化生产推广的难度又使茶叶质量的均衡失去了一定程度的技术保障；同时茶叶商品在销售过程中也很难保持品质的稳定性，其品质随存放时间和存放方式的变化而变化。这种品质的不稳定性直接造就了茶叶品牌的脆弱，削弱了消费者对于茶叶品牌的忠诚度。此外，如茶叶品质评定缺乏统一的标准化规范，一般消费者没有感官审评专业知识，茶叶交易中的质量信息严重不对称性，茶叶消费的文化特性等也都影响着茶叶品牌的市场信誉，从而导致品牌茶业推广一开始即面临先天不足的难题。

（二）茶品牌建设过于依赖传统茶文化，茶品牌个性不足，辨识度缺乏

中国是茶叶的原产国，茶文化渊源深厚，内涵丰富广大。在此基础上改变传统茶业的小农经济模式，转向市场化运营所碰到的直接问题就是如何宣传推介自己的茶叶产品。在此方面，如前所述，无论是中国的茶企业产品品牌还是茶区域公用品牌，在茶品牌文化内涵挖掘与表述方面均呈现出两个特征：一是强调茶类及其特性；二是强调对特定茶类的茶文化传承与传播。这两点在茶叶区域公用品牌的宣传推广中表现更为突出。如参评 CARD2015 年中国茶叶区域公用品牌价值评估的 94 个茶叶区域品牌全部是以茶类——西湖龙井、安溪铁观音、信阳毛尖等——命名的；而且在这 94 个参评的茶叶区域公用品牌中，有 67 个进行了地理标志证明商标注册，6 个进行了地理标志集体商标注册，33 个获得农业部农产品地理标志登记，57 个获得了质检总局的地理标志产品保护①——几乎所有参评的区域品牌都以地方特色名优茶叶为名。茶经济必然伴随茶文化，中国的茶叶从来不能离开茶文化而独

① 浙江大学 CARD 中国农业品牌研究中心中国茶叶品牌价值评估课题组：《2015 中国茶叶区域公用品牌价值评估报告》，《中国茶叶》2015 年第 6 期。

立存在。既然茶叶品牌多指代地方名特优茶叶，这就使茶叶品牌推广必然与这些地方茶叶的文化渊源相挂钩。如果说茶叶区域公用品牌选择将地方茶文化作为其品牌内涵具有一定的必然性和可行性——帮助消费者厘清不同区域茶叶的特色，则茶企业产品品牌若仍旧以地方茶文化为自身的品牌文化系统，直观的后果就是同一区域内的茶叶产品在其市场辨识标志——品牌——的特性方面让消费者无从判断，不知道“华祥苑”与“八马”的差异，也无从判断“大益”与“普秀”的区别。并且，即使是通过区域特色强化与推介的茶叶公用品牌，也往往会因为各自文化定位的地方化而存在无法获得其他地区消费者接受的市场隐患。

（三）茶品牌商业化运作水平偏低，茶业竞争同质化低位徘徊

当前，尽管中国地方政府与中国茶叶企业对于茶叶品牌化发展的重视程度毋庸置疑，但从现实来看，他们在品牌茶业的发展进程中还处于较为低端的阶段——大多数茶企缺乏品牌意识与品牌投入，品牌推介传统化、世俗化；同时，许多地方政府在构建茶叶区域公用品牌的时候也大多将品牌茶业视作注册商标，缺乏品牌培育的持续性手段。究其原因，最主要的是中国茶叶经营实体的整体弱小和商业化运营理念的缺乏及运营手段的落后。尽管从每年度百强茶企的评选中我们可以感受到茶叶企业的成长——2015 年 83% 的百强茶企业总资产已超过 1 亿元，但中小型企业仍然是中国茶业的主流和支柱。[①] 其中甚至多数企业还简单依靠初制产品加工维持其生存发展。在此种状态下，要求茶企业迎合市场需求进行市场化运营，其在理念上大多难以突破，实践中受限于人才和资本的短板，很难在真正意义上践行现代品牌运营模式。并且，过于同质化的产品提供（当前中国境内的茶企主业多做初级常规茶叶的生产与茶叶销售，产业向纵深延伸的不多）使行业内部竞争激烈，企业与产品的区域间差异不明显，品牌卖点普遍缺失，对消费者吸引力较小，市场容量难以扩大，总体供过于求。如此态势使茶业竞争只能处于

---

① 王庆：《2016 中国茶叶行业发展报告》，中国茶叶流通协会，2016。

同质化低位徘徊的状态。当然，近年来茶叶电商的迅速扩展与茶叶企业的资本运作速度加快也体现了中国茶业界对于该问题的重视与突破企图，希望在不久的将来，该问题能够得到逐步解决。

（四）母强子弱，现行双品牌体制下茶企业产品品牌凸显度不够

中国茶叶区域公用品牌建设发展至今，其茶叶产业发展规划逐渐完善，品牌整合发展优势明显，品牌管理和保护逐渐强化，产品质量逐渐提高，区域公用品牌的品牌价值和品牌收益稳中提升，如安溪铁观音、西湖龙井等区域品牌建设较为成功。因此，打造区域公用品牌已成为各产区茶产业发展的战略选择。然而，在茶叶区域品牌发展过程中，大多数茶叶区域品牌与其背书的企业产品品牌存在“母强子弱”的显著特征。即在茶叶品牌发展过程中，以茶叶企业产品品牌为主力和以区域公用品牌为背书的双品牌体制的优势没有得到充分发挥。根据《2015 中国茶叶区域公用品牌价值排行榜》和《2015 中国茶叶企业产品品牌价值排行榜》，安溪铁观音品牌价值 58.27 亿元，排名第一，而企业产品品牌武夷星品牌价值 3.09 亿元，排名第 22 位；武夷山大红袍品牌价值 24.61 亿元，排名第九，而企业产品品牌武夷星品牌价值 3.09 亿元，排名第 22 位。这表明，在我国茶叶品牌发展过程中，茶叶区域品牌和茶叶企业产品品牌之间发展不平衡，区域公用品牌的价值和影响力较高，而茶叶企业产品品牌的价值和影响力相对较弱，形成这种现象很重要的原因是区域品牌是众多背书企业品牌精髓的提炼，茶叶区域品牌与企业产品品牌相比更直观，更具广泛、持续的品牌效应。因此，企业品牌作为“母子”品牌模式中的主力，应充分借助区域品牌平台，把握区域品牌的优势，增强企业品牌的建设实力，发挥“母子”品牌模式的积极效应。

（五）茶叶电商营销平台拓展，品牌推广还有待针对性提升

“互联网 +”是时代发展的潮流，电商已成为一种重要的生活方式。电子商务的崛起带动了茶叶电商营销的发展，根据中国电子商务研究中心的检

测数据，2011 年中国茶叶电商交易额为 20 亿元，2012 年中国茶叶电商交易额为 39 亿元，2013 年交易额达到 85 亿元，2014 年交易额高达 113 亿元，与 2011 年相比增长了 465%。从 2011～2014 年网上零售交易的规模来看，京东、天猫以及当当等综合电商平台已经占据全部交易规模的 90%，茶叶电商规模逐渐增大，茶叶电商营销平台扩展迅速。然而，基于电商营销，并受到茶叶企业传统经营惯例、企业规模、互联网意识和信息因素等的制约，茶叶品牌推广产生了亟待解决的问题。第一，消费群体范围太窄。茶叶电商主流群体的年龄集中在 18～35 岁，35 岁以上的消费者更趋向于线下实体购茶，因此，品牌推广需针对 35 岁以上的消费者群体进行优化，实现全民化。第二，茶叶体验式营销缺乏。茶叶电商很大的一个弊端是无法实现消费者购买与品饮体验相结合，赋予消费者真实感，消费者感知相对弱化，不利于茶叶品牌的推广。第三，茶文化宣传不到位。检索茶叶信息只能看到茶叶的重量、价格、品级以及一些广告语，很少有介绍茶故事、茶历史等的茶文化，网上购买茶叶了解茶文化比介绍模棱两可的质量、重量更能激发消费者的情感共鸣，满足消费者的精神需求。

三　产业趋势与品牌茶业发展新篇章

（一）品牌茶业走向精细化，持续拓展品牌效力提升空间

当前及以后，品牌精细化关联被视为改变中国茶业品牌经营粗放、提升茶叶品牌效力的关键举措。2015 年 5 月的北京市消费者协会曝光的茶叶质量问题事件其实正说明了当前茶叶品牌运作主体与茶叶品牌运作客体（消费者）之间的信息不对称问题，暴露了中国茶业界“王婆卖瓜自卖自夸”的品牌运作思路满足不了消费者对于茶叶产品的信息需求。这一事件为中国品牌茶业的进一步发展敲响了警钟：当下粗放的品牌经营模式必须进行调整！事实上国八条后中国茶叶已开始向日常饮品回归，消费者自饮需求潜力大，茶叶品牌的定位、内涵体系构建以及宣传推介行为都必须相应进行调

整，由“茶文化”进化至“茶生活”；原有的品类品牌方式需要进行突破创新；要加强渠道开发，建立营销通路的信任感，通过渠道革新打造渠道品牌。这在当前中国茶叶产能过剩、茶叶营销多数依靠人脉实行口碑营销的现状面前，是一种可供考虑的品牌建设模式创新。在此方面，来自台湾的天福茗茶在中国的连锁经营发展模式值得借鉴。而安徽徽府茶行的自营专卖店+经销商加盟店销售体系能在短时间内迅速在安徽等地布局，整合下游商业资本，输出建立“正装好茶”的形象，加强与消费者沟通，其经验亦值得中国茶叶界思考总结。

（二）品牌茶业牵手互联网，加速茶业现代化与市场化

2015年，在“互联网+”的大背景下，茶叶电商进入全新扩张时代。依据阿里研究院的《2015茶叶电商微报告》，阿里零售平台2015年共卖出88亿元的茶叶，同比2014年增长27.5%，相比2013年增长超过一倍。其中福建省以年销30亿元成为全国茶业电商领头羊。与之相对应，一大批80后、90后互联网原住民携带互联网工具，利用众筹、微商、物联网及微社群等，以全新的经营思维颠覆了传统线下茶叶营销模式，引领了2015年乃至未来茶业商业模式的创新发展。其中最具代表性的是杭州艺福堂，其创始人李晓军2006年将传统茶叶搬上网，目标是让天下人都喝上健康好茶。为解决消费者网购茶叶体验感的缺失，李晓军推出“买茶零风险”规则，顺利把握住了消费者心理，引领茶叶电商模式发展规范化。2009年李晓军仿照实体店茶叶标准化供应，成为国内第一位拥有生产线，并通过安全认证的茶叶电商。2011～2015年连续五年艺福堂在淘宝天猫平台“双11”期间的网络营销量都居于前列，尤其在2014年为销售首位，2015年屈居大益之后为第二名。除了艺福堂，幸福茶农、不知名茶、三只松鼠等电子商务茶叶经营主体纷纷崛起。尤其需要关注的是，2015年传统品牌茶企在网上开始超越纯电商茶企。可以认为，互联网平台为传统茶业的现代化改造和市场化运营提供了新思路和新模式。盖因此，茶叶经营主体必须考虑如何将茶业发展与互联网进一步融合深化。

（三）品牌茶业引进资本元素，金融助推茶业发展

来自国家工商总局企业注册统计和市场主体发展的数据分析显示，截至2015年底，我国登记注册并实际运转的茶叶企业为53976家，其中规模以上企业仅占3%，中国茶叶企业“小、散、弱”格局明显。对于茶叶企业的融资需求满足来说，传统的融资渠道对其限制良多，使资质仅为小微企业的大量茶叶经营实体难以获得扩大再生产需要的必要资金。加之传统融资渠道、条件、手段都较为单一，使资金问题一直是中国茶企业升级换代的重要障碍。而证券市场的打开无疑为中国茶业的金融需求提供了新的来源。对于新三板市场而言，不仅低门槛、开放性是其融资特点，而且其本身的包容性也切实为中小微企业开辟多层次资本市场、冲破制度障碍与行业瓶颈带来了资本助力。此种背景下，谢裕大、茶乾坤、雅安茶厂、黑美人等茶叶或涉茶经营企业相继拥抱新三板。而2015年9月八马茶业、七彩云南以及黄山六百里猴魁茶业股份有限公司三家茶企也已申请挂牌并披露公开转让说明书（见表8）。可以预见，随着资本助力的不断拓展和吸纳，中国品牌茶业发展将迎来新的高峰。如何完善自身的经营管理，适应各金融融资渠道的融资要求，是茶叶企业在今后谋求可持续健康发展所必须关注的问题。

表8　中国茶叶上市公司（截至2016年6月15日）

序号	代码	名称
1	000019	深深宝A
2	834754	八马茶业
3	835024	七彩云南
4	430370	谢裕大
5	834573	梅山黑茶
6	832543	恒富股份
7	832057	雅安茶厂
8	832946	白茶股份
9	T17901	猴魁茶业
10	831108	茶乾坤
11	831443	黑美人
12	06868	天福茶叶

资料来源：和君咨询茶事业部。

（四）“一带一路”引领，中国品牌茶业走向世界

中国古代的陆上丝绸之路与海上丝绸之路都是把中国的丝绸、茶叶与瓷器等产品输往沿途各国各地区，在带去中国的文明与友好的同时，赢得了各国人民的普遍赞誉。由此，2013 年习近平总书记提出“一带一路”的国际倡议后即获得了世界性回响。当前，由中国提出的这“一带一路”倡议涉及 65 个沿线国家和地区，涵盖全球 44 亿人口，而其中所涉区域包括全球最重要的茶叶生产和消费地区，这对于中国茶业的发展是前所未有的机会红利。但是，从国际茶业经济的视角衡量，中国茶业交易方式单一且落后，遇到的贸易壁垒不断加强，行业内缺乏统一标准，缺乏有国际或国家影响力的茶叶品牌，无疑，这些问题的存在必然给中国茶业借助“一带一路”历史机遇走向世界带来负面影响。由是，品牌茶业发展成为中国茶业全球化的必然途径。本报告认为，为打造有影响力的茶业品牌，必须将“品牌竞争力”培育融入茶叶生产、加工和销售的全过程。要在提高茶叶品质上下功夫，推进茶树良种化和茶园生态化；要提升产品附加值，推进茶叶精深加工；要加强茶叶产品的市场营销，构建多元化营销渠道系统。

（五）产品创新，产业链拓展延伸，年轻化的品牌茶业进入2.0版

对于品牌茶业而言，其在市场化过程中面临的一个重要问题是拓展茶叶消费群体。对于中国茶业而言，传统的主流消费群体是 30 岁以上男性群体。但随着中国茶业的持续发展，茶叶供大于求格局的延续，拓展消费群体范围、吸引女性群体和年轻群体成为茶叶的现实消费者成为中国茶业所关注的问题。为此，必须更加细分消费群体、消费习惯与消费需求，适应年轻群体及女性群体更加多元化的消费观念，进行产品创新；在可能的情况下推动茶叶企业跨界发展，延伸产业链，拓展茶叶发展空间。这一点中国茶叶界实际已相应做出经营调整：2015 年百强茶企数据显示，近 90% 的百强茶企业除提供传统茶叶产品外，还向茶具、茶园观光、茶馆经营、茶叶深加工等领域进行了延伸拓展，跨界运营。茶叶产品创新，体系日趋丰富，使当下中国品牌茶业的

内容已经发生了很大变化。与此对应，茶叶经营者也逐渐从老一代掌门人过渡到第二代，年轻人陆续上位，他们将以新农人的朝气与新鲜茶叶经营理念带动品牌茶业进入2.0版，最典型的表现就是在“互联网+”背景下茶叶电商模式的创新设计与迅捷发展。可以认为，如何在新茶人的引领下适应年轻消费者的消费需求进行茶叶产品的多元创新开发，延伸产业链，跨界融合，以创意经济思维带动中国品牌茶业持续健康发展将成为一个重要议题。

参考文献

[1] 王庆：《2016中国茶叶行业发展报告》，《中国茶叶流通协会》，2016。

[2] 浙江大学CARD中国农业品牌研究中心中国茶叶企业产品品牌价值评估课题组：《2011中国茶叶企业产品品牌价值评估报告》，《中国茶叶》2011年第5期。

[3] 浙江大学CARD中国农业品牌研究中心中国茶叶品牌价值评估课题组：《2012中国茶叶企业产品品牌价值评估报告》，《中国茶叶》2012年第5期。

[4] 浙江大学CARD中国农业品牌研究中心中国茶叶品牌价值评估课题组：《中国茶叶企业产品品牌价值评估报告（2011~2013)》，《中国茶叶》2013年第5期。

[5] 浙江大学CARD中国农业品牌研究中心中国茶叶品牌价值评估课题组：《中国茶叶企业产品品牌价值评估报告（2011~2014)》，《中国茶叶》2014年第6期。

[6] 浙江大学CARD中国农业品牌研究中心中国茶叶品牌价值评估课题组：《2015中国茶叶企业产品品牌价值评估报告》，《中国茶叶》2015年第6期。

[7] 中国茶叶区域公用品牌价值评估课题组：《2010中国茶叶区域公用品牌价值评估报告》，《中国茶叶》2010年第5期。

[8] 浙江大学CARD中国农业品牌研究中心中国茶叶区域公用品牌价值评估课题组：《2011中国茶叶区域公用品牌价值评估报告》，《中国茶叶》2011年第5期。

[9] 浙江大学CARD中国农业品牌研究中心中国茶叶品牌价值评估课题组：《中国茶叶区域公用品牌价值评估报告（2009~2013)》，《中国茶叶》2013年第5期。

[10] 浙江大学CARD中国农业品牌研究中心中国茶叶区域公用品牌价值评估课题组：《2014中国茶叶区域公用品牌价值评估报告》，《中国茶叶》2014年第6期。

[11] 浙江大学CARD中国农业品牌研究中心　中国茶叶区域公用品牌价值评估课题组：《2015中国茶叶区域公用品牌价值评估报告》，《中国茶叶》2015年第6期。

[12] 陈亮：《2015茶叶电商微报告》，阿里研究院，2016年3月29日。

[13] Nina M. Iversen and Left E. Hem. Provenance Associations as Core Values of Place Umbrella Brands: A Framework of Characteristics. *European Journal of Marketing*, 2008, 42 (5/6): 603 - 626.

[14] 大卫·艾格:《品牌经验法则——如何建立强势品牌》，沈云聪译，内蒙古人民出版社，1999。

[15] 谢向英:《地理标志品牌成长研究——以福建茶叶为例》，中国农业出版社，2015。

第四部分
案　例

China's Tea Cases

B.20
我国部分茶叶企业发展案例

摘　要：　通过对中国茶产业发展案例的解读，运用5个经典案例转换角度对中国茶产业近年来出现的营销问题、连锁经营问题、电商化问题、企业转型问题和优势资源可持续发展问题做了有益的解读。

关键词：　茶产业　连锁经营　电商

【案例一】八马转型之路

八马茶业是一家历史悠久的著名茶叶企业，由百年前的“信记”茶行衍生而来，该企业集供产销业务于一身，打造了以安溪铁观音为龙头的全茶类连锁经营企业。该企业掌门人王文礼以第十三代传人的身份，同样也以非物质文化遗产代表性传承人的身份一直致力于提升茶叶品质，努力让消费者喝到健康茶、放心茶。

为了进一步提升铁观音制茶技艺，提高制茶效率，增强茶叶品质，扩大市场占有率，八马茶业以历代相传的拼配、烘焙精湛技艺为核心，通过现代化的生产及管理体系，不断进行技术创新和技术集成，在现有的技术领域进行创新，促进行业产品的标准化和批量化生产，使产品品质得以巩固和延续。同时，与福建农林大学建立“校企合作基地”，共同培养适应经济和社会发展的技术应用型人才。

八马茶业的很大一部分产品为礼品茶和高端茶，在其全部销售份额中礼品茶销售和高端茶销售占有很大的比例，对八马茶业的整体发展具有重要的影响。2012 年，中央开始实行“八项规定”，国家严禁官员收送礼品以及在节假日滥用公款。受“八项规定”的影响，八马茶业的产品销售受到很大的冲击。八马茶业基于此，从大局出发，开始走转型之路。

八马茶业坚持传统品质，以吸引更多的消费者，避免消费者流失。近年来，茶叶市场快速扩张，种茶面积持续扩大，产量逐年增加，名优茶也随之增多，市场茶叶供应逐渐趋于饱和。同时，茶叶原材料成本和人工成本的增长让茶叶企业的盈利逐渐降低。加之销售份额降低，八马茶业开始重新思考：如何提高茶叶销售？为此，八马茶业坚持传承，建立自身品牌，努力提升茶叶竞争力。八马茶业在面对消费者口感变化时坚持茶叶传统品质，采取差异化竞争策略，坚持传统制造方式，同时努力将品质做到超越传统，利用现代化处理技术保证茶叶品质的稳定，以吸引更多的消费者，保证八马茶业的健康发展。

八马茶业为避免遭遇传统销售渠道的滑铁卢，积极探索销售新路径，拓宽销售渠道，保持甚至是扩展销售规模。时代日新月异，茶业营销也必须跟上时代的步伐，在经济新常态下，应对当前茶叶销售的困境，拓宽茶叶销售渠道。八马茶业在全国建立起了庞大的连锁销售系统。在电商高速发展的时代，八马茶业紧跟时代潮流，八马茶业淘宝旗舰店于 2011 年盛大开业，随后陆续入驻各大主流电商平台，目前电商渠道收入占比接近10%。通过电商发布产品信息，为消费者了解八马茶叶产品提供了更加便捷的通道，同时借助移动电子商务和社会化媒体的互动营销实现了产业升级，提高了产品的竞争力。2014年，八马茶业在“双11”活动中销量跃居乌龙茶第一，全国茶叶类前三，打破了传统茶企电商的瓶颈。八马茶业注重门店的扩张，截至目前，门店数量已近1000家，2016年拉萨店的开业标志着大陆布局的完成，逐渐形成了属于自己的销售渠道和赢利模式。

在企业转型的路上，八马茶业坚持技术护航，加大研发资金的投入力度，提高生产效率，并且打造了全球首条全程自动化生产路线。八马茶业始终坚持技术创新，努力解决茶叶传统加工技术难题，走乌龙茶精致生产路线。在八马茶业龙门加工厂，一套现代化生产线解决了8万多亩的可控茶园基地，总面积6万平方米的茶叶加工厂，年加工能力6000吨的难题。从最初的原料加工到最终包装成袋，通过这套生产线，茶叶加工制作的各大关键工艺、工序被整合成为一套集约化系统，精细化、自动化的操作方式，大大提升了企业产能。同时经产学研历时半年的联合攻关，乌龙茶全程自动化、智能化、清洁化的八马第五代全球样板化生产线技术方案已经生成。这条生产线能够实现乌龙茶从原料到产品全部智能化、连续化，最大限度地减少茶叶的二次污染，真正实现“免洗茶”的目标。

八马茶业在运用技术保障质量的同时，建立了可追溯制度。八马茶业最早在安溪导入茶园可追溯制度。从种植到采摘，八马严格按照各种技术操作规程，做到标准有依据，管理有记录，处处有技术。八马茶业的所有茶园，均推行茶园GAP标准化管理，通过土壤改良、老茶园改植换种等措施，使茶园基地实现生态化、标准化建设。建立质量安全信息化平台，让监管单位可随时了解、监督整个生产情况，消费者可追溯产品来源，实现了茶叶产品“生产有记录，信息可查询，流向可追踪，责任可追究，产品可召回”。

八马茶业的转型已经取得了重大成果，先后获得了众多荣誉称号，如重点龙头企业、首批老字号企业等。2015 年，八马茶业以资产 34822.220655 万元在新三板挂牌上市，八马茶业的挂牌上市也意味着中国铁观音第一股正式诞生。

参考文献

[1]《茶叶行业的突破之路传统行业需与时俱进》，晶报，http://jb.sznews.com/html/2014-02/20/content_2782715.htm，2014-02-20/2017-06-14。

[2]《小茶叶打造大事业——八马茶业的科技护航之路》，八马茶业，http://www.bamatea.com/news_view.php?id=762，2013-04-07/2017-06-14。

[3]《传统茶企电商转型八马茶业“双 11”跃居乌龙茶第一》，深圳新闻网-深圳商报，http://finance.qq.com/a/20141113/100290.htm，2014-11-13/2017-06-14。

【案例二】茶香书香关闭案例

茶香书香是由著名茶文化专家罗军创办的，罗军先生首次将“星巴克式售卖”模式运用到茶品销售中，创造了全新、时尚、简约的品茶方式，呼吁现代年轻人品味清茶。茶香书香有别于中国传统茶馆、香港茶餐厅、台湾茶饮店，是一个充分融合了现代时尚生活元素、让现代人倍感亲近的现代茶生活馆，这里以专业的茶道为基础，以舒适的空间为依托，以市场为导向，向消费者提供味觉感知、心灵交流、健康生活的感官新体验。

茶香书香于 2011 年在上海虹口创办第一家，开业一个月营业额达到了 40 万元，消费者络绎不绝，茶香书香显示出了强劲的生命力。茶香书香的目标是打造最受欢迎的茶叶品牌，但是经过几年的发展，曾经门庭若市的茶香书香如今却负债累累，面临着门店关闭的惨淡局面。

曾经门庭若市的茶香书香已然不在，这个茶界的“星巴克”为何会面临如此窘境呢？业界认为，追根溯源应当主要有以下几个方面的原因。

（一）茶的根基没有打牢，渐偏轨道

茶香书香开办之初以“茶香”为卖点，但随着时间的推移，茶香书香的产品却渐渐偏离了轨道。在茶香书香2016年的菜单上，以茶为主的饮品仅仅占据了一列，并且已经成为茶香书香的附属品，而店铺的奶茶、蛋挞则成为招牌，甚至有顾客指出茶香书香的茶香不足，奶香却十分浓郁。这对于一家以“茶”为主营业务的店来说，无疑是最为失败的行为。

（二）品牌盲目扩张，偏离实际

罗军先生看到了茶香书香所带来的利润，于是从2011年创办第一家开始就急剧扩张，快速拓展市场，至2013年茶香书香急剧扩张到10家分店，消费者在各个热门商区都能看到茶香书香的店铺。虽然罗军先生的茶香书香门店数量在增加，但是质量却没能及时跟上数量的脚步，消费者的需求没有得到满足，如此盲目的扩张或许正预示着如今的窘困。

（三）门店选址隐患，消费者少

2011～2013年茶香书香选址的首要考虑是人气，主要选择在星巴克附近或者是邻近热门商铺以带动人气。但是从2015年开始，茶香书香的选址理念发生了变化，主要选择在办公型社区、热门商业板块。虽然办公型社区的人流量高，但在非工作日人流却明显不足，消费者数量难以支撑茶香书香的运营成本，而在热门商业板块，人群移动速度快，很难让群众进店进行消费。同时，办公型社区、热门商业板块等地的租金较高，导致茶香书香的成本进一步增加。成本增加，消费者数量却难以跟上，这成为茶香书香发展过程中的重大隐患。

（四）股权结构失控，管理不善

茶香书香的股权分配不合理，作为创始人的罗军所掌握的股权在资本介入后失去了决策权和话语权，随着创始团队与投资方股东在经营问题上产生

分歧，2013 年罗军从茶香书香管理层出走，改由资方委派的总经理接盘，使茶香书香在管理方面产生混乱的局面。这为茶香书香的关闭埋下了祸根。

（五）储备资金不足，成本核算不清

开辟一个新品类、做连锁餐饮的品牌需要大量的资金注入，而茶香书香的启动资金为 500 万元，储备资金严重不足，导致茶香书香在发展过程中整体资源调控能力弱，且在后期容易对投资方妥协，不利于茶香书香的可持续发展。同时在成本核算中，人工成本和装修成本核算不到位，使茶香书香在营业过程中出现了成本难以回收的窘境。

（六）缺乏合理的管理团队

在茶香书香的市场化运营过程中，作为创始人的罗军先生缺乏商业敏锐度和风险意识，导致在决策过程中出现失误现象。同时在人才管理方面缺乏科学的管理团队，人才结构不合理，导致整个茶香书香运营团队局面混乱，一步步使茶香书香走向衰败。

茶香书香的一夜消逝，带来的不仅是几百万元的负债、无数人的震惊和惋惜，更需要餐饮人对连锁经营的反思。在业界看来，茶香书香对新式茶饮的营销具有重大的探索意义。作为先驱，茶香书香为新式茶饮销售创造了新的营销思维理念和系统的商业理论设计。茶香书香虽然失败了，但是留下了一笔宝贵的财富，它对新式茶饮行业和市场的理解，对商业伦理框架的搭建，对商业路径的突破，都对促进行业的发展具有重要的现实意义。对于后来人，我们更多应该从市场的角度出发，打破现有的思路格局，去思考如何解决现有的新式茶营销问题。

参考文献

［1］《茶香书香停业：股权失控，创始人 3 年前已失去话语权》，咖门，http：//

www. jiemian. com/article/1068641. html，2017－01－13/2017－06－14。
［2］《走错 5 步又一家餐饮品牌茶香书香在 2017 年初倒下》，易铺网，http：//news. yipu. com. cn/shangye/tuozhandongtai/837720. html，2017－01－14/2017－06－14。
［3］《2017 第一家倒闭的居然是茶界的“星巴克”!》，餐答，http：//www. canyin168. com/glyy/glzx/hydt/68105. html，2017－01－12/2017－06－14。

【案例三】一亩茶园的精准营销

云放茶园是成都云放科技旗下品牌，坚持遵从敬畏自然、去繁就简、修缮灵魂的品牌理念，于不可多得的原生自然中，通过严苛的茶园地块选择标准，采用系统化高端品牌运作体系，为回归自然、追求身心纯真的人们，精心缔造一方心之所在，成就云淡风轻、悠然自在的生活方式。主要目的是为客户打造茶园圈层生活，举办茶园圈层活动，让都市人在开会的同时，领略茶园的风采，体验茶生活。同时，通过创新型商业模式，打造超值收益，保证茶园主的经济利益。

云放茶园创始人周树明先生走遍整个峨眉山近 30 万亩茶园后，得出结论：中国好茶出自蜀地之普兴。然而，茶农在整个茶行业发展中所处的境况却很糟糕，茶商收茶时，将价格压低，导致在当地青年劳动力中形成一个观念：种茶不赚钱，他们大多数人选择外出打工，放弃种植茶树。为了让茶园不再荒废，也为了让当地人的经济生活水平提高，周树明的高端私人茶园项目——云放茶园——随之产生。

云放茶园积极做好运营前期的准备，多次实地勘察与深入走访交流，最终与当地政府部门达成合作，推行精准扶贫模式。这为云放茶园的精准经营奠定了坚实的基础。2015 年开始小范围测试云放模式并取得了很大的成功，这让周树明更加坚信其云放模式是可持续发展的，并且在后期投入了大量的资源推动云放模式。

其实，私人茶园的概念并不是周树明第一个提出的，但是将私人茶园做得这么成功的茶人却很少。那云放茶园是如何另辟蹊径，进行一亩茶的精准经营，满足消费者需求的呢?

云放茶园所提供的以亩为单位的私人认购模式可以从三大板块进行诠释。

第一板块是生意。茶园主由客户转变为主人翁，其可以对所认购的茶园进行转让或者是继承，并且茶园每年都会有新茶寄送给“主人翁”。

第二板块是生态。湿润的气候，多品种的植被外加高海拔、终年云雾缭绕为产茶创造了适宜的环境，再加上茶树本身的一些特性，在一定程度上还原了野生种植方式。另外，茶园注重茶叶制作技术，并且聘请业界泰斗碧潭飘雪创始人徐金华担任技术顾问，为制作好茶保驾护航。

第三板块是生活。除茶园外，云放还在茶园周围配套别墅休闲区，为茶园主提供休闲旅游度假的场所。在社会飞速发展的时代，越来越多的人更加向往的是一种慢节奏的生活。马斯洛曾提出：人的需求呈金字塔式，物质需求满足之后就会追求精神需求的满足，从哲学的角度说就是从数量上升为质量，一种快慢结合的生活更加受到人们的欢迎。

在“互联网+茶”的新模式中，规模经济已经成为过去，企业所打造的是共享经济，这是经济形势的驱动，也是为了响应国家的政策，云放高端私人茶园创新传统的商业模式并采取 F2C+社群的商业模式，让茶农和消费者直接建立关系，如此可以节省更多中间成本，还可以更加快捷地为高端人士提供定制服务。

所谓 F2C 模式，与 B2C 一样，都是省去了众多的中间环节，茶农和消费者直接联系，在提高茶农效益的同时消费者也可以以更低的价格购买到自己心仪的茶产品，这完全颠覆了传统渠道长、价格高的模式。

云放茶园的另一个营销模式是社群。在云放的社群里，个体所有的资源都是碎片化的，而且这些碎片化的资料可以得到充分利用，连接在一起做共享。云放茶园的核心是社群分享经济，满足消费者的需求，也就是以茶园为平台把爱好相似、层次相近的人聚集起来。

后期，云放会继续开通有助于消费者交流的平台，如俱乐部、禅修班等，使用户和用户产生连接与互动。

参考文献

[1]《周树明创办云放茶园，不靠卖茶靠社群》，中国网，http：//biz. ifeng. com/a/20160607/41619738_ 0. shtml，2016 - 06 - 07/2017 - 06 - 14.

[2]《云放茶园周树明顶级诗意社群获 500 位董事长点赞》，齐鲁壹点（山东），http：//news. 163. com/17/0308/13/CF0Q5BGL00018AOP. html，2016 - 03 - 08/2017 - 06 - 14。

[3]《云放科技董事长周树明："跨界先生"的茶园经济 2. 0》，看商界，http：//www. toutiao. com/i6281925437618651650/，2016 - 05 - 07/2017 - 06 - 14。

【案例四】武夷岩茶"山场"现象得失

常言所谈的山场，大多表现在土壤和微域小气候两个点上。然而，实际上所有的茶都会不可避免地被山场影响。近年来受到武夷岩茶市场竞争焦点变化的影响，当下对茶叶"山场"的讨论主要集中于武夷岩茶。

客观来说，武夷山山场形成的主要因素是地质因素，不同山场的环境为茶树的生长提供了好坏不一的生态环境。对武夷山而言，其茶叶生长因地理因素形成了有名的"三坑两涧"：慧苑坑、大坑口、牛栏坑、流香涧和悟源涧。一般而言，越靠近正岩的、越是著名坑涧的茶，茶汤滋味越是醇厚，香气越优雅，价格越高。

长期以来，喝品种是茶友品岩茶的重要内容。由于山场赋予了武夷岩茶独特的"岩韵"特征，武夷岩茶与其他茶相比受山场的影响较大，因此山场越来越受茶友关注，武夷山"山场"的神秘面纱逐渐被揭开，岩茶品鉴，正在从"喝品种"向"喝山场"悄然转变。山场先天的优势条件赋予了武夷岩茶独特的口感和香气并保证了茶的品质，岩茶价格越来越高，市场越来越广。产茶的山场不同，茶叶品质不同，茶叶价格也会有所区别，一般岩茶成品的价格批发差不多每斤 2000 ~ 3000 元或者 3000 ~ 4000 元，并且越往高山，越往“三坑两涧”价格会越高，正岩核心区的茶叶市场价差不多每斤上万元。“三坑两涧”的正岩茶品质最好，价格最贵。同时，随着“三坑两涧”的茶广为人知，慕名而来的茶友越来越多，既为探寻“三坑两涧”的茶文化，也为品一杯与众不同的武夷岩茶，武夷岩茶市场越来越广。

但随之而来，出现了一个非常现实的问题，喝武夷岩茶到底喝的是“山场”还是“口感”。很多茶人对此的回答出现了偏颇，认为“山场”决定了岩茶的“出身”，将山场的优劣作为评判岩茶的标准，如认为只有“三坑两涧”的茶才算是正岩茶，非“三坑两涧”就不算正岩茶。主要表现在：①“山场”被茶人盲目追捧。很多茶人把到大大小小的山场“吃肉”作为竞相追逐的目标。牛栏坑的“牛肉”、竹窠的“猪肉”、马头岩的“马肉”等风格鲜明的“肉”已然成为岩茶爱好者最热衷的话题。“牛肉”是指牛栏坑肉桂，而“马肉”则是指马头岩肉桂，其他“虎肉”“龙肉”等也是不同山场出产的肉桂茶叶。很多茶客都仅仅以能喝到一泡“牛肉”“马肉”茶为荣，以喝出不同“山场”风格为傲，却忽略了武夷岩茶的文化内涵。②“山场”被商家不正当利用。由于茶人的盲目追捧，部分商家以“山场”为卖点牟取暴利。如牛栏坑肉桂，简称“牛肉”，是产自牛栏坑的武夷岩茶当家肉桂品种，也是目前公认价格最高的单一山场茶，根据所产茶青的不同位置和制茶工艺等级，“牛肉”单价从 1 万元到 3 万元不等，超过了近年的红茶新贵“金骏眉”。更有甚者，顶级正坑坑底牛肉喊出了 6 万元的天价。随着“牛肉”日益高涨的受关注度和日益增长的价格，武夷山各种各样的“肉”被挖掘出来，进而造成近年来市面上各种“肉”价格飙升，市面上以假乱真的情况屡见不鲜。如市场上常有假“马肉”以次充好，茶叶市场混乱，以致专业人士称要喝到正宗的牛肉不单要付出不菲的价钱还要有极高的鉴别能力。

武夷岩茶“山场”现象的形成，业界分析认为主要有以下原因。

（1）对“山场”内涵的认知偏差。很多消费者神化“山场”，仅用“山场”好坏评判一泡茶的高低，认为是“山场”决定了茶叶的品质。其实，武夷岩茶“山场”是自然形成的适宜茶树生长的生态环境，是茶形成不同内质不同表现的自然成因，是评判茶叶等级的基础，不是决定性条件，一杯茶的好坏取决于很多因素，如茶园管理、加工技艺、储藏运输条件等。

（2）政府监管不到位。由于政府没有发挥应有的监管作用，商家利用消费者对“山场”的心理，哄抬“牛肉”“马肉”等的价格，价格虚高、以次充好的情况时有发生，市场运行不规范。

因此，应以辩证的眼光看待武夷岩茶“山场”，优秀的“山场”虽可以培育出质量更上一层楼的茶叶，可是通常供品鉴的岩茶并非由茶青直接冲泡成的，而是经过了许多加工过程，从采摘茶青延续到焙火、存放的每一个细微的环节都可能对成品茶的质量产生一定的影响。

参考文献

[1]《武夷岩茶盛刮“山场风”》，海峡都市报，http：//info. tjkx. com/detail/777607. htm，2011－08－12/2017－06－14。

[2]《福州众商众筹 300 万元买武夷山马头岩山场“马肉”》，福州晚报，http：//www. zgchawang. com/news/show－65279. html，2015－10－31/2017－06－14。

[3]《从“牛肉”说起，解读另类武夷岩茶山场深厚文化》，茶叶中国，http：//www. chinadaily. com. cn/hqcj/xfly/2014－08－15/content_ 12204545. html，2014－08－15/2017－06－14。

[4]《武夷岩茶的山场与口感该孰轻孰重》，武夷山微茶网，http：//www. sohu. com/a/26955005_ 116935，2015－08－12/2017－06－14。

【案例五】“伪大益茶”电商打假事件

在互联网发展的新时期，勃兴的电子商务下大批网店应运而生，网购渠道成为商品零售市场中极为重要的渠道。很多产业纷纷进军电子商务，如茶叶产业进军电子商务形成茶叶电商。所谓茶叶电商就是把电子商务应用到茶叶销售的、区别于传统销售模式的一种贸易模式。2012 年中国茶叶流通协会成立了“中国茶叶电子商务联盟”，旨在推进电子商务诚信体系建设和电子商务深度应用的健康发展，促进各地区间同行业网站的交流，增强中小企业的竞争力。随后茶叶电商发展迅猛，2014 年早茶节开幕后，宜宾首次启动了“2014 年中国川茶网购节”活动，组织企业甄选、推荐产品参与网络促销，陆续入驻成农网、淘宝网、京东商城、1 号店、苏宁易购等知名电商平台。截至 2014 年 3 月 20 日，宜宾通过电子商务渠道的茶叶销售额已近 200 万元，其单品还进入淘宝网首页首排的推广位置。2015 年，安溪茶叶电商交易额达 24 亿元，同比增长 20%，位列全国第一。阿里研究院发布的《2015 茶叶电商微报告》显示阿里零售平台 2015 年共卖出了 88 亿元的茶叶，同比增长 27.5%，相比 2013 年，增长超过了一倍。但随之而来，茶叶“售假”行为开始从实体市场向电子商务发展，“打假”这个话题可以说是“经久不衰”，尤其在电商平台这种特殊的销售渠道中，假货现象更加严重。“伪大益茶”电商打假事件即为典型案例。

“肉眼很难辨别，这些是不折不扣的假货！”昆明市公安局经侦支队的民警介绍，在 2014 年年初的打假专项行动中，他们发现一家自称在昆明的淘宝卖家，专门低价销售大益茶和中茶等知名品牌的茶叶。虽然吸引的顾客不少，可大部分买家都给出差评，有些买家还直接评论：“这些普洱茶都是假货。”

警方以此为重点，秘密关注着淘宝上的一些茶叶交易。经与大益普洱茶业公司联系，该公司的工作人员称有不少买家买到假货后向公司投诉，公司怀疑该淘宝卖家有销售假冒产品的嫌疑。随即民警经过 11 个月的侦查，最终确定昆明男子徐某和其母亲便是该淘宝店的店主。

根据可靠线索，民警首先来到徐某的实体店，将正在店铺里经营的徐某及其母亲于某抓获，并收缴 10 箱大益普洱茶，紧接着又在他们住宅内的几个房间里发现了 150 多个纸箱，打开后发现全都是包装整齐的茶饼，分为中茶和大益茶两个牌，一箱内共有 42 个茶饼。屋内的白色茶几上放着几片大益茶的样品，将茶饼外的白色包装纸撕开以后发现，茶饼上竟还有贴着防伪标志的，可是仔细观察会发现，绝大多数茶饼都显得十分湿润，都是假冒茶叶。

现实中，类似于这样的茶叶电商“售假”案例数不胜数，茶叶电商

“打假”防不胜防。市场上常见的茶叶电商“售假”手段有：①陈茶翻新。此举不仅能够极大地降低成本费用，更能轻松有效地将卖不掉的旧茶叶成功销售出去，这些很常见的陈茶翻新的现象多存在于西湖龙井、茉莉花茶、红茶等种类当中。（2）以次充好。有些茶外表是好的，其内部却是劣质茶。电商平台上就能随便搜出一大堆平价包邮的“古树茶”“纯料茶”。（3）三无茶叶。“三无产品”意味着无生产日期、无生产厂家，更没有经过有关部门的安全检测，通常都远远达不到安全食用的标准。网络上很多店家自称是茶农直销、厂家直销，但很多人不知道的是里面有很大一部分都是商家用“直销”来掩盖自己的茶叶是三无产品的现象。

业界分析，造成茶叶电商“售假”事件层出不穷的原因主要有如下几个。

（1）电商平台“态度暧昧”。电商平台茶叶假货频出，电商管理者首先需负一定的责任。但很多电商平台面对平台商家频繁虚假宣传、假货泛滥、欺诈消费者的行为反应迟钝，甚至视而不见。有的为了自身利益放低准入门槛，平台监管机制早已形同虚设。如此态度，一方面助长了平台的不正之风，让不法商家变本加厉；另一方面也损害了正规品牌方的合法权益，尤其对广大消费者来说，假货对生命财产安全造成了严重威胁。

（2）相关部门监管难度大。第一，点小面广，执法对象难以锁定。“售假”群体涉及广泛，调查需要逐个走访涉案人员，耗费大量的人力和物力。第二，网络打假的执法费用较高。在网上销售中，三大主体——服务商、销售商和消费者——分布于各个地区，这种广撒网式的调查执法确实增加了有关部门办案的难度，从而使执法费用上升。第三，执法的权限和技术手段跟不上。当前的网络卖家们一般都掌握了一定的高科技技术，作案的手段也越来越高明和专业化，使执法变得越来越困难重重，相对而言，专门负责网络打假的工商部门的技术手段和专业力量却是比较落后的。第四，部门之间权责不明。很多监管机构和部门之间权责混乱，相互“踢皮球”，使电商“售假”有了可乘之机。

（3）消费者维权意识不强。一方面，维权成本高、难度大，维权程序过于烦琐，上传下达需要时间和金钱，消费者认为过于浪费时间和金钱，因此放弃维权；另一方面，维权制度本身不完善且适用范围狭窄，消费者维权常得不到应有的结果，打击消费者的信心。因此，很多商家心存侥幸，继续侵害消费者权益。

综上，电商“打假”受多方面因素的制约，结束电商“售假”是一个长期的过程。阿里巴巴董事局主席马云在达沃斯论坛谈及打假时，强调“这是一场与人类贪婪的战争，你不能靠一个公司来结束这场战争，也不可能在两三年内解决”。因此，电商平台、监管部门以及消费者应通力合作，合力“打假”，既能够推动电商平台的发展，又能够提高自身的执法效率，更能够保护消费者权益。

参考文献

［1］徐丹：《浅谈贵州茶业电子商务现状与发展对策》，《中国电子商务》2012 年第 17 期。

［2］王春梅、叶玉龙、刘跃云：《四川省宜宾市茶叶电子商务发展现状及建议》，《安徽农业科学》2015 年第 43（21）期。

［3］《2015 茶叶电商微报告》，阿里研究院，http：//www. aliresearch. com/blog/article/detail/id/20884. html2，2013 －03 －30/2017 －06 －19。

［4］《淘宝卖家卖假大益茶，警方小区内查获假茶叶窝点》，昆明信息港，http：//news. dahe. cn/2014/12 －04/103872614. html，2014 －12 －04/2017 －06 －19。

［5］《电子商务发展迅猛，网络打假却难监管》，新华报业网，http：//it. sohu. com/20110419/n280329101. shtml，2011 －04 －19/2017 －06 －19。

［6］《马云：打假不可能在两三年内解决，这是一场与人类贪婪的战争》，中国电子商务研究中心，http：//b2b. toocle. com/detail－ －6382004. html，2017 －01 －23/2017 －06 －19。

S 子库介绍
Sub-Database Introduction

中国经济发展数据库

涵盖宏观经济、农业经济、工业经济、产业经济、财政金融、交通旅游、商业贸易、劳动经济、企业经济、房地产经济、城市经济、区域经济等领域，为用户实时了解经济运行态势、 把握经济发展规律、 洞察经济形势、 做出经济决策提供参考和依据。

中国社会发展数据库

全面整合国内外有关中国社会发展的统计数据、 深度分析报告、 专家解读和热点资讯构建而成的专业学术数据库。涉及宗教、社会、人口、政治、外交、法律、文化、教育、体育、文学艺术、医药卫生、资源环境等多个领域。

中国行业发展数据库

以中国国民经济行业分类为依据，跟踪分析国民经济各行业市场运行状况和政策导向，提供行业发展最前沿的资讯，为用户投资、从业及各种经济决策提供理论基础和实践指导。内容涵盖农业，能源与矿产业，交通运输业，制造业，金融业，房地产业，租赁和商务服务业，科学研究，环境和公共设施管理，居民服务业，教育，卫生和社会保障，文化、体育和娱乐业等 100 余个行业。

中国区域发展数据库

对特定区域内的经济、社会、文化、法治、资源环境等领域的现状与发展情况进行分析和预测。涵盖中部、西部、东北、西北等地区，长三角、珠三角、黄三角、京津冀、环渤海、合肥经济圈、长株潭城市群、关中—天水经济区、海峡经济区等区域经济体和城市圈，北京、上海、浙江、河南、陕西等 34 个省份及中国台湾地区 。

中国文化传媒数据库

包括文化事业、文化产业、宗教、群众文化、图书馆事业、博物馆事业、档案事业、语言文字、文学、历史地理、新闻传播、广播电视、出版事业、艺术、电影、娱乐等多个子库。

世界经济与国际关系数据库

以皮书系列中涉及世界经济与国际关系的研究成果为基础，全面整合国内外有关世界经济与国际关系的统计数据、深度分析报告、专家解读和热点资讯构建而成的专业学术数据库。包括世界经济、国际政治、世界文化与科技、全球性问题、国际组织与国际法、区域研究等多个子库。

法律声明